DAXUESHENG XINLIJIANKANG
JIAOYU YU FUDAO

大学生心理健康教育与辅导

唐伶俐◎著

科学出版社

北　京

内 容 简 介

本书根据心理学的原理和方法，结合当前大学生心理健康教育工作中普遍反映的问题，理论联系实际，探讨大学生心理成长中的各种热点问题与热门话题。本书包括大学生自我意识、人际交往、恋爱与性、情绪管理、压力与挫折应对、常见学习问题及调适、职业生涯规划与择业、心理问题与辅导、生命教育与危机干预等内容。除主干内容外，本书另附有生动实用的延伸阅读材料及自助调节策略。

本书可作为大学生心理素质自我提升、心理保健的自助读本，也可作为教育工作者、家长及心理学爱好者的参考资料。

图书在版编目（CIP）数据

大学生心理健康教育与辅导/唐伶俐著. —北京：科学出版社，2019.8
ISBN 978-7-03-062010-1

Ⅰ.①大… Ⅱ.①唐… Ⅲ.①大学生–心理健康–健康教育 Ⅳ.①G444
中国版本图书馆CIP数据核字（2019）第167889号

责任编辑：付 艳 苏利德 / 责任校对：何艳萍
责任印制：李 彤 / 封面设计：润一文化
编辑部电话：010-64033934
E-mail：edu_psy@mail.sciencep.com

科 学 出 版 社 出版
北京东黄城根北街 16 号
邮政编码：100717
http://www.sciencep.com
北京中科印刷有限公司印刷
科学出版社发行 各地新华书店经销

*

2019 年 8 月第 一 版 开本：720×1000 B5
2019 年 8 月第一次印刷 印张：14 1/4
字数：236 000
定价：88.00 元
（如有印装质量问题，我社负责调换）

前　言

随着科学技术的进步及经济的迅猛发展，社会竞争不断加剧，人们的生活、工作节奏越来越快，各种心理、社会的压力刺激也越来越复杂。在这样的大环境下，处在象牙塔里的大学生也不可避免地要面对各种矛盾，承担更多学习成长的压力，产生许多心理困扰。因此，大学生的心理健康问题也日益引起全社会的关注与重视。

本书根据心理学的原理和方法，结合当前大学生心理健康教育工作中普遍反映的问题，理论联系实际，探讨大学生心理成长中的各种热点问题与热门话题。本书包括大学生自我意识、人际交往、恋爱与性、情绪管理、压力与挫折应对、常见学习问题及调适、职业生涯规划与择业、心理问题与辅导、生命教育与危机干预等内容。除主干内容外，本书另附有生动实用的延伸阅读材料及自助调节策略，力求引导大学生更好地把握自己、发展自己，培养良好的心理品质和健全的人格。此外，本书涉及的案例，均经过了改写、糅合，还请读者不要对号入座。

本书在写作过程中，参阅并引用了大量国内外书籍和资料，这些都列在了脚注或参考文献中。谨向这些研究成果的作者表示衷心感谢！

唐伶俐

2019 年 7 月 31 日

目 录

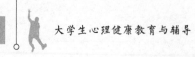

第一章

心理健康概论

> 这世界除了心理上的失败，实际上并不存在什么失败，只要不是一败涂地，你一定会取得胜利的。

——亨·奥斯汀

2016 年 8 月 19 日，全国卫生与健康大会在北京举行。中共中央总书记、国家主席、中央军委主席习近平出席会议并发表重要讲话，再次强调"没有全民健康，就没有全面小康"①。会议提出要加大心理健康问题基础性研究，做好心理健康知识和心理疾病科普工作，规范发展心理治疗、心理咨询等心理健康服务。2016 年 12 月 30 日，由国家卫生计生委、中宣部、中央综治办、民政部等 22 个部门联合印发的《关于加强心理健康服务的指导意见》发布，这是我国针对心理健康服务制定的首个宏观指导性文件，对于提升全社会对心理健康问题的重视具有十分重要的意义。

世界卫生组织前总干事马勒博士曾指出：必须让每个人认识到，健康并不代表一切，但失去了健康，便失去了一切。那种认为"只要身体没有疾病、生理机能正常就是等于健康"的观念，正在被一种"立体健康观"（沃林斯基，1999）所替代，即健康应由心理尺度、医学尺度和社会尺度来评价，健康的概念已从传统的生物医学模式走向生物—心理—社会模式。

世界卫生组织在 1948 年成立时指出：健康不仅是没有疾病，而且是一种个体在躯体上、精神上、社会上的安宁状态。1989 年世界卫生组织对健康的表述为：一个人只有在身体健康、心理健康、社会适应良好和道德健康四个方面都健全，才算是完全健康的人。从世界卫生组织 1989 年对健康的表述来看，健康包括身体健康、心理健康、社会适应良好、道德健康。

---

① 习近平 . 2016-08-21. 没有全民健康就没有全面小康 . http://m.news.cctv.com/2016/08/20/ARTlyN7XF1QEQM-VZrs6TFhP9160820.shtml.

世界卫生组织关于健康的论述，就好像盖起了一座三层小楼，最底层是生理健康，第二层是心理健康，最上面一层就是社会功能健康。作为一个人，你体魄强壮，心理却不健康，就不能算是一个"大写的人"，也就无法实现完满的社会功能；反之，你的生理上哪怕出现了很严重的问题，但你的心理健康，也有助于你恢复生理健康，帮助你完成自身的社会功能。

何为心理健康？ 1946 年第三届国际心理卫生大会将心理健康定义为：在身体、智能以及情感上与他人的心理健康不相矛盾的范围内，将个人心境发展成最佳的状态。1948 年世界卫生组织又将心理健康定义为："人们在学习、生活和工作中的一种安宁平静的稳定状态。"（秦波，2012）在《简明不列颠百科全书》中，心理健康被定义为："个体心理在本身及环境条件许可范围内所能达到的最佳功能状态，但不是指十全十美的绝对状态。"（成云，2004）

从心理健康的定义可以看出，这项"软实力"确实很重要，即使一个人很聪明，很努力，但是如果没有健康的心理这个"软实力"，幸福的人生也可能离他远去。

著名心理学家马斯洛和密特尔曼曾提出人的心理是否健康的 10 条标准：①是否有充分的安全感；②是否对自己有较充分的了解，并能恰当地评价自己的行为；③自己的生活理想和目标能否切合实际；④能否与周围环境事物保持良好的接触；⑤能否保持自我人格的完整与和谐；⑥能否具备从经验中学习的能力；⑦能否保持适当和良好的人际关系；⑧能否适度地表达和控制自己的情绪；⑨能否在集体允许的前提下，有限地发挥自己的个性；⑩能否在社会规范的范围内，适当地满足个人的基本要求。（Maslow and Mittelmann，1941）

📖 拓展阅读①
身心健康自我评估的七大标准

（1）快食：吃饭不挑食、不偏食，吃得津津有味。

（2）快眠：较快入睡，睡眠质量好，精神饱满。

（3）快便：快速通畅地排泄，感觉轻松自如。

---

① 心理与健康，见：http://www.docin.com/p-889542615.html。

（4）快语：说话流利，头脑清醒，思维敏捷。

（5）快行：行动自如协调，迈步轻松有力，动作流畅。

（6）良好的个性：性格柔和，适应环境，为人处世好。

（7）良好的人际关系：与人相处自然融洽，朋友多。

请你记住这"五快""两良好"，你就随时可以评价自己的整体健康状况。

第一节　大学生心理健康概述

一切成功皆源于健康的心理。

——戴尔·卡内基

衡量心理是否绝对健康是非常困难的。健康是相对的，没有绝对的分界线。一般判断个体心理健康状况，可以参考以下三条原则：①心理与环境的统一性。正常的心理活动，在内容、形式上与客观环境具有一致性。②心理与行为的统一性。这是指个体的心理与其行为是一个完整、统一、协调一致的过程。③人格的稳定性。人格是个体在长期生活经历中形成的独特个性心理特征的具体体现。

人的心理是不断发展的，个体从出生到成熟再到衰老的生命历程中，心理都在不断地发展变化。大学生年龄一般在18～24岁，处于人生的青年期（也称成年初期），已经度过了"狂风暴雨"的青春叛逆期，步入相对平稳的阶段，虽然已经脱离了孩子群体，但尚不能完全履行成人的责任和义务。

一、大学生心理发展的特点

从发展心理学方面讲，大学生在大学期间经历着认知、能力、情感和人格的发展并日趋完善，人生观和价值观逐步稳定。其心理发展如下特征。

（一）智力发展存有内在矛盾

智力是多种基本能力的综合，包括观察力、记忆力、注意力、思维力、想象力、创造力等，它的核心是逻辑思维能力。人的智力水平从出生后开始迅速发展，20～35岁时达到顶峰。大学生经过十几年的学习训练，到大学阶段，各项智力因素均达到相当高的水平。他们的记忆力强、观察敏锐、思维活跃、反应敏捷，表现出强烈的求知探索、开拓创新的倾向。尤为可贵的是，随着知识的拓展、经验的积累和思维能力的提高，大学生对事物的认知不再满足于表层或定论上，一方面他们喜欢探究事物的内在本质，另一方面由于知识、经验的局限和认识方式的不足，大学生在分析问题时容易钻牛角尖，过于主观、片面，得出与事实相去甚远的结论。这是大学生心理与社会性发展尚不成熟的表现之一。

（二）自我意识开始成熟，自我控制能力增强

大学时期个体自我意识逐步成熟，主要表现在以下几方面。

第一，独立意识增强。大学生生理发育已基本成熟，社会化程度有了很大提高，心理上产生强烈的成人意识和独立意识，希望能够摆脱对成人的依赖，向周围人表现自己的主张和能力，不喜欢旁人过多地干预。

第二，自我认识和评价更加全面和准确。进入大学后，随着独立生活的开始，大学生有了更多的自由活动和交际的空间，参照系和社会比较对象都发生了很大变化。于是他们开始更深入地进行自我探索与发现，在大学这样一个特殊环境里客观地认识自己、评价自己。

第三，自我体验丰富，自我控制水平提高。一方面，由于自我意识的发展，大学生自尊心和自信心增强，他们对他人的言行和态度极为敏感。涉及"我"和与"我"相关的很多事情，都会在大学生的内心引起轩然大波，使他们产生强烈的情绪体验。积极的情绪体验使他们蓬勃向上，消极的情绪体验使他们低沉、抑郁。另一方面，大学生自我调控的自觉性、主动性、社会性和持久性也在不断增强，他们能有意识地对自己的心理活动和行为实施控制，自觉性、果断性、自制性、坚忍性等意志品质得到进一步的发展。

（三）人格趋向成熟和完善，职业自我意识逐步确立

人格是具有一定倾向性的心理品质与心理特征的总和。大学阶段是个体人格发展、完善的重要时期，大学生的认识水平不断提高，对现实的态度渐趋稳定，情感由丰富激荡走向稳定，自我意识由分化、矛盾走向统一，意志品质逐步形成。人格的成熟与完善为大学生步入社会做好了必要的心理准备。

职业自我意识是个体自我意识的组成部分，在一个人的职业选择和职业发展中起着重要作用。大学生的专业学习是对未来职业的知识准备，大学毕业生直

接面临职业选择。大学期间，通过专业课的学习、实习以及与老师的讨论，很多大学生慢慢认识到自己的职业兴趣，了解到自身的长处，逐步确立起职业自我意识，为今后职业生涯的发展做好准备。

（四）需要复杂，情感丰富而不稳定

需要是情绪与情感产生的基础。大学生的心理需要复杂多样，既有衣、食、住、行等基本生活的需要，又有迫切的交往需要和成就需要，渴望理解和尊重，寻求友谊和爱情，还有自我实现和求真、求善、求美的高层次需要。复杂强烈的需要使得大学生的情绪与情感体验丰富而深刻，使得他们不论在日常生活、学习、交往中，还是从事社会活动时，多带有浓厚的感情色彩。

大学生大多嫉恶如仇、善恶分明、正义感强，自我情感体验十分丰富。他们注重独立、自尊和自信，有着强烈的民族自尊心和自豪感，有"天下兴亡、匹夫有责"的社会责任感。但是，由于大学生生理、心理和社会性的发展不平衡，他们的情绪和情感具有不稳定因素，突出表现为情绪与情感的波动性，即常在两极之间动荡、起伏。他们时而平静、时而活泼，时而积极、时而消极，时而肯定、时而否定，时而内隐、时而外显。此外，大学生精力充沛、血气方刚，具有勇往直前的气魄，但又容易盲目蛮干，尤其是在感受到挑衅和敌意时，容易情绪失控，呈现出冲动性特点。

（五）人生观和价值观逐渐成熟

人生观是人们对于人生目的、意义的根本看法和态度。价值观是个体以自己的需要为基础对事物的重要性进行评价时所持的内部态度。人们对于人生的认识和看法，归根到底凝聚在一个人的价值观上。

人生观有很多种，比如享乐主义、现实主义、悲观主义等。价值观也有多种，像经济的、审美的、政治的、宗教的等。人生观和价值观受文化的影响较大，特别是在社会环境日益复杂、价值多元化的今天。个体人生观和价值观的发展一般来说有着大致的脉络，即在青春期萌芽到高中阶段的青年前期得以迅速发展，在大学阶段达到高峰并逐渐走向成熟。

大学生不再有高考的压力，从而有较多的时间阅读书籍，更深入地思考人生问题，为人生观的最终确立定下基调。但由于大学生还没有真正涉足社会，所以这并不意味着他们的人生观和价值观不再改变，只有等参加工作以后，通过理论与实践的不断磨合，他们才能最终确立自己的人生观和价值观。

（六）爱情需要与性意识进一步发展

随着大学生生理、性心理的发展，爱情需要与性意识也快速发展起来。他们对异性充满好奇，关注异性（每晚寝室里"卧谈会"的主题往往都是异性、友谊、爱情和性），他们追求纯洁美好的爱情，加上大学环境较为宽松，很多学生已开始考虑恋爱问题，并试图建立相对稳定的恋爱关系。不少大学生能合理选择恋爱时机，处理好学业与爱情的关系，并采取文明、健康的恋爱方式，使之成为人格完善的契机和美好人生的华章。但也有部分大学生在尚不了解爱情真谛时就匆忙涉足爱河，陷入感情漩涡，影响学业，或者不能慎重处理两性关系，酿成悔恨的苦酒。总而言之，大学生处于刚刚跨入成人行列但并未真正成熟的特殊阶段，其心理发展虽然一般不再有过大的起伏变化，但在逐步走向成熟的过程中会经历许多的磨砺和考验，学会积极适应社会变化、正确面对挫折十分重要。

二、大学生心理健康的标准

（一）智力正常

智力正常是大学生学习、生活与工作的基本心理条件，也是其适应周围环境变化所必需的心理保证，衡量时关键考虑其是否能正常地、充分地发挥效能于学习上，是否能够积极参与学习活动，即是否有强烈的求知欲。

（二）能保持较浓厚的学习兴趣和求知欲望

著名科学家爱因斯坦说过：兴趣是最好的老师。学生对学习有浓厚的兴趣，自然会产生探求知识的强烈欲望，从而激发出忘我的学习精神，提高学习的效率。

（三）能协调和控制情绪，具有良好的情绪状态

能协调和控制情绪，具有良好的情绪状态，其标志是情绪稳定和心情愉快。情绪稳定和心情愉快包括的内容有：愉快情绪多于负性情绪，乐观开朗，富有朝气，对生活充满希望；情绪较稳定，善于控制与调节自己的情绪，既能克制又能合理宣泄；情绪反应与环境相适应。

（四）具有顽强的意志

意志是人在完成一种有目的的活动时，所进行的选择、决定与执行的心理过程。意志健全者在行动的自觉性、果断性、顽强性和自制力等方面都表现出

较高的水平。意志健全的大学生在各种活动中都有自觉的目的性，能适时地做出决定，并运用切实有准备的方式解决所遇到的问题，在困难和挫折面前能采取合理的应对方式，能在行动中控制情绪，而不是行动盲目、畏惧困难、顽固执拗。

（五）具有完整和谐的健康人格

人格指的是个体比较稳定的心理特征的总和。人格完善就是指有健全统一的人格，即个人的所想、所说、所做都是协调一致的。大学生具有完整和谐的健康人格，指的是既具有人格结构的完整统一，同时还具有正确的自我意识，不产生自我同一性混乱，以积极进取的人生观作为人格的核心，并以此为中心把自己的需要、目标和行动统一起来。

（六）能正确认识自我和接纳自我

正确的自我评价是大学生心理健康的重要条件。大学生要做到能自我观察、自我认定、自我判断和自我评价。做到自知，恰如其分地认识自己，摆正自己的位置，既不以自己在某些方面高于别人而自傲，也不以在某些方面低于别人而自惭，即能够自我悦纳，喜欢自己，接受自己，自尊、自强、自制，自爱适度，正视现实，积极进取。

（七）能保持和谐的人际关系

良好而深厚的人际关系是事业成功与生活幸福的前提。其表现为乐于与人交往，既有广泛而深厚的人际关系，又有知心朋友；在交往中保持独立而完整的人格，有自知之明，不卑不亢；能客观评价别人和自己，善于取人之长、补己之短，宽以待人、乐于助人。

（八）有良好的适应能力

良好的适应能力是指个体能与客观现实环境保持良好秩序。大学生应能正确认识并以有效的方法应对环境中的各种困难，不退缩，还要根据环境的特点和自我意识的情况努力进行协调，或改变环境适应自我需要，或改造自我适应环境。

（九）心理行为符合大学生的年龄特征

大学生是处于特定年龄阶段的特殊群体，大学生应具有与年龄和角色相应的心理行为特征。

三、正确理解和运用心理健康的标准

（一）心理健康是一个过程，而不是一种结果

心理健康是一个发展变化着的过程，而不是一个静止不变的结果。

人本主义大师罗杰斯指出："人的生命，在最好的状态下，乃是个流动、变化的过程，其中没有什么是固定不变的。不论在我的当事人或我自己，我发现：生命在最丰富而又最有价值的时候，一定是一个流动的过程。"他认为，一个发展良好的人就是一个"重视过程的人"。（张海燕，2007）这样的人能清楚地觉察到人生是充满变化的，而且他自己的人生就处于一个经常变化的过程之中，他欢迎这种变化的存在，愿意在改变的过程中试探和冒险，而且在面对改变时精力充沛。罗杰斯用诗一样的语言描述了这种人生：

> 美好的人生是一个过程，而非一种存在状态；它是一个方向，而非一个目的地。①

虽然罗杰斯描述的是人的一种理想的、带有诗意的生命状态，但可以为我们理解心理健康带来很大的启示。心理健康是一个动态的过程，而不是一个静止的结果。一个心理健康的人，是处在一个健康成长的过程之中的人，也许他可能会碰到许许多多的麻烦，也许他也会一时面对心理困扰，但他有力量来应对和处理自己的问题。也就是说，看一个人的心理是不是健康，不是看他现在、此时的一时情况，而是看他走在什么样的路上和怎样走。如果他处在困境中，也不是看他一时的心境，而是看他如何应对和接下来会走向何方。

比如，当一个人具有焦虑、压抑、紧张、恐惧等不良情绪时，当一个人陷入困扰很郁闷时，当一个人激动地要发火时，依照通行的心理健康标准"情绪稳定乐观"，他好像就不健康了。在类似情况下的同学就开始怀疑自己有心理疾病，前来咨询。他们寻求帮助是积极的，但因此而怀疑自己心理有问题则属平添烦恼。其实，当人们遇到困难时，往往就意味着生活的改变或挑战，进一步说，意味着他们需要为了应对这些挑战而去改变自己。在这种需要自我改变的潜在压力

---

① 付正波. 2017-11-13. 人性的迷失与复归——罗杰斯的人本心理学. https://max.book118.com/html/2017/1113/139939078.shtm.

下，人们常会因无意识或有意识地回避或拒绝而产生困扰。在咨询的过程中，有些大学生往往最后发现原来是自己害怕改变；当他们改变了以后，又会发现原来改变并不是那么可怕，而且改变后真好。改变意味着新的可能性，改变意味着发展。一个心理健康的人就是一个接受、欢迎、愿意也有能力改变的人，他生活在过程之中。

（二）心理健康不是没有心理困扰

每个人在不同阶段都可能会遇到各种困扰，但是不等于心理不健康，能有效地应对和解决问题就是心理健康的表现。朝向心理健康的过程也是一种状态，即一种协调发展的状态。

1. 在生活中会遇到各种成长中的困扰

大学生的生活也难免充满了困扰。大学生初进入大学不适应大学生活，甚至包括饮食起居在内，如饭菜不可口，宿舍拥挤，天气或冷或热、或干或湿，都会让一些同学感到特别不适应。许多同学对大学充满了幻想，但现实往往离自己所期望的相去甚远。再加上学习的不适应，老师讲得多，讲得快，根本不是传言所说的"上了大学就轻松了"，稍不留神就可能出现不及格。同学关系也觉得难以相处，不仅缺知心朋友，也缺关系一般的朋友。

2. 特殊时期的发展任务带来的困扰

大学生多处在成年早期，这个阶段可以说是"多事之秋"，有着特殊的发展任务，因此会面临各种成长的烦恼。埃里克森认为这一时期的发展任务是自我认同、发展友爱，其中包括理想自我与现实自我的不协调带来的困扰，他人对自己的期待与自我发展定位的困扰，渴求亲密情感关系建立但却常感到孤独、寂寞的困扰等。

刚进入大学的学生常不能确定自己的位置，以往中学时的优势和优越感在强手如云的大学里荡然无存，有着特别多的平庸感，如果不能确定自己的位置、尽快树立新的目标，就会陷入迷茫和困扰。

（三）心理健康的标准是一种理想尺度

心理健康的标准是一种理想尺度，它不仅为我们提供了衡量一个人是否健康的标准，而且为我们指明了提高心理健康水平的努力方向。每一个人在自己现有的基础上做不同程度的努力，都可以追求心理发展的最高层次，不断发挥自身的潜能。

故事分享[①]

一位少妇投河自尽，被正在河中划船的老艄公救上了船。

艄公问："你年纪轻轻的，为何寻此短见？"

少妇哭诉道："我结婚两年，丈夫就遗弃了我，接着孩子又不幸病死，你说，我活着还有什么乐趣？"

艄公又问："两年前你是怎样过的？"

少妇说："那时候，我自由自在，无忧无虑。"

"那时候你有丈夫和孩子吗？"

"没有。"

"那么，你不过是被命运之船送回到了两年前，现在你又自由自在，无忧无虑了。"

少妇听了艄公的话，心里顿时感觉又有了活路，便告别艄公，跳上了对岸。

这个故事进一步告诉人们：人的心态是可以随时随地转化的，有时变好，有时变坏。同样一件事，如果你往好处想，心情就变好；如果你往坏处想，心情马上就变坏。

好心情可以给你信心，成就你的事业；可以帮助你战胜困难，走出逆境；可以帮助你挑战命运，重新点燃生命之灯……同时，一个精神充实、生活充满快乐的人，也必然是一个心理健康的人。而心理健康是生理健康的基础，是幸福生活的基础。

第二节 影响大学生心理健康的因素

自 2004 年起，每年 5 月 25 日确定为全国"大学生心理健康日"。一项以全国 12.6 万大学生为对象的调查显示，约 20.23% 的人有不同程度的心理障碍，而因各种心理疾病休、退学的大学生人数已占总休、退学人数的 50% 左右（王静

---

① 有关于心理健康的小故事，见：http://www.docin.com/p-1508995618.html.

和王艳冬，2011）。大学生产生心理问题，一方面与他们自身所处的心理发展阶段有关，另一方面与他们所处的社会环境有关。各种生理因素、心理因素、社会因素交织在一起，容易造成大学生心理发展失衡，导致各种心理问题产生。一般来说，影响大学生心理健康的因素，主要有客观和主观两方面。

一、客观方面

（一）生物遗传因素

相关医学研究表明：重型精神疾病如精神分裂症、情感障碍等，与遗传的关系较密切；而轻型心理障碍如神经症，则与遗传的关联度较小。有研究表明，随着年龄的增加，遗传因素对个体心理健康的影响呈下降的趋势，环境因素的影响呈上升趋势。大学生的年龄处于青春期后期，因此遗传因素和环境因素的影响都同时存在。

（二）早年经历

精神分析学派创始人弗洛伊德通过长年研究和精神病临床治疗发现，个体的心理障碍与早年经历有关（王静和王艳冬，2011）。不良的早年经历留在个体心里的痛苦记忆，可能对个体后来的生活产生重大影响，并有可能引发心理疾病。如有些同学童年或者少年时曾受过重大精神创伤，未向家人或朋友提及而一直压抑在心里，进入大学后，可能由于自由时间较多或者面临了新的难以解决的困难，使被压抑在心底的创伤又浮现出来，从而遭受折磨。

（三）环境变迁的因素

生活环境的变迁，对刚入学的大学生来说，是个不小的挑战。这种变化的主要方面是要独立生活，应对一切生活琐事。几个同学共住一个寝室，彼此的生活习惯、作息安排及语言隔阂都需要去面对和适应。心理学研究表明：个体所处环境的巨大变迁也会使个体产生心理应激。具有良好心理的同学，很快就能适应新的环境，并与同学、老师建立起良好的人际关系；而心理承受力、适应力差的同学却较难适应，从而出现心理问题。例如，一男生考入离家很远的外省学校，该生自幼受到家长无微不至的关怀和照顾，就连交往的同学、朋友也是家长"考察"之后确定的。进入大学后，该生面对新的环境无所适从，不会与他人相处，最终也只是和同省来的两个同学交往，不参加各类课外活动，大学生活单调而乏味。

全新的角色要求大学生重新评价自己与他人，要完成重新设计自我的过程。在适应过程中，大学生在新的环境中往往希望自己更优秀。对于刚刚经历巨大环境变迁的大学生来讲，不仅存在适应外部环境的问题，同时也是自我调适的过程。总的来看，无论是对学习和生活环境的适应，还是对人际关系和自我地位变化的适应，都会极大地影响大学生当时的心理健康状况。

（四）重要因素的丧失

人际关系主要是指与家人、朋友，特别是异性（恋人）的关系。一旦这些关系丧失或出现问题，不仅会影响到大学生的情绪、学习和生活，也可能会极大地影响到他们对自己的看法。尤其是在失恋以后，这种影响表现得更加突出。

荣誉的丧失现在已经发展成为一个非常广泛的问题，特别是高校实行奖学金制度后，很多学生都自认为可以获得奖学金但又没有得到，或者因为考试不及格、作弊等原因影响了他们的名誉甚至以后的发展前途。

自尊的丧失、荣誉的丧失和重要人际关系的丧失有一定的关系，但在很大程度上与自我重新确认有关。伴随着自尊丧失，自卑和抑郁可能接踵而来，对大学生的影响非常大。

（五）冲突与选择

在相对比较稳定的大学生活中，大学生仍面临着各种各样的冲突与选择，主要包括专业学习与社会工作的冲突，所学专业与自己兴趣的冲突，学习、社会工作与恋爱的冲突，考研与找工作的冲突及在将来的计划中不同目标的冲突等。对有些人来讲，这些冲突的影响可能会很小，而对有些人来讲，这些冲突的影响可能会很大。当面临的冲突影响较大时（如关系到工作的性质和前途时），他们要做出选择可能就比较困难了。

面对冲突而难以做出选择往往是由于对冲突的性质认识不清，以及对自我的认识不清。其实，大学生活中需要做出的选择并不是单选题，而是有很多答案的多选题，只要想出折中的办法就可以很好地解决。

（六）家庭环境因素

家庭的影响主要包括家庭的氛围、父母的教养态度、家庭结构及家庭经济状况四个方面。在人的成长过程中，家庭的影响非常重要，如民主、平等而非命令、居高临下的，开明而非专制的，潜移默化而非一味娇宠的教养态度与教育方法，有利于个体心理的健康发展；家庭结构的变化，如单亲家庭、重新组合家庭等因素对正在读书的大学生的心理也有一定的影响；家庭经济困难特别是家庭贫困的学生相对更易产生心理不适感。因此，家庭环境所带来的学生心理问题，其影响是深远而长久的。

（七）社会因素

社会因素包括社会制度、伦理道德观念、教育方式、经济状况、科学技术水平、传统习俗等方面。

我国大学生的心理健康问题与中国社会文化背景、民族心理特征有着紧密的联系。中国传统文化强调"喜怒不形于色"，强调人对自己情感的抑制和对情绪的控制。在中国，人际关系十分重要，所以人与人之间存在着较强的人际依赖和人际制约，不擅交际者可能由此产生许多无处诉说的郁闷，从而深化了情感危机。也许是传统文化的影响，当前有的人常常把心理疾病与道德问题等同起来，所以大多数人忌讳心理疾病这个话题。

随着社会的发展，大学生所面临的压力与挑战越来越多。社会对大学生的期望值越来越高，社会岗位对人才的要求也越来越高，所以大学生要长年承受较强的学业压力。虽然国家出台的很多政策，如绿色通道、助学贷款、奖助学金，在一定程度上暂时缓解了部分学生的经济压力，但贫困家庭的大学生还是要承受学费的压力，有可能诱发较多的心理问题。

随着社会的发展，竞争的残酷日益加剧，一些学生不能正确认识某些社会丑恶现象，观点偏颇或过激，把积极的一面归功于自己的努力，把个人的不幸归责于社会，陷入心理学上的"外归因理论"而不能自拔。

（八）网络影响

大学生是一个充满青春活力的群体，他们有着活跃的思维和鲜明的个性，他们害怕寂寞，渴望交友，希望能够得到别人的理解，但矛盾的是有些人又不愿主动与同学交往，在这样的心理状态下，网络的出现满足了他们渴望交流的内心需求。有的学生沉溺于网络世界，上网时精神亢奋，下线后烦躁不安；有的则宁可荒废学业也要和网络为伴，陷入"网络成瘾"的状态；有的甚至受到网络不良信息的影响而误入歧途。

二、主观方面

（一）道德因素

世界卫生组织近年来把道德纳入健康范畴，把道德水平作为健康考察的一部分。巴西著名医学家马丁斯研究发现，品德端正、心态淡泊、为人正直、心地善良、胸怀坦荡则会心理平衡，有助于身心健康；相反，有违于社会道德准则胡作非为，则会导致心情紧张、恐惧等不良心理，有损健康（王静和王艳冬，2011）。马丁斯的结论同样适用于大学生。一个道德水准低下、处处伤害他人的人，他自己最先受到伤害。因为这样的人很难有平静愉快的心境，他总是处于紧张易怒的状态，很难把自己的心理调整到健康状态。

（二）价值取向

人生的价值取向大致可分为两类：一类是个人主义的价值取向，以个人利益为出发点，以追求满足个人需要为目的；另一类是利他主义的价值取向，活着是为了为他人、为社会做出贡献。如果一个大学生只以个人为中心，以私欲为目的，必然表现得狭隘闭塞，难有良好的人际关系，常会被个人愿望不满足的痛苦所困扰，焦虑不安会经常与其相伴，其心理难以达到健康稳定的平衡状态。而具有利他主义价值取向的人，心胸开阔、积极进取而充满活力，以学习报国为乐趣。这种优秀的人格品质决定了他处处能有良好的人际关系，有益于获得健康的心理。

（三）冲突与矛盾

大学生物质生活的依赖性与精神生活的独立意识发生着矛盾，日益增强的自主、自立意识及主观愿望上的自主、自立与客观条件上的能力之间可能存在矛盾。这两方面的原因使那些适应新环境能力不强的大学新生很容易产生以下心理问题。

1. 自我陶醉与盲目自满

历经千辛万苦而考入了大学，受到老师表扬、亲友夸奖，看到同学羡慕、父母满意，部分大学生在这种自我陶醉中渐渐松懈了斗志，同时也厌倦了学习生活的枯燥。由于惯性，他们认为自己在中学阶段是尖子生，大学里成绩也不会差，从而放松了对自己的要求，盲目自满。

2. 失望与失落感

有的学生入学前把大学生活想得过于理想和神秘，入学后经历了大学生活，感到理想与现实差距很大，从而产生失望感；有的学生在中学阶段曾是尖子生，是家庭与学校的宠儿，进入大学一下子不受重视了，就会产生失落感。

3. 松气情绪与歇脚心理

20世纪八九十年代的大学毕业生由国家进行就业分配，现在是市场经济双向选择，可是有的同学仍然认为考上大学就是端上了"铁饭碗"，不再积极上进。他们认为长年拼搏的目标已经达到，心理上得到了满足，生理上也希望得到休整，而且进入大学后奋斗目标一下子变得模糊，再加上适应能力不强，竞争的气势也有所减弱，便产生了"松口气，歇歇脚"的心理，再也鼓不起奋斗的勇气了。

4. 畏首畏尾

因为环境发生了巨大的变化，一些学生瞻前顾后畏缩不前，不参加社会实践活动，不光顾运动场，整日除了学习之外没有其他安排，生活单一，有碍个性发展。

（四）个性缺陷

心理咨询人员在咨询中发现，出现明显心理问题的学生都在一定程度上存在个性缺陷，如性格内向、敏感多疑、自卑、虚荣心强、情绪不稳定、依赖性强、优柔寡断、以自我为中心等。南京某学院通过连续5年的新生心理测验，发现内向型性格者及情绪不稳定型性格者出现心理问题的可能性较大。

（五）自我认同危机

相当一部分新生都未及时地调整自我概念及正确认识和评价自我。"理想自我"与现实自我存在较大差异，从而在学习和生活中出现心理困惑。不少学生在中学是尖子生，容易产生优越感，进入大学后成为成绩平平的学生，在知识面和能力上出现很大落差。有些学生未能适应这种变化，从而产生强烈的挫折感、自卑感。

（六）心理脆弱

大学生中，独生子女占相当大的比例，相当一部分人因受到家庭的过分保护和宠爱而心理特别脆弱。他们承受挫折的能力和适应环境的能力都很差，一旦在学习、生活中遇到困难，便灰心失望、萎靡不振、逃避现实。

第三节　大学生常见心理问题

目前大学生心理健康问题已成为影响大学生健康成才以及高校稳定的突出因素之一。大学生的心理健康不仅关系到大学生个人的成长，也关系到民族素质的提高，更关系到一代新人的培养，也是社会主义精神文明建设的一个重要方面。

影响心理健康的因素是多种多样的，既有个体自身的因素，也有外界环境因素。就当前大学生的具体现状而言，影响其心理健康的因素主要体现在以下七个方面。

一、与学习有关的心理问题

与学习有关的心理问题，主要表现在学习内驱力不足、学习焦虑、考试焦虑、学习效率低、注意力不能集中、成绩波动大、学习缺乏目标、专业不满意、学习负担过重等方面。一项关于学习的调查发现，大学生专业学习和竞争压力越来越大，由此而引发的心理障碍越来越多。与学习有关的心理问题主要表现在以下四个方面。

（一）学习目的不明确

不少学生进入大学校门之后，没有明确的学习目的，为了应付学业不得不参加考试。一位学生这样写道："在中学时代，我各方面表现都很出色，进入大学后，沿着中学的惯性学习，尽管成绩还算理想，但学习努力却常常感到心力交瘁，学而无所获。"更多的学生是懒得精益求精，但求蒙混过关。面对人才市场的巨大压力，很多学生内心也有危机感，但真正要努力学习时又提不起精神来。

（二）学习内驱动力不足

在大学生生活事件量表中，列在第一位的是学习压力较大。某高校一项调查结果表明：大约有 69.6% 的新生感到"学习难度较大，学习方法不适应"，在问到为什么学习时，学生淡淡地说"为学习而学习，但学习时始终不能进入状态"[1]，总感到是在巨大的考试压力下被动地学习，没有兴趣；静下心来想学时，

---

[1] 大学生心理健康——大学生心理健康教育存在的问题，见：https://wenku.baidu.com/view/dfd8c00702020740b-f1e9b04.html.

又会感到很苦恼和为将来担心。这主要是因为考入大学后，暂时丧失了前进的方向，有松口气的想法，造成学习的内驱力不足。

（三）学习努力，成绩不理想

学习困难的学生整体上在大学生群体中占的比例并不很大。有的学生上课注意力无法集中，有的学生不适应大学生活，虽然学习上很尽力，但学习成绩总是不理想，因而感到很自卑，心里十分压抑。

（四）学习动机功利化

市场经济的利益杠杆直接影响着学生的学习，部分学生表现出功利意识。对于还没有学的课，学生首先想的是"我学习这门课有什么用"，因而，出现了一些专业课、基础课不被重视，而技能类课程如计算机、外语等，各种证书培训班门庭若市。"考证热"正是学习功利化的直接表现。学生充分了解市场对各种证书的青睐，因而放弃了专业课的学习去追逐各种证书。

二、与人际关系有关的心理问题

与人际关系有关的心理问题，主要表现为沟通不良、交往恐怖、人际关系失调、人际冲突、孤立无援、缺乏社交基本态度及技能、代沟等。如在交往方面，有的学生因自负而不屑交往，有的学生因恐惧而不能交往，从而陷入孤寂封闭的境地。也有的学生虽然主动交往，但在对他人的认识上常有偏见、误解和过分苛求，对他人情感上缺乏同情、理解和尊重，对他人的行为挑剔、被动和矜持，所以人际关系不协调，难以被他人接受。与人际关系有关的心理问题具体表现为以下五方面。

（一）人际交往不适

进入大学，远离原来熟悉的生活与学习环境，面对新的人际群体，学生多少有些不适。部分学生对大学的师生关系、同学关系、异性之间的关系感到紧张。一位新生感叹说："在大学，没有一个可以谈得来的朋友，心里真的感到好孤独。"一方面，他们对于如何关心别人、如何得到朋友的关心想得较少；另一方面，他们又希望得到别人的认可。"有心里话不知道对谁说"成为学生普遍的困惑。

（二）自卑心理

有些大学生来到新环境时容易产生自卑感，自己瞧不起自己，缺乏自信，办事无胆量，畏首畏尾，随声附和，没有主见。如不克服这种心理，可能会影响大学生的个性发展。

（三）社交恐惧

大学生活在一定程度上给学生创造了一个小社会环境，可以充分地展示自我的风采。但部分学生缺乏在公众场合表达自己思想的能力与勇气，面对各种各样的活动充满了兴趣却又担心失败，只是羡慕而积极参与的不多。久而久之，他们开始回避参与，感叹"外面的世界很精彩，外面的世界很无奈"，直接影响了潜能的充分发挥。

（四）猜疑心理

有些大学生在社交中过于敏感，或是托同学、朋友办事，往往爱用不信任的目光审视对方，无端猜疑、捕风捉影、说三道四，结果影响了同学、朋友之间的关系。

（五）心灵闭锁

学生从高中校门到大学校门，部分学生缺乏人际交往经验，而自身在人际交往中的不自信，又不利于增加自身的人际魅力，妨碍了良好的人际交往圈的形成。据一项调查统计，大约有30%的新生认为没有朋友，23%的学生感到"孤独、寂寞"，在与他人主动交往方面，大约25%的学生更希望自己成为交流的对象而不是交流的直接发起者。[1] 与此同时，个体间正常的沟通交往不够又易引发猜疑、妒忌等，使个别学生把自己封闭起来或者回避他人。

三、与情绪有关的心理问题

凡是能够满足人的需要或符合人的愿望的事物，就使人产生肯定的态度，引起积极的情绪体验；凡是不符合人的需要或与人的愿望相违背的事物，则会产生否定的态度，引起消极的情绪体验。有时，即使是同一事物，由于人的需求不一样，也可能引起不同的内心体验。稳定的情绪、积极良好的情绪反应，是学生成才很重要的因素，也是学生心理健康工作中应着力培养的。大学生常见的负向情绪主要有以下三种。

---

[1]　大学生心理健康教育，见：https://wenku.baidu.com/view/a9bf691fcbaedd3383c4bb4cf7ec4afe04a1b1e6.html。

（一）情绪失衡

大学生的社会情感丰富而强烈，具有一定的不稳定性与内隐性，表现为情绪波动大、感情容易冲动、喜怒无常，会因一点小小的胜利而沾沾自喜，也易为一次考试失败、情感受挫而一蹶不振；负向情绪的控制相对较弱，情绪高低不定、易怒，难以驾驭，不能保持平和，如考试失败后有的学生很难从失利的阴影中走出。群体负向情绪又是校园事端的直接制造者。如某高校几年中违纪处分的 71 例中，打架的占到 25%，起因多数是生活中的小摩擦。学生的群体情绪一旦激发，"为朋友而战""为义气而战"，很难受到理性与校纪校规的约束，而当情绪稳定下来又多是后悔莫及。学生对大学生活的评价认为"充实"的仅占12.2%，负向情绪明显高于正向情绪[①]。

（二）抑郁

抑郁是一种持续时间较长的低落消沉的情绪体验。处于抑郁状态中的大学生，看到的一切仿佛都笼罩着一层暗淡的灰色，对什么事都提不起兴趣，常常感到精力不足、注意力难集中、思维迟钝、心情压抑、沮丧、无精打采、什么活动都懒于参加，同时伴有痛苦、羞愧、自怨自艾、悲伤、身体不适、睡眠不足，并且自我评价偏低，对前途悲观失望。某高校连续三年对新生进行心理健康测试，结果表明：列在第一位的心理不适是抑郁，如连续的考试失败、失去亲人、失恋、同学感情失和等都是抑郁的直接诱因。

（三）焦虑

焦虑是一种紧张、害怕、担忧混合交织的情绪体验，被焦虑困扰的大学生内心感到紧张、着急、不安、心烦意乱，注意力难以集中，思维迟钝，记忆力减弱，同时常常伴有头痛、心慌、失眠、食欲不振及胃肠不适等生理反应。

1. 自我焦虑

大学生比任何其他年龄段的个体更关注自己在他人尤其是异性心目中的形象，他们可能因长相、胖瘦、高矮、能力、魅力而产生各种各样的焦虑。有的学生担心自己长得不够漂亮，不能获得异性的好感，甚至部分女生因没有男生追求而苦恼；有的学生总感到自己的先天条件不够理想，因而非常自卑，不能建立良好的社交形象与公众形象。

---

① 大学生心理健康——大学生心理健康教育存在的问题，见：https://wenku.baidu.com/view/dfd8c00702020740b-f1e9b04.html.

2.考试焦虑

考试焦虑对大学生尤其是基础较差的学生影响尤其突出，他们无端地担心考试失败，甚至产生厌倦考试的心理。考试前他们可能由于过于担心而睡不好觉，一想到考试心里就非常害怕；考试时可能由于紧张出现心慌、出汗、手发抖等现象，若第一门考得不好总担心下一门也会失败，不能自我调节。

四、与情感有关的心理问题

与情感有关的心理问题多表现为与异性交往困难、陷入多角关系不能自拔、单相思、失恋等。有的学生因看到周围的人纷纷交友结伴而自惭形秽，有些大学生的恋爱动机不是出于爱情本身，而是为了弥补内心空虚和自我孤独等，出现了"寂寞恋爱""痛苦恋爱""攀比恋爱"等现象，还有的学生因失恋而长年精神萎靡不振，甚至轻生。

（一）爱情观念困扰

大学生恋爱普遍化。《2016中国大学生恋爱白皮书》显示，在校大学生有恋爱经历的已高达80%。[①] 爱情虽然在大学并非一门"必修课"，但是学生仍然从各个方面开始自己的情感之旅，甚至"专业恋爱业余学习"的情况并不是个别现象。有的学生说"爱是情感，不是规范"。有的学生存在不正确的恋爱观，"每周一个"，"普遍撒网、重点培养、择优而谈"。面对爱情，有的大学生更多想到的是"不在乎天长地久，只在乎曾经拥有"，不将爱情与婚姻统筹考虑。

（二）友谊与爱情困扰

友情是人生路上的推动力，但有的学生在处理个人情感问题上，分不清友谊与爱情，不能很好地把握男女同学交往的尺度，希望珍惜友谊又不经意地与友谊失之交臂。

五、与性认识有关的心理问题

除了恋爱问题导致的心理困惑外，更沉重的心理负担是性心理方面的问题。例如，有的学生因为对性知识的匮乏，产生对性冲动的不良心理反应，因自慰行为而产生焦虑、自责等。

---

① 2016中国大学生恋爱白皮书，见：https://wenku.baidu.com/view/9af682c777eeaeaad1f34693daef5ef7ba0d124e.html.

（一）生理适应不良

大学生青春期性生理的成熟，必然带来相应的心理变化，渴望获得异性的好感与承认，产生性幻想、性冲动等，大约 18.3% 的新生和 30% 的老生有过"性幻想"。[①] 用自慰的方法解决自身的生理冲动，这是正常的。由于性教育的严重缺失，很多学生不能正确认识自我的性反应，产生了堕落感、耻辱感与性罪恶感，把性与不洁联系起来。有的大学生因做性梦，产生性幻想不能自拔，以至于萌发轻生的念头。

（二）性心理问题

大学生性意识困扰的原因，主要有性无知、性罪恶、性压抑以及情感障碍。性心理与性生理密切相关，大学生对异性产生好感，希望在异性心目中确立良好的形象，获得对方的认可。有的大学生认为"爱，不能没有性"，或"禁欲是对美好爱情的打击"。由于性生理的成熟与性心理不够成熟的矛盾，有的大学生可能面临这样的选择：最初的恋人可能不是最终的选择，性关系无论从道德上还是心理上都多了一份沉甸甸的负担。有人会想："面对男朋友的性要求，如何选择才既不伤双方感情，又保持了自身的尊严？"有的认为："既不破坏社会公德，又不影响他人，健康的性行为为什么不可以呢？"性的好奇、性贞洁感的淡化，甚至性与爱的困惑、分离，性行为引起的后果及产生的心理压力都是值得引起重视的问题。

📖 案例集锦

小 A 与小 B 是高校"夫妻部落"中的一员，两人在校园附近租下一套房子，过起了同居生活。两人在接受记者采访时坦言，双方对未来都没有太明确的想法，目前生活在一起只是为了"相互取暖"。[②] 一项对高校大学生的调查表明，在受调查的同学中有 13% 的人坦言大学期间有过性行为。

[①] 大学生心理健康——大学生心理健康教育存在的问题，见：https://wenku.baidu.com/view/dfd8c00702020740b-f1e9b04.html.

[②] 案例分析大学生校园暴力，见：2016-09-10.http://www.178yy.com/bx/yyjk/zsqx/431232.html.

引申思考：现代教育体系下的青年可能存在"知、情、意"不平衡的情况，可能智商比较高，情商比较低，意志力较弱，不能很好地管理自己。大学生群体的性心理方面的困扰主要是性渴望、性焦虑等，这恰恰反映出性教育的缺乏。对于大多数学生来说，他们对性充满渴望，但是真正了解的并不多，也有的情侣因为发生性关系而闹翻，这些都深深地困扰着大学生。学生们可能没有很强的意识，那就是爱和性不仅是一种心理和生理上的体验和感受，它背后还有严肃的责任问题不可回避。对于学生来说，健康、科学地了解和对待性问题，理智思考并约束自己的行为很重要。

大学生要敢于向不符合主流文化的性行为说"不"。

（1）用道德约束自己：为真爱守住纯洁，自觉接受道德约束，不为不道德的利益出卖自己的身体。

（2）用理智战胜冲动：既然真心爱对方，就要尊重和爱护对方，爱护自己，拒绝婚前性行为。

（3）转移和调节自己的注意力：通过体育锻炼、专注的学习和群体交友活动平息自己的冲动，尽量减少接触情色方面的刺激；必要时也可通过自慰释放自己的性紧张。

（4）恋爱双方尽量减少给对方性刺激：过多的性刺激造成的强烈冲动会使双方都难以克制。要多考虑超过一定限度的性冲动所带来的后果，适度交往，对自己、对对方负责。

理智的道德不会降低爱情的质量，真正的爱情应引领人自我成长，当代大学生更要学会尊重和自爱。

六、与求职择业有关的心理问题

与求职择业有关的心理问题，表现为缺乏选择的主动性，不了解与自己个性能力相匹配的职业领域，对面试缺乏自信，过于追求功利，缺乏走上社会的心理准备，等等。随着高校毕业生人数逐年增加，不少毕业生在求职择业方面因不适应而出现种种困惑和苦恼。例如，有的学生面对人才市场五花八门的招聘单位与条件而不知所措，难以抉择；有的学生不懂面试礼仪及技巧，不知该怎么样表现才是适当的；有的学生对社会现实不能正确分析，产生逃避社会的心理或过于担心的心理。

七、其他心理问题

其他心理问题包括家庭关系、经济问题、业余生活、人格发展、人生态度等方面的困惑或苦恼。

可以看出，任何心理问题，包括那些较严重的心理危机，都不是"一朝突变"的结果，而是在渐进、累积基础上有层次地逐步形成的，都是由量变到质变的"趋进"过程。所以，要从积极的、预防的角度出发，保护和促进大学生的心理健康，消除不健康的心理倾向，充分发挥身心潜能，促使他们与社会环境相适应，并不断发展健全的人格。

📖 拓展阅读

心理健康的"营养素"①

我们知道，身体的生长发育需要充足的营养，心理的健康成长是否也需要"营养素"呢？答案是肯定的。心理"营养"也非常重要，若严重缺乏，势必会影响心理健康。那么，重要的心理健康"营养素"有哪些呢？

第一，最重要的精神"营养素"是爱。爱伴随人的一生。童年时代主要是父母之爱，童年是培养心理健康的关键时期，这个阶段个体若得不到充足和正确的父母之爱，将影响其一生的心理健康发展。少年时代增加了伙伴和师长之爱。青年时代情侣和夫妻之爱尤为重要。中年人社会责任重大，同事、亲朋和子女之爱十分重要，它们会使中年人在事业家庭上倍添信心和动力，让生活充满欢乐和温暖。老年人晚年幸福是关键。

第二，重要的精神"营养素"是宣泄和疏导。无论是转移回避，还是压抑自我，都只能暂时缓解心理矛盾，而适度的宣泄则具有治本的作用，当然这种宣泄应当是良性的，以不损害他人、不危害社会为原则，否则将会恶性循环，带来更多的不快。心理负担若长年得不到宣泄或疏导，则会

---

① 心理健康的五种营养素，见：https://www.douban.com/note/688223850/.

加重心理矛盾，进而成为心理障碍。

第三，善意和讲究策略的批评也是重要的精神"营养素"。一个人如果长年得不到正确的批评，势必会滋长骄傲自满的毛病，变得固执、傲慢等，这些都是心理不健康发展的表现。但是，过于苛刻的批评和伤害自尊的指责会使人产生逆反心理，遇到这种"心理病毒"时，应提高警惕，增强心理免疫能力。

第四，坚强的信念与理想也是重要的精神"营养素"。信念与理想对于心理健康的作用尤为重要。理想和信念犹如心理的平衡器，它能帮助人们保持平稳的心态，度过坎坷与挫折，防止偏离人生轨道、误入心理暗区。

第五，宽容也是心理健康不可缺少的"营养素"。人生百态，不如意事常十之八九，无名之火与萎靡颓废往往相伴而生，只有宽容才是摆脱种种烦扰、减轻心理压力的法宝。

第二章

如何适应大学生活

智慧的本质就是适应。

——皮亚杰

　　适应与发展是心理健康的重要标志，也是大学生适应现代社会的必备素质。适应是一个人通过不断调整自身，使个人需要能够在环境中得到满足的过程，适应也是自我与环境和谐统一的一种良好的生存状态。人在社会中生存、发展，需要有良好的适应能力。积极的适应就是发展。身处当今这个充满竞争的社会，当代大学生必须具备极强的适应能力，这样才能在竞争中实现自己的理想，完成自我超越。学习、了解有关适应和发展的心理学理论，了解大学阶段人生发展的任务，认识和掌握人生发展的规律，有助于大学生自身发展得更为完善。

📖 案例集锦

　　案例 1：新生小 A 说：中学时只需念好书就行，生活琐事一切由父母包办。进了大学一切靠自己，感觉很不适应。

　　案例 2：对于小 B 来说，初进大学后最大的感受就是对新的教学方式不适应。高中时老师盯得紧，还不时有测验或考试，想不努力都难。但在大学里，作业不常布置了，老师也很少主动来关心自己的学习，连上课地点也不固定。面对这么"宽松"的学习环境，小 B 有些手足无措。

　　案例 3：小 C 的父母在他刚入学的时候，把一个学期的生活费都给他打到卡里，结果不到一个月的时间，他的钱已经花去了大半，小 C 的问题是不会理财。

　　……

诸如此类的问题，都属于新生适应问题。其实，对新生活感到不适应及产生困惑的情况在许多同学中都存在，所以大家不必太紧张。那么，究竟什么是适应？哪些因素影响大学生去适应？大学新生为什么要适应？大学生应该怎样尽快适应？本章将帮你找到答案，并给你一些尽快适应大学生活的可操作办法。

第一节　初进大学的不适应及大学生活的新变化

从中学校园走过来的大学新生所面临的是一个全新的世界，无论是生活环境还是学习方法，无论是个人目标还是社会期望，都发生了很大变化。作为一名新生，只有在短期内尽快调整自己的身心，转变个人角色，才能为今后的大学生活奠定良好的基础，才能有效而成功地度过大学生活。

研究发现，大学学习能否成功在很大程度上取决于新生第一年的经历。假如第一年适应不良，可能导致其学业兴趣淡漠，学习参与度降低，学习成绩不佳，人际关系出现问题，精神和健康状态不良，甚至学业中断等。

一、大学生活不适应的主要方面

（一）语言上不适应

大学生来自全国各地，在中学阶段，不少农村中学的教师都用方言教学，学生也用方言交流，而有些方言又很独特，所以习惯于用各自方言交流的学生一旦来到一个新的环境，必须用普通话交流，难免会出现种种尴尬和不适应。有不少原本就比较内向的新生想到一开口就要讲不太熟练的普通话，害怕别人笑话，索性就懒于开口了。

（二）习惯上不适应

中学阶段走读的同学，生活起居都由父母安排得妥妥当当，生活空间也相对独立，他们形成了各自独特的生活习惯。可是进入大学后，开始了住校生活，多人同居一室，饭菜要自己打，被子要自己叠，衣服要自己洗，有的高校每天一大早还要起来做早操，还要忍受室友的不同生活习惯，这些对过惯了"饭来张口、衣来伸手"生活的独生子女来说，无疑是一道难关，新生普遍感到独立生活不容易。

（三）学习上不适应

在中学阶段，学生的所有时间几乎都是由老师、家长"精确"地安排妥当，学习方式也几乎完全受制于老师的"满堂灌"和题海战术，而到了大学，学习环境相对宽松，多采取自主学习的方式。有不少新生受中学依赖心理的影响，对大学的自主学习方式非常不适应，一下子觉得手足无措、无所适从。

（四）人际关系上不适应

在中学阶段，同学们一心扑在学习上，无暇交往，人际关系比较单一。但是进入大学后，由于环境的改变、学习任务的转变、自由时间的增多，以及对学生评价标准的多元化，大学新生有了更多与人交往的可能性和必要性。从某种程度上讲，良好的人际交往能力往往成为新生崭露头角、脱颖而出的一条捷径。一些成绩平平但活泼开朗、人际交往能力强的学生往往能最先得到老师和同学的青睐，成为"明星人物"。

另外一些虽然成绩优良却疏于交往的新生往往会逐渐失去优势，受到冷落，于是产生自卑、自闭心理。同学们来自各个不同的地方，带着不同的生活习惯，大家既有合作，又有竞争，心与心的交流并不容易。一些同学在抱怨别人不对自己敞开心扉的同时，自己又不愿意主动接近别人，于是产生了种种不适应。再加上大学的老师不再像中学老师那样与学生经常打成一片、嘘寒问暖，原有的师生关系模式受到挑战，新生心理变得更为复杂。

（五）怀旧情绪的困扰

同学们告别了对自己关怀备至的亲人和朋友，告别了中学时几乎每天相伴、督促自己学习的老师，走进了一个崭新的天地，生活的空间骤然扩大，自由度增大，如同飞翔在蓝天的鸟儿。与此同时，没有了父母衣食起居的照顾，没有了老师的日夜陪伴，衣、食、住、行都要靠自己来完成，一些同学便感到不知所措，不知该如何安排自己的生活和学习。

面对陌生的一切，他们开始怀念和留恋中学的时光，怀念家乡、亲人、老师以及中学的生活环境。心理脆弱的学生晚上熄灯后有时会偷偷在被窝里哭，看见同学家长来校，甚至听到一些思念亲人的歌曲也会暗自落泪。他们的心情如同身处异乡的游子，一种无着无落、空虚和思念的情绪时时萦绕心头。

新生的念家情绪一般从开学第二、三周起就会集中表现出来，尤其是外地来的学生。此时，开学初的新鲜感已经没有了，而中秋节、国庆节又接踵而至，"每逢佳节倍思亲"，很多同学会格外想念家人、朋友，一些同学甚至会经常哭着给家人打电话；还有不少新生过分依恋过去的校园、老师、同学，整天沉湎于怀旧之中，对新生活排斥、抵触，认为一切都是过去的好。

二、大学生活新变化

📖 案例集锦

小 A 是一名大一女生，因心烦、注意力不集中，学习效率下降，到心理咨询室咨询。她于三个月前进入大学，之后非常不适应宿舍的集体生活，心情烦闷。她住的宿舍有八个人，特别拥挤，而且上铺的同学晚上还经常看书，有的同学睡前又没完没了地聊天，她经常难以入睡，和同学沟通之后也没有效果。有一次，她忍不住和上铺吵了架。现在，小 A 晚上有时会失眠多梦，白天上课还会打瞌睡，影响了学习，心里很着急，怕这样下去会神经衰弱。

小 B 是家里的独生女，父母都是教师，家庭条件不错，她从小受父母宠爱，从未离开过父母。父母要求她专心学习，取得好成绩，从不让其做家务。小 B 在家时自己住一个房间，她喜欢安静，性格比较内向，不善与人交往，很少与同学一起玩耍。她是自尊心很强的人，学习刻苦，成绩一直很好。来到大学后，拥挤的宿舍环境让她觉得很难适应，出现问题后曾向父母诉说，并到校医院看病，吃过安神的药物，但没有明显改善。这次考试成绩不理想，她心里很委屈，睡眠更差，于是来做心理咨询，期望解决这些问题。

大学与中学相比，在许多方面都有较大差别，大学新生要做好及时调整的准备。

（一）生活方面的变化

1. 生活环境的改变

大学新生面临的第一个巨大变化就是环境的改变。不少同学都是到外地上大学，有的从农村、乡镇来到城市，离开了家乡熟悉的一切，首先面对的是陌生的校园环境、陌生的城市。

2. 生活方式的改变

上大学后，父母不在身边，没有了长辈的呵护和照料，过的是集体生活，住集体宿舍，吃饭在大食堂；要独立处理自己的事情，衣食住行、经济开支、待人接物都要自己解决。

3. 生活习惯的改变

大学宿舍是集体居住，每个人生活习惯不一样，作息时间、卫生习惯各异，还有的同学吃不惯食堂的饭菜，需要改变饮食习惯。

4. 生活内容的改变

大学生活内容十分丰富，除了学习之外，还有广泛的社会交往活动、丰富多彩的校园文化活动和社会实践活动。

（二）学习环境的变化

1. 学习方向专业化

中学阶段主要是基础教育，突出普及性和基础性，为升学做准备。大学是为社会培养具有专业技能的人才，注重专业性和应用性。

2. 学习内容多元化

中学开设课程较少，学生对学习内容没有选择余地。大学的课程纷繁复杂，既有基础课，又有专业课，还有各类选修课，不仅要学习理论，还要培养实践能力。

3. 学习全面自主性

大学教师课堂讲授时间少，讲课内容多、速度快、跨度大，更强调启发性、自主式学习。尤其是低年级的基础课，教师不一定按课本讲，只是提纲挈领地讲思路、重点和难点，大部分内容粗线条地讲，重点布置学生自学，看参考书，然后讨论。很多大学新生有这样的感受：下课老师见不到、自己复习自己管、茫然无措难把握。大学的学习弹性大、自由空间大、自主性大，这就要求学生学会自主学习。

（三）人际环境的变化

1. 师生关系相对松散

中学阶段师生关系比较紧密，老师在学习、思想、生活等很多方面和学生关系密切。大学老师一般下课后与同学交流较少，班主任或辅导员和学生也不一定天天见面。班级的工作大多由班干部组织学生自己完成,师生关系相对松散。

2. 人际关系比较复杂

中学时代,学生很少接触社会,主要和父母、老师、同学打交道,人际关系相对单纯。到了大学,人际交往范围发生了很大变化,不仅要和不同地区、不同习俗的同学打交道,还要和有关部门的教职工打交道。由于参加各种社团活动、勤工俭学、教学实践等社会活动,还要与各种各样的人打交道,人际关系更为复杂。同学之间在语言、价值观、生活习惯、性情等方面的差异,也增加了交往的难度。

第二节　大学生社会适应能力的培养

学校和社会在运行规则上有很大的不同。在学校这个"象牙塔"中,大学生与社会处于半隔离状态,这就使得多数大学生对社会的看法趋于简单化、片面化和理想化。企业在招聘过程中对应届毕业生表现出冷淡和"不感冒"的态度,多半原因是刚毕业的大学生缺乏工作经历与生活经验,角色没有及时转换好,适应期时间过长。他们在挑选和录用大学毕业生时,同等条件下,往往优先考虑那些曾经参加过工作和社会实践,具有一定组织管理能力与应变能力的毕业生。这就需要大学生在大学期间注重培养自身适应社会、融入社会的能力。

一、大学生社会适应能力及其含义

大学生社会适应能力是一种综合能力,现代人生活的社会错综复杂,社会现象丰富多彩,社会关系盘根错节,社会问题形形色色。大学生要适应这样复杂的社会,必然需要具备适应社会的能力。当代大学生的社会适应能力所涉及的面非常广泛,包括的内容很多,主要可概括为以下四个方面。

(一)道德品质适应能力

道德品质是大学生作为高素质人才存在的基础,更是发展的前提。思想道德品质一般指具有稳定性倾向的个人的道德意识和行为的特点。一个具有较强社会适应能力的大学生必须具备较高的思想道德修养，如执着顽强、不怕困难的精神，有所为、有所不为的选择本领，忍耐与克服困难的决心以及较强的社会责任感等。这就要求大学生能正确认知、合理定位自我，注重团队精神的培养，学会与他人合作，树立对同学、家庭、学校、社会的责任意识，同时具备高尚的道德品质和爱国、爱校情操。

（二）学习适应能力

大学生应学会学习、学会思考，具有持续学习的能力。在科学技术迅猛发展的今天，大学生仅仅满足于掌握本专业范围内的知识是不够的，必须具有多学科的知识储备，熟练掌握复合型国际人才应有的基础知识，优化知识结构。大学生在刚刚进入大学阶段就应该有意识地了解本专业的学习特点、教学进程、发展趋势，学会充分利用大学期间的一切学习资源，掌握适合自己的学习方法，懂得寻求帮助以全面提升自己。

学习适应能力主要是指在学习环境（如学习目的、学习内容、学习要求、学习方式、学习时间等）发生变化的情况下，个体调节、控制自己做出正确、恰当反应的能力。大学生在学习上面临从中学到大学学习环境的变化，而且将来还要面临大学毕业后继续学习的环境变化。因此，学习适应能力是大学生社会适应能力的基本能力。

（三）社会工作适应能力

工作适应能力是指在工作环境（如工作岗位、工作性质、工作条件等）发生变化时，人们调节、控制自己做出正确反应的能力。大学生社会工作适应能力是大学生社会适应能力的主要方面，包括实践能力、创新能力、组织和管理能力等。

大学生在大学期间学习的最终目的是积极投身于社会实践、参与社会工作，而在参与社会工作中必然会面对各种可能的工作性质和工作环境，这些工作性质和工作环境又随着人生的发展而不断变化。较好地适应不断变化发展的工作性质和工作环境，是对大学生提出的一项基本要求。

（四）人际交往适应能力

人际交往适应能力是指人们在通过各种手段进行人与人之间的联系和接触的过程中，调节、控制自己并做出恰当反应的能力。人际交往作为人类的一项基本的实践活动，存在于社会生活的各个领域，贯穿于人的一生，具有沟通人际信息、交流人际情感、协调人际行为、提高人际知觉准确性的普遍作用。大学生作为社会的成员，参与各种社会实践活动是人生的需要，而在各种社会实践活动中必然要面对各种社会关系，进行各种交往，因而就必须了解相应的道德规范、礼仪规范和习俗规范。对人际交往的适应是向大学生提出的一项重要的要求。

二、适应能力培养的社会背景

（一）社会竞争激烈

我们生存在一个信息发达的时代，一个由新技术革命所引发的新经济革命的时代，一个充满发展机遇与激烈竞争的时代。国际上，各个国家为了赢得自己的发展机遇，都在发展科技，争夺人才，争夺市场。从国内来说，个人要想获得好的发展，也必然面临激烈的社会竞争，这些竞争具体表现为升学的竞争，择业的竞争，职务、职称的竞争。而竞争会给人们带来许多压力。

（二）社会变化太快

现代的社会变化太快，有时快得让人来不及观察、来不及思考。这种变化从这几年社会热点的流动就可以看出，如"从政热""出国热""经商热""金融热""考证热"等。其实，每一个"热点"都反映了社会政治经济的变化，每一个"热点"都包含着人们的价值追求，每一个"热点"都引导着人们的思维方式和行为方式，每一个"热点"都刺激着人们的心理。

其他方面的变化也是如此。昔日大学本科毕业生还能拥有一些"时代骄子"的优越感，今朝的硕士研究生在社会的选择面前已经开始有了几分危机感；去年有的专业还"热"得灼人，今年已经在悄悄降温；昨天你可能还会觉得学了一种专业，就能支持你一生，今天激烈的社会竞争会促使你再去攻读第二专业、第三专业……社会的这些迅速变化使人们越来越感到，适应的相对平衡期越来越短，动态调整期越来越长。人们只有不断地学习新的社会经验、新的知识，不断地完善自己的个性，提高自己的能力，才会建立起新的适应模式，迎接新的挑战。

（三）选择焦虑

市场经济注重人的主体性，给予个人生存与发展更大的自由选择度。在传统的计划经济社会中，学什么课程，读什么专业，从事什么职业，很多方面都是规定好的，选择的余地不大。如今，社会给大家创造了无数的选择机会。在学校里，课程可以自己挑选，毕业就业允许个人和工作单位双向选择，对已从事的工作不满意可以"跳槽"重新选择……选择给人们带来了更多的发展机遇，也给人们带来了许多痛苦，因为一旦选择了某种生活方式就意味着必须放弃其他一些生活方式；一旦选择了想要得到的就意味着可能要失去已经得到的。当你由于羡慕别人而盲目做出选择时，你可能还要承担随意选择后由自己酿造的苦酒。因此，选择不仅给人带来了自由，也带来了许多困惑与烦恼。怎样才能知己知彼，有效地做出最优选择，是现代社会带给大学生的一大挑战。

（四）价值观冲突

在传统上，中国人的集体主义观念较为浓厚。市场经济体制确立后，人们一度把个体为本的道德价值观推到极端，过分强调个人利益，相对忽视群体与社会的利益。在这一过程中，道德评价易产生错位与失当，再加上西方个人主义价值观的影响，使某些人的价值观心理产生了混乱与失衡。

（五）人际矛盾

中国是一个有几千年历史的农业大国。中国的历史与文化，形成了中国人以人缘、人情和人伦为特征的人际交往模式。现代化的推进、改革开放的深入、社会主义市场经济的建立，大大扩展了人们的生活空间，拓宽了人际交往的范围。个体独立意识的增强、对自身利益的关注与追求，使得人与人之间的竞争加剧，冲突增加，加之现代生产、生活节奏的加快，使得很多人产生了人际交往上的心理困惑。

三、培养大学生良好社会适应能力的必要性

（一）培养大学生社会适应能力是培养大学生良好综合素质的重要内容

大学生的综合素质主要包括实际操作能力、组织管理能力、语言表达能力、社会适应能力和创新能力等。未来世界多极化发展和新格局的定位，将主要取决于各国综合国力的强弱，而综合国力的竞争实质上是高科技领域的竞争，其核心又是国民素质及现代化人才的竞争。现代化人才，是指在社会化大生产和科学技术文化进步过程中，能积极地适应并促进物质文明和精神文明的变革与发展，具有创造性思维的高素质人才。这种高素质人才实际上就是具有很高综合素质的人。由此可见，培养当代大学生社会适应能力是培养大学生综合素质的重要

内容。

（二）培养大学生社会适应能力是社会发展的要求

当代大学生是青年中的佼佼者，掌握着现代化的知识和技术，是未来国家和社会建设及发展的栋梁之材，肩负着振兴中华民族的历史使命和社会责任。这种使命和责任与当代世界的状况，与国家的前途和命运紧密相连。大学生社会适应能力的强弱关系到大学生科学文化知识和技能发挥的程度，关系到大学生个人的前途和命运，关系到社会的繁荣和发展。当代大学生只有努力顺应时代发展的潮流，才能充分利用自身的科学文化知识和技能，促进社会的变革和发展。所以，培养当代大学生社会适应能力是社会发展的要求。

（三）培养大学生社会适应能力是大学生社会化的重要目的

任何一个希望巩固和发展的社会都要努力使其成员社会化，使其成员自发遵从所倡导的价值标准和传统、规范，并承担起相应的责任和义务。大学生是青年中最优秀的一部分，担负着继承上一代的事业、知识和优良传统，开创社会发展新局面的历史重任。大学生社会化的内容非常广泛，凡社会生活所必需的知识、技能、行为方式、生活习惯以及社会的各种思想、观念都包含于其中。显然，大学生的社会适应能力所包含的道德品质适应能力、学习适应能力、社会工作适应能力和人际交往适应能力都是大学生社会化的重要方面。培养当代大学生社会适应能力是大学生社会化的重要目的。

（四）培养大学生社会适应能力是大学生自我发展的需要

人的需要是在社会化过程中逐步发展变化的。人的社会化程度越高，其需要层次和水平就越高。大学生接受教育的程度较高，他们的社会化发展目标也就相对较高。大学生只有把自己的事业目标与社会需要紧密地结合，自觉地服从和服务于社会，才有可能成为对社会有用的人才，自我才能得以发展。因此，大学生的自我发展需要是以满足和适应社会需要为目标的，当然就不可缺少对社会适应能力的培养。所以，培养当代大学生社会适应能力也是大学生自我发展的需要。

拓展阅读

大学学什么①

大学教育的根本是基础知识的获得和人文精神的培养。大学的学习不同于中学。迈入大学校园，新生面对的是一个全新的学习生活环境。学习任务十分艰巨，既要学专业知识，也要学专业外的知识；既要学科学研究方法，也要学实验、技术操作；既要学做事，也要学做人。大学课程包括基础课、专业基础课和专业课，一环扣一环。另外，大学生在校期间还要通过英语四级考试、计算机水平测试等，学习任务并不轻松。只是大学学习的特点和中学相比，有很多不同。

香港中文大学原校长金耀基曾说过，学生在大学里，实际上是学四种东西：一是学怎样读书（learn to learn）；二是学怎样做事（learn to do）；三是学怎样与人相处（learn to together）；四是学怎样做人（learn to be）。

小贴士②

"过来人"谈大学怎么过

（1）安全第一。安全是做事情的重要保障，请你一定要注意安全，爱惜自己，珍爱生命。

（2）学会做人。对于大学生来说，知识与方法可以很快掌握，但良好的习惯、优秀的品质、高尚的品德却需要积累。

（3）实力最重要。永远记住，在社会上获得成功的方法永远只有一个，那就是你的实力。

（4）凡事预则立。面试时很多老板都会问："你会做什么？"你最好现在就思考这个问题，并为以后能好好回答做准备。

（5）慎交网友。QQ、微信等是常用的交友工具，但不要轻易相信网络上的友谊（或爱情）。

---

① 转型期大学教育乱如麻，见：http://edu.people.com.cn/GB/4164466.html。
② "过来人"谈大学怎么过，见：http://blog.sina.com.cn/s/blog_6d096d350102vrhh.html。

（6）让父母放心。经常给家里打个电话，始终记住：儿行千里母担忧。

（7）健康是财富。每个星期都要抽时间锻炼身体，这是为自己积累财富。

（8）适度游戏。网络游戏可以玩，但千万别迷恋网络游戏。

（9）别说脏话。你应该知道习惯的力量，当找工作或者和别人接触时，你随便说出的一个脏字或几个脏字会让你在别人心中的形象大打折扣。

（10）提前去招聘会。大二、大三的时候去学校的招聘会看看，也许这会带给你一种危机感，但也会给你一些前进的动力。

第三节　助你尽快适应大学生活

一、环境适应

（一）自然环境的适应

新生从农村来到城市，从小城镇来到大城市，从北方来到南方或从南方来到北方，从西部来到东部或从沿海来到内地，从熟悉的家乡来到陌生的异地，从朝夕相处的中学来到梦寐以求的大学……首先是自然环境发生了变化。有的新生对这样的变化不适应，以致影响了自己的生活、学习以及与同学之间的关系，而自己在思想和情绪上也产生了困扰。因此，新生必须使自己尽快适应这种自然环境的变化。

1.尽快了解和熟悉校园内的环境

校园是大学生活中最重要的场所，几年的大学生活要在校园中度过。只有对校园环境有充分的了解，才能在心理上消除陌生感，才能决定自己能否在这样的校园环境中自如地生活和学习。因此，新生到校后一经安排好住处，就要尽早熟悉校园环境，诸如宿舍在学校的方位、系办公室在何处、教室在哪里、图书馆在什么地方、食堂在哪里、怎样使用校园一卡通、学校有几个门、去商店从哪里走等，都要在较短的时间内了解清楚。尽早办理各种手续、解决各种问题，就可以尽早适应新环境，甚至还可以为其他新同学提供帮助。

2. 了解学校周围环境

新生不仅要尽快了解和熟悉校园内的环境，而且还应该利用各种机会了解学校周围的环境。可以在课余时间或周末到学校周围走一走、看一看、问一问，这样就可以尽快熟悉周边环境，有助于自己更快地适应新生活。

3. 了解整个城市的环境

了解一座城市的自然环境，可以开阔自己的眼界，有利于适应校园环境。新生到校后，可以在老生的带领下到校外的某处参观；还可以利用周末，与老乡或同学一起逛逛街、外出郊游等，这些都有助于新生了解即将生活几年的城市。

4. 克服胆怯心理，勇于张口多问

有的新生来到新环境，见到不认识的人，常常表现得拘谨、胆怯，或因方向感不强而怕走远了迷路，又不好意思张口向别人询问，因此说话少、不出门。这对适应新环境是不利的。新生要克服胆怯心理，勇于张口多问，尽快了解更多情况，这对于缩短适应期大有帮助。

5. 尽快适应气候与饮食习惯的变化

我国地域辽阔、气候多样，南方和北方、东部和西部的气候特点、饮食习惯等差别较大，新生从自己的家乡来到大学所在地，需要尽快适应当地的气候变化，也要适应饮食变化。可以事先上网查询当地的气候及饮食特点，做到有的放矢；还可以向学长咨询，根据了解到的情况，安排好自己的穿衣、吃饭、学习、运动等。总之，新生要用最短的时间适应新环境。

（二）语言环境的适应

我国有不同的民族语言和地方方言。在大学里，说方言的新生应尽量用普通话交流。然而，由于有些地区基础教育薄弱，普通话推广水平不高，有的新生普通话不标准，这不仅影响了他们人际交往的质量，还可能使他们因为交往不利而伤害自尊心和自信心，进而影响到其他方面。所以，语言环境的适应是不能忽视的。

1. 提高学习普通话的自觉性和自信心

普通话是我们的"国家通用语"，大家都能听懂。大学生来自五湖四海，因此新生必须用普通话交流，这就需要我们每个人自觉学习普通话，同时也要相信自己能说好普通话。

2. 向字典学习

学习普通话的途径之一就是向字典学习。如《新华字典》对常用汉字都注有拼音字母及音调，照着拼音字母认准每个字的读音，能为说好普通话打下良好的基础。

3. 多听广播

多听电台和电视台的播音，是学习普通话的另一途径。电台和电视台的播音员均经过正规严格的普通话训练，发音比较标准。因此，一边听播音员播音，一边按其语音、语调去说，普通话水平必定能有所提高。

4. 向同学学习

身边会有许多同学的普通话说得很好，不少老师的普通话也很标准，因此普通话不标准的新生应多向他们请教，多向他们学习。这也是学好普通话的重要途径。

5. 勇于开口说

学习普通话不要怕别人笑话，要勇于开口练习。学外语不说不行，学普通话亦是如此，而且学说普通话的条件和语言环境比学外语更优越。

当然，在努力掌握好普通话的同时多掌握一些地方方言也是必要的，因为掌握地方方言有助于适应环境。例如，出门办事、上街买东西，都可能与当地人打交道，如果会说当地的方言，不仅方便交流，还能避免出差错、避免被当地人欺生。

二、生活能力的培养

对于很多大学生来说，上大学是第一次离开家，第一次开始独立生活。高中时期，学生的大部分精力都用来读书，父母包办了一切生活琐事。而走进大学，脱离了原来的生活轨道，新生开始独立面对一切。因此，大学生必须学会打理个人生活，培养和锻炼自己独立生活的能力，这也是将来走向社会必须具备的能力。

（一）培养生活自理能力

大学新生应学会打理日常生活，准时起床、运动，自己料理床铺，收拾房间，自己洗衣服，根据天气的变化增减衣物，调理好每天的饮食，等等。在这个过程中要和同学多交流，这既能够增进同学之间的友谊，又能够在一定程度上促进生活自理能力的提高。

（二）学会理财

大学新生需要培养理财观念，避免不必要的消费。大学新生一般都没有太多的理财经验。由于家长一般每月或每几个月给他们一次生活费，因此新生应计划如何消费。计划不当甚至没有计划的学生常常在短时间里大手大脚，把后面的生活费提前花掉。另外，赶时髦、讲排场的社会风气对某些大学新生也有影响，娱乐一次往往就花掉生活费的一大半，加上平时的伙食费，每个月的生活费就所剩无几了。

因此，大学新生要学会理财，要注意考虑生活中哪些开支是必需的，哪些开支是完全不必要的，哪些是可有可无的。钱要花在刀刃上，要避免完全不必要的消费，可花可不花的尽量少花。此外，还要根据父母的经济能力或自己勤工俭学的收入来合理安排日常消费。经过分析确定自己每个月的消费计划，并且要尽量按照计划执行；多余的钱可以存入银行，以备不时之需。

（三）培养良好的生活习惯

生活习惯代表个人的生活方式。良好的生活习惯不仅能促进个人的身心健康，而且也能促进个人的发展。大学生精力旺盛，又处于长身体、长知识的阶段，良好的生活习惯是确保顺利、成功度过大学阶段的重要基础。为了身心健康，从一进大学起，大学生就应该培养良好的生活习惯，并防止不良生活习惯的形成。

1. 养成有规律的生活作息

有规律的生活能使大脑和神经系统的兴奋和抑制交替进行，这对促进身心健康是非常有利的。最重要的是，大学新生应养成早睡早起的习惯，有的学生习惯在晚上卧谈，一谈就是两三个小时，结果第二天上课的时候非常疲惫，根本无心听课。长期如此，不仅影响平时的学习，还容易引起失眠，甚至引发神经衰弱。研究表明，大学生睡眠时间每天不少于 7 个小时为宜。如果条件允许，午饭后可以小睡一会儿，但最好不要超过 40 分钟。

2. 进行适当的体育锻炼和文娱活动

"文武之道，一张一弛。"学习之余参加一些文体活动，可以缓解刻板紧张的生活，还可以放松心情，增加生活乐趣，进而有助于提高学习效率。跑步、做广播体操、踢足球等都有助于增强体质，提高对疾病的抵抗力，这属于积极的休息。实践证明"7＋1＞8"，在这里，"7＋1"表示7个小时的学习时间加上1个小时的体育文娱活动，"8"表示8个小时的连续学习。也就是说，包括参加体育活动的7个小时学习比不参加体育活动的8个小时学习效果要好。

3. 保证合理的营养供应，养成良好的饮食习惯

大学生饮食不良现象主要表现在两个方面：一是饮食不规律。很多人早晨起床较晚，来不及吃早饭便去上课，有的索性不吃早饭，有的则在课间随便吃些零食。二是暴饮暴食。大学生主要在食堂就餐，但食堂的就餐时间比较固定，常有学生由于学习或其他原因错过了开饭时间，于是就拿饼干、方便面来应付，等下一顿吃饭时再吃双份。营养学家的研究表明，早餐吃饱、吃好，对维持正常的血糖水平是很必要的，用餐时不能挑食、偏食，要加强全面营养，还要多吃水果和蔬菜。

4. 改正或防止吸烟、酗酒、沉溺于电子游戏等不良生活习惯

吸烟、酗酒的危害不言而喻。沉溺于电子游戏的危害同样很大，已有多例因连续熬夜玩游戏而猝死的新闻见诸报端，这些不良生活习惯不仅对身体的危害极大，而且严重耽误学业。因沉迷网络而荒废学业、被勒令退学的人屡见不鲜。大学生要积极预防游戏或网络成瘾，增强自制力。

（四）安排好课余时间

首先，对自己近期内的活动有一个理智的分析，看看自己近期内要达到哪些目标，最需要做的是什么，各种活动对自己发展的意义是什么，等等。

其次，做出最好的时间安排，并且在执行时不断地修正和调整。

最后，最好能专门制订一份休闲计划，对一些较重大的节假日和休闲项目做出适当的安排，这样能使自己的休闲和学习有条不紊地进行，使身心得到有效的放松和调适。

三、人际关系适应

进入大学后，多数大学生远离父母、家人及自己熟悉的高中老师和同学，置身于一个完全陌生的人际环境之中，这就需要他们认识并正视诸多变化了的人际关系。大学新生有必要掌握一些处理同学关系的方法和技巧，以实现人际

和谐。

（一）认识差异的客观存在

每个新生都必须面对差异并且接受差异。要学会承认各人有各人的生活习惯和价值体系，如果你与别人生活在一起，要在一定程度上尊重他的生活方式。如果别人的生活方式有碍于你的生活（如夜里看视频影响你的休息、未经允许随便动你的东西等），你需要委婉地提出意见，并适当地进行自我调整（如调整作息时间、调换宿舍等）。另外，了解下面的内容，会帮助你和新同学处好关系。

南北方的一般差异：南方人谨慎、细心，北方人直率、坦诚；南方人含蓄，北方人外露；南方人爱吃辣、喜食米饭，北方人口味重、喜食面食。

思想观念、价值标准的不同：有的人看重能力，有的人看重品行；有的人信奉人之初性本善，有的人相信潜意识里总有犯错的动机；有的人追求学业上的成就，有的人追求人际关系的和谐。

生活习惯千差万别：有的人外向，整天说个不停，有的人内向，少言寡语；有的人早睡早起，有的人晚上不睡早上不起；有的人独善其身，有的人广交朋友。

（二）积极参加各种活动

学校为了使大一新生尽快适应大学生活，一般都会准备一系列的迎新活动：导师讲座、辅导员座谈会、学长交流会、迎新晚会……这些活动新生应当多多参加，在活动中与老师、学长以及同学沟通交流，增加师生之间、同学之间以及对学校的认识，从而有效帮助新生认识新群体、新环境。除了学校举办的迎新活动，新生还要多参加课外活动，这也有助于尽快适应，如参加篮球、足球、羽毛球等体育运动能很快找到志同道合的球友，参加班级郊游、联谊舞会、同乡聚会等群体活动能扩大交际圈，增长见闻，在新群体中找到归属感。

（三）主动寻求友情

寻求友情是大学生普遍的心理需要，新生表现得更为强烈。但友情需要那些想获得友情的人自己去寻觅，而且要主动寻觅。日常生活中，新生需要做到"三主动"：主动与同学打招呼，主动与同学讲话，主动帮助别人。在帮助别人的时候，不要过于计较别人会不会报答你。

（四）自觉摆脱孤独

孤独是由于个人在某种环境或某种活动中交往的人太少而产生的孤单力薄

的不愉快的情感。一个人到一个生疏的环境里，如果不善于与人交往，就会感到孤独。对于许多新生来说，处在一个完全陌生的环境，不仅处处感到不适应，而且一时难以寻找知音，无法将自己的苦闷倾诉出来，很容易将自己封闭起来，内心形成强烈的孤独感。这种孤独感是必须要摆脱的，摆脱孤独感的根本途径就是改变自己的生活方式，开阔自己的生活空间，积极参与学校里的各种活动，在参与活动的过程中与周围的同学交流、沟通，从而适应新的人际环境。

（五）克服自卑

自卑是部分新生容易产生的一种心理状态，自卑即自我评价偏低而引起的心理体验，自卑心理容易使人孤立、离群、抑制自信心和荣誉感。新入校的大学生在中学时大多是同学中的佼佼者，但进入人才济济的大学后，才发现"强中更有强中手"，便觉得自己渺小、无能，于是产生自卑感；也有学生因为家庭贫困而感到自卑。不论是由何种原因引起的自卑感，都要尽快克服。如果根源是由于自我评价偏低，不妨请自己的家人、老师和同学谈谈他们对自己的看法，也许会从中发现自己的自卑完全是多余的，只不过是自己看不起自己。总之，应尽快从自卑中解脱出来，从而使自己尽快适应大学生活。

（六）树立自信

克服自卑需要树立自信。自信就是自己相信自己，是对自我能力的充分估计。自信来源于实践活动，实践活动的效果是自信产生的基础，而自信又是做事取得成功的基础。新生处在陌生的人际环境中，要相信自己能尽快地适应，并能与周围的人建立起良好的人际关系。作为大学生，在适应新的人际环境及学习、工作、生活等方面，都要有自信心。

（七）主动帮助他人

心理学家发现，以帮助或相互帮助开端的人际关系，不仅容易相互形成良好的第一印象，而且人与人之间的心理距离可以迅速缩短，使良好的人际关系迅速建立。"患难之交"正说明了这点，这也是"雪中送炭"的心理效应。因此，大学生平时在生活、学习中，应主动帮助他人。

（八）处理好舍友关系

舍友关系是最初的社交关系，舍友是自己最重要的伙伴，大家会有相互依靠的心理需要，常常会宿舍集体行动。舍友关系的转变会经历一个先热后冷再回温的过程。但新生不要觉得恐惧，要知道很快你就要走入社会，那才是真正复杂的人际关系。此时如果连舍友关系都处理不好，将来该怎么办呢？

宿舍快速融合的方法就是集体行动：一起吃饭，一起上课，一起参观校园，等等。女生可以一起逛街，男生可以一起打球。总之，要想尽一切办法和同宿舍的同学熟悉起来，这也是大学人际关系良好的开始。

处理不好同学关系的人大致有以下两类。

一类是过分求全，处处忍让。这种人一味迁就别人，别人对的他接受，别人不对的他也接受，有了意见也不肯提，怕伤了和气，怕别人对自己印象不好。这种人看似与世无争，与人为善，其实内心有很多压抑，容易出现抑郁症状，如少言寡语、不爱与人交往、退缩。

另一类是过分维护自己，对别人缺少宽容，以自我为中心，言谈举止不考虑别人的利益。这种人在集体中不容易被接纳，常常不受人欢迎，是群体孤立的对象。要想处理好同学关系，必须动脑筋，讲究方法与技巧，如给室友提意见一定不能当着众人的面，以免使其难堪、丢面子。

另外，请记住以下三个方面：①宿舍是大家的，你和舍友就像家人，相互尊重和理解很重要；②"卧谈会"是增进舍友之间友情的最好机会；③不要每天和舍友黏在一起，每个人都需要自己的空间。

总之，对绝大多数新生来说，进入大学是真正意义上独立生活的第一步。因此，尽快学会适应大学内外环境，学会独立生活，学会起居、饮食、穿戴、洗晒，学会理财，学会处理人际关系，才能尽快适应新生活。

📖 故事分享

人生的圆圈①

一家公司在对业务员进行培训时，主管有一次在培训课上用图诠释了一个人生寓意。他首先在黑板报上画了一幅图：在一个圆圈中间站着一个人。接着，他在圆圈的里面加上了一座房子、一辆汽车、一些朋友等。

主管说："这是你的舒服区。这个圆圈里面的东西对你至关重要：你的房子、你的家庭、你的朋友，还有你的工作。在这个圆圈里头，人们会觉

---

① 哲理小品：最美妙的人生，见：http://www.360doc.com/content/16/0328/22/20433456_546099758.shtml.

得自在、安全，远离危险或争端。现在，谁能告诉我，当你跨出这个圈子后，会发生什么？"

教室里顿时鸦雀无声，一位积极的学员打破沉默："会害怕。"另一位认为："会出错。"这时主管微笑着说："当你犯错误了，其结果是什么呢？"一名学员大声答道："我会从中学到东西。"

"正是，你会从错误中学到东西。当你离开舒服区以后，你学到了你以前不知道的东西。你增加了自己的见识，所以你进步了。"主管再次转向黑板，在原来那个圈子之外画了个更大的圆圈，还加上些新的东西，如更多的朋友、一座更大的房子，等等。

如果一个人老是在自己的舒服区里头打转，就很难扩大视野，很难学到新的东西。只有跨出舒服区，使自己人生的圆圈变大，才有更多的机会成为一个更优秀的人。

📖 拓展阅读

给大学新生的建议

1. 学习成绩很重要

经过四年大学生活，有的毕业生选择了出国或读研，有的找到了理想的工作，而有的连毕业都成问题。毕业时差别如此之大，其实很大程度上取决于他们学习成绩的好坏。在大学里，评奖学金、保研、留学、交流、推荐工作等，最重要的一个考核标准就是学习成绩。

2. 学长也是老师

入学后，尽快了解学校的最好途径就是多向学长们请教：讨教大学学习方法，了解如何选修课程，如何评选奖学金，如何选择社团等。因此，大学学长也是新生最好的老师。

3. 最大限度地利用大学资源

首先，一定要多去图书馆，对于自己喜欢的书应尽情地阅读，以丰富自己。理科生还应多去实验室做实验，培养自己的动手操作能力。然后，一定要多听讲座。大学讲座是一笔无价的财富，大学生活中最吸引人的莫过于各种精彩的讲座，有的讲座可能会改变你的观念、影响你的行为乃至改变你的人生。所以，读大学，一定要好好利用这些宝贵的资源。

4.选修课遵循四原则

大学课程分为必修课和选修课，大学生选课时可遵循四个原则：①根据个人兴趣来选择；②选择一些对自己来说具有实用价值的课；③提前选择一些难度稍大的课；④选择本校名师的课，领略大家风范。

第三章

大学生自我意识

你也许拥有世界上所有的学位，但是如果你不认识自己，你就是最愚笨的人。认识自己是所有教育的真正目的。

——克里希那穆提

进入大学以后，无论是有意还是无意，同学们在脑海里常常会浮现出这样的问题：我是什么样的人？我的这些特点是从哪里来的？我能不能改变自己？我的未来在哪里？这些问题常常不由自主地就会跳进同学们的脑海。这些问题都是跟自我意识相关的问题。应该从哪些方面认识自己？可以怎样完善自己？可以怎样通过培养自信心来提高各方面能力？这些内容将在本章进行探讨。

自我意识就是个体对自己的身心状况、对自身与别人以及与周围世界关系的认识，是个体关于自我全部的思想、情感和态度的总和。人对自己以及自己与周围世界关系的认识、体验和评价是评判心理健康的重要标志。然而，认识自己并非易事，其过程艰难曲折、贯穿人的一生。

自我认知是指正确客观地认识和评价自我，是自我意识的主要内容。自我认知在人的心理健康中起着很重要的作用，它制约着人格的形成、发展，在人格的实现中有着强大的动力功能。大学阶段是自我发展趋于完善的时期，大学生渴望更深入地了解自己，渴望改正自己身上的缺点或者不足，期待着摆脱自己往日的失败而迎来明天的成功，期待着一个羞涩、胆怯的自己即刻消失而变得强大勇敢。

这些愿望可以实现吗？答案无疑是肯定的。许多心理学研究表明：一个人如果能正确地认识自己，就意味着他具备了决定自身的成功与失败、痛苦与欢乐的基础；如果他能接受自己，接纳自己的不足，积极地看待自己，就意味着他可以优化自己的学业或生活；如果他能把握自己的每一天，每一天都在进步，他就会更加从容地面对生活。

　　每个大学生都拥有一把决定自己命运的钥匙，它就在自己的手中，大家可以用这把钥匙开启自我的潜力之门，让生命变得更真实，让青春变得更精彩。

📖 案例集锦

案例1：交换人生

　　同学 A 曾经是一个活泼开朗的女孩。从小备受家长、老师、同学的宠爱，学习成绩也总是名列前茅。自从进入大学后，同学 A 的学习成绩下降得很厉害，甚至出现了不及格的现象。在宿舍，也出现了关系紧张等问题。经过了解，同学反映她的精力没有放在学习上，玩手机，看网络小说，上网聊天，玩心太重；同学相处时也总是事事必争，嫉妒心强，不够宽容。而 A 则认为：我曾经以为自己是很优秀的，到了大学才知道，我原来是长相平凡、智商平平、什么都不出众的女孩，大概我也只能这样了吧？

　　而同是一个专业的同学 B，家境贫困，入学成绩也不突出。但进入大学后，却在班级表现积极，大小活动都能见到她的身影，哪怕在班级联欢会中给同学们服务也很开心。她主动跟老师交流自己的不足，表达想通过大学生活锻炼自己全面发展的渴望；喜欢跟同学交流，谈自己的理想，想成为一名出色的药理学家。她抓紧一切可以学习的机会，寒、暑假都在实验室帮助老师做实验。她的个人空间里也记录了很多格言、感想等，充满着正能量。"功夫不负有心人"，通过几年的努力，她如愿以偿地拿到了某知名高校的研究生入学通知书，朝自己的理想又迈近了一步。

　　引申思考：在两个看似不同的案例中，却有个共同的特点就是自我意识影响着个人的发展。可以看出，认为自己"大概就这样了"的负向的自我意识导致同学 A 开始怀疑自己的能力，导致学习成绩不断下滑。相反，同学 B 通过与老师、同学积极交流，参加活动，向同学和老师展示自己，无疑确立的是自立硕强的正向自我意识，最终硕果累累。她证明了：相信自己，我能行！

案例2：C同学的困惑

某学院C同学入校后一直表现良好：学习努力，遵守校纪校规，与同学相处融洽。学习成绩在班级内也是上游水平，还获得了二等奖学金。进入大二后，她感觉自己有点变化，内心也很困惑。她开始习惯于将自己各项素质与班上最好的同学相比，比如学习成绩，会与最好的同学比，比上自习的时间，比考试的分数，甚至比每次作业后老师给的评价；课外活动会与活跃的同学比，比谁参加的活动多，比谁表现得更有能力；穿衣服也会跟宿舍同学较劲，谁买了新的，自己也想办法去买一件。有时候，她会感觉自己占了上风，很有优越感。但很多时候，她又会把自己看得一无是处：学习不是最优秀的，交际能力不行，文体活动也不出色，长得也不漂亮……甚至有时候会觉得自己很差。这种状态让她觉得很不舒服，学习、生活等多方面都受到了影响。

引申思考：C同学走入了一个自我评价的误区。成长背景的不同使得人与人之间在很多事项上并无可比性。如果能持久地用一种理性积极的态度审视自我，努力发挥自己的长处，应该活得更潇洒和精彩。而她的这种经历，也正反映出大学生的自我意识在大学阶段是不稳定的，是在发展的。在自我意识逐步确立、成熟的过程中，他们会体验到内心的矛盾冲突，并在解决这种冲突中获得成长。

案例3："贫穷"的D同学

D同学从偏僻农村考入大学，经济上的贫困一度困扰着她。同时，从农村进入城市的大学，自卑与茫然更让她陷入困境。初到大学，她不会使用手机。有时候，听到宿舍的女友们在谈论哪个明星、哪个品牌时，她就感觉到自己的多余。走在校园里，她常常低着头，感觉自己很像一只灰秃秃的鸭子。她把所有的时间都排满，做家教、学习，不让自己有太多思考的时间。在大学后半阶段，当时校园里流行一种说法：上了一回大学，要是没谈过恋爱、没补过考、没逃过课，就不算完整的大学生活。照这个标准，她觉得自己充其量也只能算半个大学生。这种想法严重影响了她正常的学习与生活，原本成绩优异的她出现了挂科现象，回家面对家人时心理压力也越来越大。现在即将面临大学毕业的她，不知道该何去何从……

引申思考：D 同学其实是精神上的"贫困"。"上了一回大学，要是没谈过恋爱、没补过考、没逃过课，就不算完整的大学生活。"这种错误观念影响了她的自我意识与自我认知，物质的不富有并不算贫困，精神财富的匮乏才是贫穷。家庭与学校教育中出现的问题使得学生更加追求物质财富而忽略了精神层面的追求。最重要的是，大学生自我意识不足，往往误以为自己还在青春期，把学习生活、交往处世上的过错都推给家长和学校。事实上，大学生是成年人，要认真选择生命的理念、全然担当命运的责任，人生真正美好的根源在于精神上的富有。

案例 4：我好自卑

E 同学自从上了大学以后，发现对自己越来越没有信心了。她觉得自己做什么事情都做不好，没有优点，觉得自己好笨，觉得自己的每一个细胞都在慢慢走向死亡。在别人的面前她很自卑。她有一个很大的缺点就是说话声音特别小，在陌生人面前几乎说不出话来，不是有话说不出，而是她觉得大脑在那时几乎就是空白的，不知道说什么。她觉得自己在一步一步地走向失败，她不想就这么沉默地生活。

引申思考：自我意识不足严重影响了 E 同学的正常生活，导致她自信心受挫，产生强烈的自卑感。她没有正确地认识自我，潜意识扩大自身说话声音小的特点，影响了正常的思考与交流，从而使得她出现心理障碍。每个人在成长阶段都会出现或大或小的缺点与不足，对自己要保持清醒与正确的认知，努力克服、改正缺点和不足，保持自信心，健康地成长。

第一节　自我意识的内涵及发生与发展

一、自我意识的内涵

我们时刻都在与自己相处。如果说，人最好的朋友是自己，最大的敌人也是自己，你同意吗？如果一个人能够知道自己是个怎样的人和为什么活着，对自己有合理的期望，并善于利用每个成长机会改进和完善自己，他的生活就会快乐充实有意义；相反，如果不清楚自己是谁，不能建立良好的自我形象，就会产生角色混淆的感觉。大学阶段是自我意识发展、完善的重要时期。

自我意识就是一个人在社会化过程中逐步形成和发展起来的，对自我以及自己与周围环境关系的多方面、多层次的认知、体验和评价，是个体关于自我全部的思想、情感和态度的总和。自我意识的表现形式是丰富多样的。正因为如此，我们才可以通过多种途径来认识自己和认识他人。比如："你了解自己吗？""你认为自己是个怎样的人？""你喜欢自己的外表、性格、能力吗？"这些都属于自我意识的范畴。

自我意识一般包括三方面的内容，每个方面又包括自我认知、自我体验和自我控制（表 3-1）。

（1）生理自我。生理自我指个体对自己身体的认识，是自我最原始的形态，大概 3 岁时开始成熟。例如，对体重、身高、身材、容貌等体貌和性别方面的认识，对身体的痛苦、饥饿、疲倦等的感觉。如果一个人对生理自我不能接纳，认为自己个子矮、不够漂亮或英俊，就讨厌自己，表现出自卑和缺乏自信等。

（2）社会自我。社会自我指个体对自己在社会关系中的角色认识，从 3 岁到青年期逐步形成。例如，自己在朋友、同学、家庭、社会中所处的地位，自己与他人的关系。如果一个人认为自己不善于交流和沟通，感觉周围的人不喜欢自己，没有人认可自己，也没有知心朋友，那他的内心就会很孤独和寂寞。

（3）心理自我。心理自我指个体对自身心理状态的认识和评价，如能力、知识、情绪、气质、性格、理想、信念、兴趣、爱好等。

表 3-1　自我意识的三个方面

自我意识	自我认知	自我体验	自我控制
生理自我	对自己身体、外貌、年龄、仪表、健康状况、所有物等方面的认识	英俊、漂亮、迷人、有吸引力、自我悦纳等	追求身体的外表，健康、物质欲望的满足，维护家庭的利益等
社会自我	对自己在集体中的角色、名望、地位、经济条件等方面的认识	自尊、自信、自爱、自豪、自卑、自怜、自恋等	追求名誉地位、威望，与他人竞争，争取得到他人的好感等
心理自我	对自己的智力、性格、气质、兴趣、信念、理想、爱好等个性特征的认识	有能力、聪明、优雅、敏感、迟钝、感情丰富、细腻等	追求理性，注意行为符合社会规范，要求智慧与能力的发展等

自我认知是指对自己的洞察和理解，包括自我观察和自我评价。

自我体验是伴随自我认识而产生的内心体验，是自我意识在情感上的表现，即主我对客我所持有的一种态度。

自我控制是指个体自主调节行为，并使其与个人价值和社会期望相匹配的能力，它可以引发或制止特定的行为，如抑制冲动行为、抵制诱惑、延迟满足、制定和完成行为计划、采取适应社会情境的行为方式。

自我意识受到很多因素的影响，比如自我态度、成长经历、生活环境等，还有他人特别是生命中比较重要的人如父母、老师、朋友等也会对人的自我意识的形成和发展起着重要的作用。

📖 故事分享

用善良和真诚感动世界的徐本禹

"我是一个平凡的人，来自偶然，像颗尘土，有平凡人的七情六欲和无助。""我又是一个坚强、自信而不甘寂寞的人，条件越差，生活越苦，我的意志就越发坚定。"这是华中农业大学学生徐本禹的自我评价。他家境贫寒，但自立自强地完成了学业，成为优秀的毕业生，并考取研究生。在大学毕业前夕，他主动选择到贵州贫困山区义务支教，在极其艰苦的条件下，忍耐孤独和寂寞，承受无助和压力，依靠勇气和坚持，用无私的奉献给贫困山区的孩子带来了知识和希望。他也因此被评为"感动中国2004年度人物"。

徐本禹的故事给了当代大学生很好的启示：能正确认识自己，明确努力奋斗的方向，选择自己认定的道路，充满信心地面对人生，青春一定是精彩的。

二、自我意识的发生与发展

人的自我意识是随着人生每一阶段的成长逐渐发展的。个体的自我意识从发生、发展到相对稳定，大约要经历20年的时间。它起始于婴幼儿时期，萌芽于童年、少年时期，形成于青春期，发展于青年期，完善于成年期。青少年阶段是自我意识发展的最重要的时期。自我形象得到良好的建立，人就会生活得有信心、有动力，了解和接纳自己的优点和缺点，能进一步迈向成熟的阶段。心理学家埃里克森经过深入系统的研究，提出了人的自我意识发展持续人的一生，但是会经历不同的发展阶段，每个阶段都有一个核心课题，每个阶段都不可逾越，但是时间早晚会因人而异（表 3-2）。

表 3-2　自我意识发展的不同阶段

序号	年龄	心理危机	发展顺利	发展障碍
1	婴儿期（0—1.5 岁）	对人信赖—不信赖	对人信赖 有安全感	与人交往 焦虑不安
2	儿童期（1.5—3 岁）	活泼好动—羞愧怀疑	能自我控制 行动有信心	自我怀疑 行动畏首畏尾
3	学龄初期（3—6 岁）	自动自发—退缩内疚	有目的方向 能独立进取	畏惧退缩 无自我价值感
4	学龄期（6—12 岁）	勤奋进取—自贬自卑	具有求学、做人、待人的 基本能力	缺乏生活能力 充满失败感
5	青春期（12—18 岁）	自我统合—角色混乱	自我概念明确 追寻方向肯定	生活缺乏目标 时感彷徨迷失
6	成年早期（18—25 岁）	友爱亲密—孤独疏离	成功的感情生活 奠定事业基础	孤独寂寞 无法与人亲密相处
7	成年期（25—65 岁）	精力充沛—颓废迟滞	热爱家庭 培养后代	自我恣纵 不顾未来
8	老年期（65 岁—）	完美无憾—悲观绝望	随心所欲 安享晚年	后悔、遗憾、失望

我国的心理学家提出了自我意识发展的三阶段模式。

（一）对自我的确认——生理自我时期

这一时期从个体出生持续到 3 岁。个体大约成长到 3 个月，开始能辨认自身以外的世界；5 个月开始略知别人的存在；8 个月的婴儿听到自己的名字会做出反应，开始出现自我意识的萌芽；2 岁左右的儿童，知道使用"我"，这是在自我意识的行程中是一大飞跃；3 岁左右的儿童，开始产生自尊感、羞耻感。这个时期是自我意识最原始的形态，表现出来的行为是以自我为中心的，认为外部世界是为他而存在，以他为中心，所以这一时期又称为"自我中心期"。

（二）对自我的评价——社会自我时期

从 3 岁到青春期这一时期，是自我意识受社会影响最大的时期，也是角色学习的重要时期。这一阶段儿童的自我意识一改婴幼儿以自我为中心的倾向，表现出强烈的社会认同意识。通过在游戏、学习、劳动等活动中不断练习、模仿、认同，逐渐习得规范，形成各种角色观念，如性别角色、同伴角色、家庭角色等。产生自己动手的愿望，并对自身的行为做出评价，如"我会唱歌""我会……"，关注他人评价，对自己的认识也服从于权威或者同伴的评价，是社会化的关键时期，也有人称之为"客观化时期"。

（三）对自我的了解——心理自我时期

从青春期到青年后期，是自我意识的成熟阶段。此时，个体将大部分注意力转投到自己的内部世界中去，转投到发现自我、关心自我上来。他们努力探索自我的内心世界，并对自己的心理状况有了较为清晰的认识，包括对自己的性格、智力、态度、信念、理想、行为等的意识；关注自己的内在体验，喜欢用自己的眼光和观点去认识和评价外部世界，开始有明确的价值探索和追求，强烈要求独立，产生了自我塑造、自我教育的紧迫感和实现自我目标的驱力。大学生正处在心理自我时期，渴望心理上的自我成熟。

三、自我意识在人的发展中的作用

（一）导向作用

目标是人才发展的导航机制。拥有健康自我意识的人能够正确地认识自我，为自己制定合适的目标。有了目标，才有发展方向，才会调动自身潜能，激发强大动力。

（二）自控作用

自我控制是自我意识发挥能动作用的一个重要方面。缺乏自我控制意识的人，往往是情绪化的人、缺乏毅力的人、一事无成的人。能够控制住自我的人，往往环境适应良好，并能规范自己的情绪和行为，实现自己的目标并获得成功。

（三）内省和归因作用

有健康的自我意识的人，能够对自己、对他人有正确的分析和判断，对自我有觉察和反省，不断完善自我，在个体成长中进行监督和自我教育，能与他人拥有良好的关系，但又能保持自我的独立性。

第二节 大学生自我意识发展的规律

心理学家科恩指出：青年初期最有价值的心理过程就是发现了自己的内部世

界，对于青年来说，这种发现与哥白尼当时的革命同等重要。大学阶段的自我意识是大学生自我意识的继续与深化，同时又有质的变化。这一时期，大学生的自我意识从分化走向矛盾再走向统一，对人的一生有着特别重要的意义。

一、自我意识的分化

青年期自我意识的发展是从明显的自我分化开始的。原来完整的"我"被打破了，出现了两个"我"：主观的我和客观的我。伴随着"主观我"和"客观我"的分化，"理想我"和"现实我"也开始分化。自我意识的分化是自我意识走向成熟的标志，促使大学生主动地关注自己的内心世界和行为，产生新的体验和认识。

📖 案例集锦

错位的自我认知

小 A 是一个大四男生，马上要毕业了。在同学们都还在为工作发愁时，他因为成绩优异、表现突出已经被公司录用，但他总觉得自己处处不如别人、低人一等。他出生在一个偏僻的小山村，家境贫寒，靠救济金才读完了从小学到大学的课程，而他的同学、朋友个个都比他家境好。由于自卑，他不敢与同学一起出去玩儿，甚至不敢谈女朋友，总担心别人瞧不起他，也觉得自己配不上那些时尚、骄傲的女孩。其实，也曾有女孩子追求过他，但他总是不敢面对她们，拼命躲避，直到人家对他失去兴趣和耐心，他又为自己的怯懦感到懊悔。他经常责怪自己是个懦夫，对自己各种不满，但又没有勇气改变，总是生活在苦恼中。

其实，小 A 的同学都认为他很优秀，一米八的个子，五官端正，热情，爱助人，工作踏实，有责任心。可惜，这些正面评价他并没有认识到。他对自己的认识一直停留在贫穷的山里娃儿上，看不到自己的优点，也不相信别人的夸奖，反而一直认为是恭维。负向自我评价不仅给他带来长期的心理困扰，更影响了他的生活、感情。这些，都源于他没有一个客观、正确的自我认知。

二、自我意识的矛盾

自我意识的分化带来了"主观我"和"客观我"的矛盾和斗争，呈现出"理想我"和"现实我"的矛盾。随着自我冲突加剧，自我意识不能统一，自我形象不能确立，自我概念不能形成，表现出明显的内心冲突，甚至有很大的内心痛苦和强烈的不安感。因此，大学生对自我的评价常常是矛盾的，对自我的态度常常是波动的，对自我的控制常常是不果断的。归纳起来，主要表现在以下几个方面。

（一）"主观我"与"客观我"的矛盾

自我有"主观我"与"客观我"之分，英语中的"I"和"me"能很好地区分这一含义：前者是主观我，做主语用；后者做宾语使用，表示怎样看待我，给我什么。"主观我"是一个人对社会情境做出的反应，是自我中积极主动的一面。主观自我和客观自我应该是统一的，是个人和社会的统一，是"自我统一性的形成"，更是良好的自我意识的标志。但是，由于自我的结构是多种多样的，每个人所处的社会环境存在着很大的差异，"主观我"和"客观我"并不总是存在着统一，大学生的"主观我"和"客观我"的矛盾相对突出。作为同龄人中能够接受高等教育的人，大学生对自我常有较高的评价，但由于远离社会，生活圈子较窄，交往有限，对社会的了解有限，因此在自我认识中参照点较少，加之外界的期望值

📖 案例集锦

"到大学后，我发现周围有许多人比自己强：有的人长得俊俏；有的人社交能力强；有的人多才多艺。而我自己只会读书，就算学习成绩暂时领先又有什么用？我知道自己的不足，我也努力过，我希望拥有一切，我希望我超过所有的人。可现实并不是像我想象的那样，我不知道怎样做才能使自己更加完美。"

这是一位女大学生的困扰。随着自我意识的发展，大学生总是与周围的同龄人进行比较，总希望能通过努力使自己在外貌、学识等各方面都变得更完美。学习他人之长弥补自己之短，这固然很好。然而，过分追求完美是不现实的，这种心态从根本上说就是不能接纳现实、不能接纳自我，也是自卑心理的一种表现，严重者还会罹患心理疾病。

过高，可能使得某些大学生的自我认识染上了"色彩"。在现实生活中的自己可能很平凡，和想象中的自己存在很大的差距，这给他们带来了不满和痛苦。

（二）"理想我"和"现实我"的矛盾

大学生自我意识最突出、最集中的表现，主要源于"理想我"与"现实我"的差距。青年时期的大学生，心中承载着无数的梦想。他们有抱负、有追求、有理想，成就动机强烈。很多大学生心中涌动着像比尔·盖茨般成功的梦想，为自己设定了一个美丽的"理想我"，也对大学生活进行了理想化的设计。但当他们开始大学生活，现实与理想形成了巨大的反差，使得他们一时间找不到生活的方位，给他们带来很大的苦恼和冲突。这种冲突可以激发大学生奋发进取的积极性。但是，如果这种冲突迟迟得不到解决，则会引起自我的分裂，导致一系列心理问题的出现。

冲突一：独立意识与依附心理的冲突。进入大学后，大学生的独立意识迅速发展，他们希望能在生活、学习、思想等各方面独立，摆脱成人的管束。但是，他们经济、心理上又依赖家人，无法做到真正意义上的独立。这也是大学生苦恼的问题。

冲突二：交往需要和自我闭锁的冲突。大学生迫切需要友谊、渴望理解、寻求归属和爱。他们有强烈的交往需要，希望和朋友探讨人生，分享快乐。然而，大学生同时又存在着自我封闭的趋势，与人交往时常存戒备心理，把心灵深处藏起来，有意无意与他人保持距离。这种矛盾冲突使得不少大学生常处于孤独的煎熬中。

这些冲突都是大学生成长过程中的正常现象，是自我意识走向成熟又尚未完全真正成熟的集中表现。自我意识的矛盾会使大学生在心理和行为上出现某些不适或者适应困难，也可能影响其心理发展和健康，但解决这些问题是迈向成熟的必经之路，是个体获得自我内在力量的重要途径。

（三）自我意识的统一

自我意识分化、矛盾所带来的痛苦，不断促使大学生寻求方法以达到自我认识的统一。他们更多的是通过努力改善现实的我、修正"理想我"中某些不切实际的标准等方法达到统一。若统一后的自我意识是完整的、协调的，将有助于他们个性的成熟与完善，促进其心理健康发展。

知识锦囊

1. 心理学中的成就动机理论

美国哈佛大学教授戴维·麦克利兰是当代研究动机的权威心理学家。他从20世纪50年代开始对人的需要和动机进行研究，提出了著名的"三种需要理论"。麦克利兰提出，个体在工作情境中有三种重要的动机或者需要：①成就需要。争取成功、希望做到最好的需要；②权力需要。影响控制他人且不受他人控制的需要；③亲和需要。建立友好亲密的人际关系的需要（高金章，2008）。具有强烈成就需要的人渴望将事情做得更为完美，他们追求的是在争取成功的过程中克服困难、努力奋斗的乐趣及成功之后的个人成就感，他们喜欢设立具有适度挑战性的目标，不喜欢凭借运气获得的成功，不喜欢接受那些在他们看来特别容易或者特别困难的工作任务。权力需要水平较高的人喜欢支配、影响他人，喜欢对别人发号施令，注重争取地位和影响力。他们喜欢具有竞争性和能体现较高地位的场合或者情境，他们追求出色的成绩是为了获得地位和权力或与自己已经具有的权力和地位相称。具有高亲和动机的人更倾向于与他人进行交往，至少是为他人着想，这种交往会给他带来愉快。高亲和需要者更渴望友谊，喜欢合作而不是竞争的工作环境，希望彼此之间的沟通与理解，他们对环境中的人际关系更为敏感。

成就动机理论表明，进取心和自我发展是人类在学习、生活过程中产生的一种需要，也是人类群体和个体发展得以发展的动力。具备了较高水平的成就动机或者进取心，个体就可以发展得更为完善。

2. 关于自我的乔韩窗口理论

美国心理学家约翰和哈里提出了关于人自我认知的窗口理论，称为乔韩窗口理论（樊富珉和王建中，2014），如图1所示。他们认为人对自己的认识是一个不断探索的过程，认为每个人的内心都有4个领域。通过与他人分享秘密的自我，通过他人反馈减少盲目的自我，对自己的了解就会更多、更客观。

（1）公开的自我（图1中A区域）。也就是透明真实的自我，这部分自己了解，别人也了解。

（2）秘密的自我（图1中B区域）。自己了解，别人不了解。

（3）盲目的自我（图1中C区域）。别人了解，但自己却不了解。

（4）未知的自我（图1中D区域）。别人不了解，自己也不了解的一部分，需要一些契机才可以激发出来。

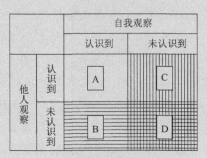

图1 乔韩窗口理论

每个人的自我都由这4部分构成，但每个人4部分的比例是不同的。而且，随着人的成长及生活经历，自我的4个部分的比例发生着变化。当一个人自我的公开领域扩大，则其生活变得更真实，无论与人交往还是独处，都会感到轻松愉快而充满活力；而盲目领域变小，人对自我的认识就会更清晰，在生活中更容易扬长避短，发挥自己的潜力。一个人在其成长过程中，通过自我开放从而促使公开领域的扩大；通过他人的反馈使部分隐秘区、盲目区进入公开区。通过与他人分享减少秘密的自我，通过他人的反馈减少盲目的自我，人对自己的了解就会更多、更客观。

第三节　大学生自我意识的特点及完善途径

一、大学生自我意识的特点

（一）自我意识开始分化，并且迅速发展，自我矛盾开始出现

进入大学以后，随着学习、生活方式的改变和心理意识的发展，大学生的

自我意识有了明显的变化，出现了理想自我和现实自我的分化，并且迅速发展，导致矛盾冲突日益明显。大学生对自己的生活充满信心，对未来抱有幻想，而现实往往不是他们所想象的，于是出现了理想自我和现实自我的矛盾。这种矛盾分化，使得大学生发生自我意识的改变，经过自我体验和自我调控，而表现出各种激动、焦虑、喜悦与不安情绪。当理想自我占优势时，往往会将"客体我"萎缩到实际能力以下，总认为自己事事不如人，从而产生较强的自卑感，甚至放弃努力，形成自我怜悯或伤感的心理状态；相反，当"现实我"占优势时，往往表现出较强的虚荣心和自我陶醉，特别在乎别人对自己的评价，担心暴露自己的缺点。

（二）自我意识矛盾日益突出，但调控能力相对较弱

由于自我意识的分化，大学生"主体我"和"客体我"、"理想我"和"现实我"之间的种种矛盾开始出现，且随着自我意识的进一步发展这种矛盾也越来越突出。在这种矛盾心理的作用下，他们对自己的评价也常常是矛盾的，对自己的态度也是波动的，对自己的调控常常是不自觉、不果断的。他们忽而看到自己的这一面，忽而又看到自己的另一面；时而能客观地评价自己，时而又高估或低估自己；时而感到自己很成熟，时而感到自己很幼稚；时而对自己充满信心，时而又对自己不满。面对自我意识中的种种矛盾，大学生便开始通过各种活动来重新认识自己，自觉或不自觉地在调节矛盾中认识自己、完善自己。他们常常会问自己："我聪明吗？""我的性格如何？""我有什么能力和特长？""我应该怎样度过自己的一生？"经过一段时间的矛盾冲突和自我探究后，大学生的自我意识就会在新的水平和方向上趋于一致，达到暂时的自我统一。然而，新的自我意识矛盾又会产生，还需要不断地自我调控和自我探究。但大学生的这种自我调控能力相对较弱，过多地关注自己，过于看重自己，而对他人、集体、社会考虑较少等。

（三）自我意识的矛盾不断激化，出现混乱

大学生自我意识的混乱通常表现为两种类型：一种是过高的自我评价，另一种则是过低的自我评价。过高或过低的自我评价，往往导致个体自我意识确立过程中的过分自负或过分自卑这两大心理缺陷，它们是妨碍良好自我意识形成的障碍。

（1）过低的自我评价。处于这种意识状态的大学生，在把"理想我"与"现实我"进行比较时，对"理想我"期望较高，又无法达到；对"现实我"不满意，又无法改进。他们在心理上表现出的一个特征就是自我排斥。由于在成长过程中，"理想我"与"现实我"的距离过大所导致的自我矛盾冲突，他们往往会产生否定自己、拒绝接纳自己的心理倾向。这类大学生往往降低社会需求水平，对自我过分怀疑，压抑自我的积极性，并可能引发严重的情感损伤和内心冲突。他们的心理体验常伴随较多的自卑感、盲目性、自信心丧失和情绪消沉、意志薄弱、孤僻、抑郁等，尤其是面对新的环境、挫折和重大生活事件时，常常会产生过激行为，酿成悲剧。近年来发生的大学生自杀事件中相当一部分悲剧与此有关。

（2）过高的自我评价。这是一种与过低自我评价相对立的自我意识状态。在这种自我概念的支配下，个体往往扩大现实的自我，形成错误的、不切实际的理想自我，并认为"理想我"可以轻易实现。这种类型的大学生往往盲目乐观，以自我为中心、自以为是，不易被周围环境和他人所接受与认可，容易引起别人的反感和不满，因此极易遭受失败和内心冲突，产生严重的情感挫伤，导致苦闷自卑、自我放弃，有时会引发过激行为。

（四）自我意识的矛盾转化不断进行，且渐趋稳定

在自我意识由"矛盾—统———新矛盾—新统一"的转化发展过程中，大学生自我意识不断发生重大变化，由刚进校的"依赖性"和"盲目性"，渐渐转变为"想入非非"，到毕业前就显得沉稳多了。正是这种矛盾转化使得大学生自我意识产生了明显的飞跃，个体之间出现了不同的差异，自我意识也逐渐趋向成熟。由此可见，大学阶段是大学生自我意识的"转折"时期，也是自我意识和自我矛盾表现最突出的阶段，对个体的人生观、价值观、世界观形成有着非常重要的意义。针对大学生自我意识的发展特点，采取相应的自我意识教育和培养，可以促进大学生走上全面发展和健康成长之路，因此要引导他们全面认识自我，积极认可自我，努力完善自我。

二、大学生完善自我的途径和方法

一般来说，大学生的自我意识探索更加主动自觉，自我发展和完善的要求也更加强烈。正确地评价自我，积极地接纳自我，主动发展自我，树立健康的自

我形象是大学生实现自我完善的最有效途径。

（一）我就是一座金矿——正确认识自我

1. 比较法——从与他人的关系中认识自我

他人是反映自我的镜子，与他人交往，是个人获得自我认识的重要来源。"旁观者清，当局者迷"，有自知之明的人能从与他人、与社会的广泛关系中用心向别人学习，了解他人对自己的看法，听取他人的意见，然后与自我评价比较，找出其中相同和不同的地方，经过理性分析之后形成较为客观的自我认识。但是通过与他人比较认识自我，应该注意确立合理的参照系和立足点。

2. 经验法——从与事情的关系中认识自我

要从自己做事的经验中了解自己。大学生可以通过自己所取得的成果及社会效应来分析、认识自己。有坚强人格特征的人，成功、失败的经验都可以促进他在自我反思和自我检讨中重新认识自我，认识自己的长处和短处，把握自己的人生方向，再次获得成功；自我脆弱的人，成功后容易形成自负心理，受挫后容易形成害怕心理，从而更容易失败。因此，每个人应该从做事的经验中体认真实的自我。

3. 反省法——从与自己的关系中认识自我

古人云："吾日三省吾身。"从我与自己的关系中全面认识自我大概可以通过几个"我"来实现。比如，自己眼中的"我"，就是个人实际观察到的客观的"我"，包括身体、容貌、年龄、工作、性格等；别人眼中的"我"，主要由别人对自己的态度、情感反应而觉察到的"我"，是个人从多数人对自己的反映归纳出的结果；自己心中的"我"，也就是自己对自己的期许，理想中的"我"等。

（二）成为自己最有力的朋友——积极接纳自我

接纳自我是发展健全自我的核心和关键。大学生要学会无条件地接受自己的一切，好的和坏的，成功的和失败的，在欣赏自己、肯定自己的同时，坦然地承认自己的不完美之处。

我国民间有这样一个小故事：一个农夫有两个水罐，一个完好无损，一个有一条裂缝。农夫每次挑水，完好的水罐总能把水从远远的小溪运到主人家，而有裂缝的水罐回到主人家时往往只剩半罐水。这个有裂缝的水罐感到无比痛苦和自卑。一天，它在小溪边对主人说："我为自己每次只能运送半罐水而感到惭愧。"这时，农夫惊讶地说："难道你没有看见每次回家的路旁那些盛开的鲜花吗？这些花只长在你那一边，而并没有长在另一个水罐那边。如今，这些鲜花已给我们一路上带来了许多美丽的风景！"

这个小故事告诉人们，如果你能够坦然地、微笑着面对自己生命中的一些缺憾和工作中的不足，愉悦地接纳自己、扬长避短，充分发挥自己的潜力，同样会给自己带来自信，为世界增添光彩。

（1）接受自己与生俱来的容貌和形体。在接受自己不够英俊或美丽、不够高大或娇小的同时，仍能欣赏自己的可爱之处。

（2）接受自己的现状。接受自己没有卓越的天赋、没有显赫的家世、不是万众瞩目的中心；知道自己在某方面很好，但也有不少缺陷；知道自己的坚强，但也存在感情上的脆弱；知道自己的智慧，但也有头脑糊涂的时候；明白理想没办法一步到位，自己只能脚踏实地、一点一点向目标靠近。

（3）接受自己的过往。即使因少不更事虚度光阴、多走弯路、错失大好的机会、伤害过别人或被别人伤害过，能认识自己的过失本身就是进步，抚平伤痛会走得更好。

（三）世界属于不满足的人——发展自我

塑造自我、实现自我是每个大学生内心的追求，这个追求过程就是发展自我到"新我"形成的过程。在这个过程中，会有许多的困难、挫折、困惑，需要大学生勇于尝试、不断学习，保持自信、乐观、积极的自我意识，才能最终发展和超越自我。

1. 爱拼才会赢——强化自我发展的进取心

毫无疑问，在内心深处没有人愿意做一个进取心匮乏的人，但为缺乏进取心所困的大学生大有人在。他们也渴望自己能够抓住宝贵的时光，在人生道路上持续地奋勇向前。然而，他们往往想得多、行动少。有的大学生说："我也知道要行动，但是不知道从何处着手，怎样行动？"为此，可以尝试以下方法。

（1）目标激励。没有目标的航船，即使在海上高速运行也无法判定它是在退缩还是在前进。目标对个人的进取心有很大的激励作用。可以带来最大激励效果的目标应该是明确的，有吸引力的。制定目标应从个人与环境的现实情况出发，尤其对自身与环境的局限性进行切实的评估，以保证所制定的目标是经过一定努力可以实现的目标。当然目标也并非绝对地固定不变，而是应该依照情况的不同有所改进，有所调整，有所发展。

（2）自我监督。所谓自我监督，就是个人要定期对自己完成目标的情况进行检查与督促。比如，小王有记日记的习惯，他只要发现自己哪一天偷懒或者松懈，就会在当天的日记当中自我批评，并用积极的言行督促自己。尽管这种自我监督并非每次都能发挥作用，但小王深有体会地认为："如果我不这样督促自我，只会越发偷懒，越发松懈。事实上，每当我想起日记中写过的话，就会自行减少偷懒的念头，降低松懈的程度。"此外，小王还使用"自惩"的方法来督促自我。比如，如果他认识到自己哪天没完成学习或工作任务，则两天内不准上网。小王的做法也换来了回报，他的学习成绩在全年级始终名列前茅，并且他在全省以及全国举行的大学生科技制作大赛上屡屡获奖。小王的例子就是成功的自我监督案例。

（3）他人监督。进取心容易瓦解的人大都是自制力缺乏者。有很多同学不能有效地监督自己，那么比较可行的办法就是借助他人的监督来约束自己。在大学生中，给自己制订各种计划的人很多，可实际能够按照计划去做的人则很少。一位咨询老师曾经问一名因学习进取心不足前来咨询的学生："你制订过的计划是否会让别人看到？"这位学生回答说："我制订的计划肯定不好意思让别人看到。否则，计划如果执行不下去，一定会让别人笑话的。"咨询老师提示道："你制订的计划不让别人看到，这本身就为你不执行计划找了退缩的后路。也许，你可以尝试，将学习计划贴在别人能看得到的地方，让别人来监督你，把别人的笑话当作你所要回避的惩罚。"这名学生照做，果然收效甚大。

（4）自我调校。进取心与物理学中的力一样，也是一个矢量，不仅有大小，而且有方向。维持与巩固进取心不但要保证进取心达到相当的强度，而且要保持它朝着正确的指向。有时候，进取心的指向不恰当，其强度也会大为削减。经常的修剪可以让树木越长越挺拔，不断的调校则可使进取心越来越强固。大学生应该时常根据主观与客观条件的变化调校自己的目标、计划、行动方式等，也非常有必要根据各种实际情况将自身的精力、才华与时间进行调整与整合。

俗话说：万事开头难。为激发、强化或维持进取心而开始行动是非常不容易的，但是让这样的行动能善始善终则更为不易。处于退缩与停滞状态的大学生还需要在现实生活中敢于竞争、勇于表现、强化意志与增强信心，使自己的进取心能够冲破困难、挫折、惰性、迷惘、恐惧、痛苦与诱惑的阻拦，朝着心中既定的目标阔步前进。

2. 挖掘潜能的金矿——计划自我实现的人生

人本主义心理学家马斯洛认为，人有五种基本的需要，即生理的需要、安全的需要、爱与归属的需要、尊重的需要和自我实现的需要。它们由低到高分成五个层次，像金字塔一样。其中，自我实现的需要是人生追求的最高目标，位于金字塔的顶端，包括能充分发挥自己的潜力，表现自己的才能，成为有成就的人物。马斯洛说：音乐家必须演奏音乐，画家必须绘画，诗人必须写诗，这样才会使他们感到最大的快乐。是什么样的角色就应该干什么样的事情，这种需要叫作自我实现。马斯洛认为，自我实现就是人的潜能（如友爱、合作、求职、审美、创造等）的充分发挥，自我实现的人特别关注高层次的需要。对于大学生群体而言，他们更加渴望自我实现的需要得到满足。

大学生也许并不是自我实现者，但完全可以以自我实现为人生目标，让自我实现的境界成为激励自我发展的动力。

首先，每一个大学生都需要制订一个自我发展的计划。如果大学生对自己的现在和将来没有设想，那么现在不妨就给自己制订一个自我发展的计划，至少需要想清楚自己最近三到五年内想做的事情。许多大学生将来想有所作为，成就一番事业，就需要从上大学时养成制订切实、可行的自我发展计划的习惯。

然后，可以考虑一下近期需要做好的事情是什么，也就是说，为了实现自己的发展目标应该如何去努力，对这一问题的思考越细致越好。比如，有一位大学生正在为学业不理想发愁，那么他就有必要制订一个学业发展计划，目标不一定要求很高，但一旦开始实施就有必要一步一个脚印做好。

最后，把制订的计划以书面的形式写出来，放在容易看到的地方，并且把计划告诉身边的朋友和同学，让他们给自己的计划提出建议，并监督自己实行计划，这有利于计划的实施。

第四章

大学生人际交往

人类的心理适应，最主要的就是对人际关系的适应，所以人类的心理病态大多是由于人际关系失调所致。

——丁瓒

从健康心理学的角度讲，大学生积极开展人际交往，处理好人际关系，有着十分重要的现实意义。和谐的人际关系和适当的交往能力、观察能力、表达能力是个体较强心理素质的体现。在社会转型时期，社会竞争紧张激烈，与他人的合作能力、协调能力的重要性都被提到了前所未有的高度。在开放的社会中大学生要以开放的心态面对人际关系。为此，学习人际交往的相关知识，提高交往中的心理素质，已成为大学生的人生必修课之一。

📖 案例集锦

案例 1：孤独的女孩

小 A，女，20 岁，是工程专业的学生，来自某省一个偏僻乡村，家庭比较贫困，父母均是农民，母亲积劳成疾，有一个弟弟。她从小很节俭，性格内向，很少与人交往，成绩优异。自从上大学之后，她发现以前的生活方式完全不适合大学生活。她尝试着融入班集体，却找不到合适的方式，不能很好地处理与宿舍同学之间、班级同学之间的人际关系，这使她很无奈。入学以来，她很少与同学交流，更不能积极参加集体活动。因此，她常常感到特别孤独，也十分自卑。长期的苦恼和焦虑使她患上了神经衰弱症。较长时间的失眠和精神压力，使她精神疲惫、体质下降。她本想通过专心学习减轻自身人际关系较差的烦恼，然而事与愿违，休息不好、精力不足导致学习效果并不理想，后来竟出现考试不及格的现象。对此，她感到十分恐慌，逐渐失去了对学习的信心。这种较大的心理落差，使她逐渐对大学生活失去了兴趣，甚至一度出现自暴自弃的现象。

引申思考：人与人的沟通、交往是需要一定能力的，A 同学因为本人性格和家庭原因，不善于与人交流，缺乏人际交往的能力。平时她不爱说话，经常独来独往，缺乏为人处世方面的锻炼，造成了与宿舍同学、班级同学关系不融洽的局面。当遇到人际交往问题时，她束手无策，不具备较好地解决问题和化解矛盾的能力。因此，可以说是人际交往能力的缺陷导致了她人际关系出现困境，同时也引发了其他一系列问题。

案例 2："求人"有错

小 B 是大三的学生，担任学生干部，学习成绩优秀，但人际关系较紧张。他不仅与寝室同学相处不好，就连与班上的许多其他同学也无法正常交往。在同学们心目中，他是一个清高、傲慢的人，实在不好接近，虽然学习成绩优秀，但同学们对他的其他方面则不敢恭维。他为此也很头疼，只要是他主持的活动项目，同学们似乎都不愿意参加，好像故意和他作对，而他本人长期坚持的做人准则就是：我行我素，万事不求人。他几乎不接受别人的帮助，也认为自己没有帮助别人的义务。他成绩好，可每当班上同学向他求教时，他要么说"不知道"，要么就在给别人讲完之后，将别人奚落一顿，有时还要加上一句"拜托你上课时认真听讲，下次不要再来问我这么简单的问题"。时间一长，同学们都不愿意与他交往，他与同学间的人际关系越来越差。小 B 也对自己的人际关系状况十分不满意，感到孤独、没有归属感，有时孤独到令他窒息。他焦虑，甚至恐惧，但不知如何入手改善现状，因为他自己也纳闷："我究竟有什么问题？"

引申思考：B 同学人际关系不佳的重要原因就在于他是一个不懂得接受，更不知道给予的人。在他的观念里，每个人只要做好自己的事情就足够了，最终导致失去他人的支持，生活在孤独的世界里痛苦不堪。不懂得接受与给予不仅影响良好人际关系的建立，而且还影响自身的心理健康。

第一节　人际交往概述

美国心理学家戴尔·卡耐基说：一个人事业的成功，只有 15％是由于他的专业技术，另外 85％要靠人际关系和处世的技巧。^①

一、影响人际交往的因素

（一）空间距离

人与人之间在空间位置上越接近，越容易形成彼此之间的密切关系，如上下铺的同学。空间距离的接近，使双方相互交往、相互接触的机会更多，彼此之间容易熟悉，或成为好朋友，或因为彼此价值观不同而只是熟人。虽然空间位置不是影响人际关系好坏的唯一决定性因素，但是空间位置接近无疑更有利于人际交往，正如俗语所说：远亲不如近邻。

（二）交往频率

交往是人际关系的基础。人们只有在交往中才能彼此了解、相互熟悉，进而相互帮助、建立友谊。交往的频率越高，越容易形成共同的语言、共同的态度、共同的兴趣和共同的经验等；交往频率过低，可能会产生冷落感，以致关系疏远。不过，交往频率过高，也可能影响对方的工作和生活秩序，引起对方反感。

（三）态度相似

人与人之间若对具体事物有相同或相似的态度，有共同的语言、理想、信念和价值观，就容易产生共鸣、同情、理解、支持、信任、合作，从而形成密切的关系。

（四）需要互补

相互满足是形成人际关系的前提条件，如果没有需要和满足需要的期望，空间距离再小，也可能是"鸡犬之声相闻，老死不相往来"。一旦有了需要和满足需要的期望，空间距离虽远，也可能是"天涯若比邻"。良好人际关系的形成取决于交往双方彼此满足需要的方式和程度：如果交往双方的基本需要都能从交

---

① 如何成为一个善于交际的人，见：http://www.sohu.com/a/210541921_100024625.

往过程中得到满足，其人际关系就会密切、融洽；如果双方的需要都不能从交往过程中得到满足，彼此之间就缺乏吸引力；如果双方的需要在交往过程中受到损害，彼此之间就会产生排斥与对抗。

（五）人格吸引

人格也称个性。个性影响着交往的态度、频率和方式，从而影响着人际关系。以气质而论，具有多血质和黏液质的人，其人际关系一般来说要好于胆汁质与抑郁质的人。以能力而论，能力强的人往往使人产生钦佩感与信任感，具有吸引力。不过，能力强弱和特长的差别太大或太小，相互之间的吸引力也会减少，只有当双方的能力既有差别而又差别不太大的时候，相互之间的吸引力才会增大。以性格而论，诚实、正直、开朗、自信、勤奋、幽默、热情的人，较之虚伪、孤僻、懒惰、固执、狂妄的人具有较强的人际吸引力。因此，人格特点在建立良好的人际关系中是非常重要的内在因素。

（六）个性品质

对人际交往有负面影响的个性品质主要有：①为人虚伪。与之交往，容易使人失去安全感。②自私自利。只关注自己的需要，不关心别人的需要，甚至损人利己。③不尊重别人。常常挫伤别人的自尊心。④报复心强。⑤妒忌心强。⑥猜疑心重，过于敏感。⑦过于自卑。⑧孤独、固执。⑨苛求别人，控制别人。⑩自负、自傲。反之，良好的个性品质会赢得好人缘。

二、人际交往的意义

（一）人际交往是人身心健康的需要

心理学家丁瓒曾指出："人类的心理适应，最主要的就是对人际关系的适应，所以人类的心理病态大多是由于人际关系失调所致。"（夏茂香，2012）心理学家从全国 29 个省、自治区、直辖市回收的 1433 份有效问卷的统计结果显示，人们的人际关系与身体健康和心理健康密切关联、相互影响，人际关系高度影响身体健康和心理健康，而其对于心理健康的影响作用比其对身体健康的影响更大（金盛华等，1999）。研究表明，如果一个人长期缺乏与别人的积极交往，缺乏稳定而良好的人际关系，这个人往往就有明显的性格缺陷。[①] 人际交往促进个体心理

---

① 人际交往的含义是什么？见：https://wenda.so.com/q/1517058412213783.

健康主要是通过满足个体的需要使其情绪愉悦而实现的。社会心理学研究表明，当个体的需要得到基本满足时就会感到心情舒畅，而且其正向行为动机就容易得到激发；相反，如果个体的需要得不到满足，人的心理就容易失衡，情绪易于沮丧，其正向行为动机也就会受到抑制。因此，能否与人建立起长期稳定、良好的人际关系是一个人心理健康与否的重要衡量标准。大学生人际交往欲望越强烈，希望被人接纳和认可的心理越迫切。良好的人际关系能促进大学生之间相互的理解和关怀。大学生通过交往可以缓解内心的冲突和紧张，减少内心的空虚、孤独，激发对生活的热爱，最大限度地避免不良情绪的产生。

笔者在心理咨询中发现，绝大多数大学生的心理危机都与缺乏正常的人际交往和良好的人际关系相联系。同时，心理学家从不同角度做过大量的研究，发现健康的个性总是与健康的人际交往相伴随的[①]。心理健康水平越高，与别人交往越积极，越符合社会的期望，与别人的关系也就越深刻。心理学家专门研究了身体、智力和心理健康水平都很优秀的宇航员、研究生、大学生和中学生，得出了一个共同的结论，即心理健康水平高的人其人际关系都很好，他们有着一系列有利于积极交往和建立良好人际关系的个性特点，如友好、可靠、替别人着想、温厚、诚挚、信任别人等。研究还发现，那些心理健康水平高者，往往来自人际关系状况良好的幸福家庭，这从一个侧面提供了人际关系状况影响个性发展和健康的佐证。与人发生冲突会使人的心灵蒙上阴影，导致精神紧张、抑郁，不但可能导致心理障碍，而且还可能刺激下丘脑，使其内分泌功能紊乱，进一步引起一系列复杂的生理变化。许多疾病，如冠心病、消化性溃疡、甲状腺功能亢进、偏头痛、月经失调和癌症，都与长期不良情绪和心理遭受强烈的刺激有关。

（二）人际交往是人获得安全感的需要

社会心理学家所做的大量研究表明，与人交往是获得安全感的最有效途径。[②]当人们面临危险的情境而感到恐惧时，与别人在一起可以直接而有效地减少恐惧感，感到安宁与舒适。有人研究过战场上与部队失散的士兵的心理，发现最令士兵恐惧的不是战场的炮火硝烟，而是同战友失去联系的孤独感。一旦失散的士兵遇到自己的战友，哪怕其完全失去了战斗力，也会感到莫大的安慰，独自

---

① 为什么我们要看重人际交往，见：http://www.doc88.com/p-1896842542441.html。

② 人际交往与心理健康，见：http://www.docin.com/p-627426593.html。

一人时的高度恐惧感也会大大减轻甚至消失。人不仅有生物性的安全感需要，而且还有社会性的安全感需要。当人置身于自己不能把握或控制的社会情境时，也同样会缺乏安全感。如大一新生来到学校，脱离了原来的人际关系的支持，新的人际关系尚未建立，因而在自我稳定感和社会安全感方面就可能出现危机，在新的人际关系建立起来之前，会一直处于高度的自我防卫状态。心理学研究发现，同生物安全感的建立相似，获得社会安全感的最有效途径同样是与人交往，并由此建立稳定的人际关系（王芳玉，2009）。不过与生物安全感不同，一个人要获得充分的社会安全感，仅有别人的陪伴或表面交往还很不够，社会安全感的本质是人与人之间的情感联系。只有通过交往同别人建立了可靠的人际关系之后，个体的社会安全感才能得到确立。

（三）人际交往有助于自我认知的发展

人的自我意识的确立是通过社会比较来实现的。一个人只有将自身置于社会背景之中，通过将自己与别人进行比较才能确立自己的价值。所以，人需要了解别人，也需要通过别人来了解自己。因此，人需要同别人进行交往，需要同别人建立并保持一定的人际关系。一个人只有不断地通过社会比较获得充分信息，相信自己有价值，才能保持稳定的自我价值评判。如果社会比较的机会被长期剥夺，则会使人因缺乏自我状况的社会反馈信息而导致个人价值感的危机，并使人产生高度的自我不稳定感。人是不能忍受自己的价值得不到肯定的。因此，自我不稳定感会引起人的高度焦虑，并促使人去同他人进行交流，有意无意地进行社会比较，以获得有关自我状况的社会反馈，了解自我，并使自我价值感重新得到确立。

正确地认识自我、认识他人是大学生自身全面发展的重要体现，要做到这一点，必须发挥人际关系的重要作用。因为在社会生活中，人只有通过各种交往活动中自我的行为与态度对他人的影响，以及他人对自我的评价逐步认识自我。良好的人际关系不仅能令大学生看到自己的优势，而且能让他们意识到自己的劣势，并能够得到较多的社会支持来改善、发展自我；而不良的人际关系很容易误导大学生的自我认识，使其或盲目自卑，或盲目自大。另外，良好的人际关系是大学生知识体系不断完善的保证，是促进大学生有效学习与智力发展的必要条件。大学生可以通过与他人的交流来获取信息，获得知识，丰富经验，提高认识，实现自我认知的发展。

（四）人际交往是人生幸福的需要

在日常生活中，有些人认为，人的幸福是建立在金钱、成功、名誉和地位的基础之上的。实际上，对于人生的幸福来说，所有这些方面远不如健康的交往和良好的人际关系重要。交往和人际关系在人们生活中的地位无法为金钱、成功、名誉和地位所取代。心理学家通过研究发现了一个奇特的现象：自 20 世纪 30 年代以来，人们的金钱收入一直呈上升趋势，但是对生活感到幸福的人的总体比例并没有增加，而是稳定在原来的水平。这说明金钱并不能简单地决定人的幸福。[①] 心理学家克林格做了一个广泛的调查，结果发现良好的人际关系对于生活的幸福具有首要意义。[②] 当人们被问到"什么使你的生活富有意义"的时候，几乎所有人都回答"亲密的人际关系是首要的"，可见生活是否幸福常常取决于自己同生活中其他人的关系是否良好。如果同配偶、恋人、孩子、父母、朋友及同事关系良好，有深刻的情感联系，那就会感到生活幸福且富有意义；反之，则会感到生活缺乏目标，没有动力和不幸。在这些被调查者的回答中，人际关系的重要性远远超过成功、名誉和地位，甚至超过了西方人最为尊重的宗教信仰。法国社会学家指出，社会关系的丧失是自杀的主要原因之一。

三、大学生人际关系

（一）大学生人际关系的内涵与类型

人总是处于一定的社会关系之中的，人际关系反映了个人或团体寻求满足其社会需要的心理状态。大学生作为一个特殊的群体，由于其身心发展特点，在人际关系发展上也有其独有的特征。

1. 大学生人际关系的内涵

大学生人际关系是大学生在大学就读期间，在学习、工作、生活过程中与他人发生的各种交往关系。它包括横向人际关系和纵向人际关系。横向人际关系指大学生与同龄的同学与朋友建立的人际关系；纵向人际关系是指大学生与父母、师长等不同年龄的人建立的关系。

2. 大学生人际关系的类型

根据大学生交往对象的不同，大学生的人际关系主要分为以下六类。

① 公共关系中人际交往的重要性意义及其具体方法，见：https://wenku.baidu.com/view/ef5e9ef7d1f34693dbef3e08.html.

② 人际交往，见：https://wenku.baidu.com/view/245d5f0abed5b9f3f90f1c54.html.

（1）师生关系。师生关系即大学教师与在校大学生之间的关系，这种关系又可具体分为任课教师与学生的关系和辅导员与学生的关系两种。其中，任课教师主要负责公共课或专业课的知识传授，这种师生关系范围比较窄，内容较为简单。辅导员是开展大学生思想政治教育的骨干力量，是高校学生日常思想政治教育和管理工作的组织者、实施者和指导者，辅导员的工作直接涉及学生思想、学习、生活的方方面面，因此，辅导员与学生的关系相对于任课教师来讲范围要宽得多，内容也比较复杂。

（2）室友关系。室友关系即大学生与同宿舍其他成员之间的关系。目前，高校大学生宿舍以4人或6人居多。大学生除了学习之外，与同宿舍其他成员之间的关系成了大学生课余生活的主要关系，这种关系处理不好将直接影响学生的学习和生活，甚至出现由于矛盾激化而引发恶性事件的情况。因此，这种关系的处理也是大学生人际交往问题中的关键一环。

（3）同学关系。同学关系即大学生与其学习伙伴之间的人际交往关系，这种关系主要包括同性同学之间的关系、异性同学之间的关系以及学生干部与普通同学之间的关系三种类型。其中，异性同学之间如何得体交往成为困扰许多学生的问题。除此之外，学生干部与普通同学之间的关系处理也是大学生在人际交往方面比较容易出现困惑的方面。

（4）同乡关系。同乡关系指大学生与来自同一生源地或相近生源地的学生之间的关系。由于大学生的个人交往需求，同乡关系的交往在大一新生之间、大一新生与高年级学生之间以及应届毕业生群体之间更为普遍和频繁。

（5）亲友关系。亲友关系即大学生的父母及对其个人成长发展具有举足轻重影响的长辈与大学生之间的关系。相对于发生在大学校园里的人际交往关系来讲，这种交往在空间上距离较远，其发生也不那么频繁。

（6）虚拟关系。随着网络的普及，上网成了大学生课余生活的重要组成部分。大学生通过网络游戏、聊天、交友、互动等多种渠道形成了与其他网络虚拟领域使用者之间的交往关系。这种关系也是当代大学生人际交往的一个主要方面，在大学生的课余生活中占据了一席之地。

（二）大学生人际关系的特点

1. 交往注重平等性

大学生有较强的民主平等意识和积极参与意识，更加注重主观能动性的发挥，注重在人际关系中交往双方的地位平等和彼此间的相互尊重，期待在民主、平等的基础上建立和处理人际关系，以充分体会到人格的独立和平等。

2. 交往形式、内容更广泛

大学生人际交往不只为了交流学习，寻找友谊；交往的对象也不仅仅限于本班、本系和本校的学生。同时，大学生的交流方式多种多样，不仅仅局限于面对面的沟通和交流，手机、网络已经成为目前大学生彼此交流的重要工具，上网交友已经成为当前大学生人际交往的热点。

3. 交往具有不平衡性

大学生对人际交往的需求比较迫切，但每个人的社交能力及个性存在差异，导致他们的人际关系和谐情况有很大的差异。某高校的一项调查显示，有相当一部分学生不满意自己当前的人际关系状况并且想要改善自己当前的人际关系现状；也有部分学生觉得自己目前的人际关系还可以，对自己目前的人际关系现状表示满意或基本满意；还有部分学生认为无所谓，到时候再说。

4. 交往具有一定的功利性

由于社会价值的多元化发展，某些大学生在人际交往过程中的功利主义思想超越了情感交流为主的动机。有调查表明，由于受各种外部因素的影响，具有利己动机的大学生已经占据了总数的 34.1%。[①]

（三）构建大学生和谐人际关系的重要意义

对任何人而言，正常的人际交往和良好的人际关系都是其心理正常发展、个性保持健康和生活具有幸福感的必要前提。大学阶段是人生的黄金时期，良好的人际关系是大学生身心健康和发展的重要内容和基础条件，人际关系的质量对其在校期间的学习、生活和终生的幸福都有重要影响。

1. 促进自我认知及自我完善

自我认知及自我完善的过程，并非简单的个人私事，而是在一定的社会关系和文化环境中，个人与他人相互交往、相互认知的过程，是一个社会化的过程。个体对自我的正确认识是通过交往逐步实现的。正确的自我意识对自我完善、健康成长意义重大。

个体对自己真正的了解必须依赖于与他人的交往。通过人际交往，个体了

---

① 当代大学生人际关系现状调查，见：https://www.xzbu.com/9/view-10143914.htm。

解他人对自己的看法和评价，有助于形成正确的人际知觉。正确认识自己与周围的环境，个体才能形成好的自我形象，并塑造完美的人格；相反，若无自知之明，个体就会常常感到不适，甚至可能遭受不应有的挫折。

2. 促进个性发展与身心保健

交往是个性发展的必经之路。个体只有通过与其他个体发生联系，才能有效地学习社会知识、经验、技能与文化，完成社会化过程，从而取得社会生活的资格。离开社会的交往环境以及与他人的合作，个体很难成为合格的社会人。"狼孩"由于错过了与他人交往的最佳时期，失去了其作为"人"的成长的环境，因而即使后来被发现，也已经很难成为一个正常的"人"了。

人与人之间的交流与情感的融合，有益于身心健康。每个人都希望得到快乐，摆脱忧愁。有了喜事，对朋友讲一讲，大家共同高兴；有了难事，找朋友说一说，可以分担压力，减轻精神上的痛苦。这种倾诉对个人健康有着很大的好处，倾诉的过程是释放压力的过程，是消除精神紧张的过程。具有强烈归属感和交往意愿的同学需要更多的理解和支持，通过相互交流、吐露心声，可以增进彼此间的感情共鸣，从而在心理上产生安全感和慰藉感。如果不与同学交往，把自己封闭起来，独来独往，性格孤僻，一旦受挫将会掉进痛苦的深渊。因此，人际交往是成长的桥梁。良好的人际交往可以带来好心情，好心情可以激发人去奋进，并永葆青春。

3. 有利于信息交流与学会合作

人与人之间的接触与交往包括信息的交流。个人对客观世界的认识、兴趣、经验和体会，往往在交往中自觉或不自觉地流露和表达出来，并传递给周围的人，因而交往是人们了解信息、学习经验的极好渠道。中国有句古话叫"听君一席话，胜读十年书"，实际上就是强调交往、交流的重要性。事实上，很多重要的发明发现的启发往往发端于人们相互交流而碰撞出的思想火花。在当今的信息时代，大学生在交往过程中获得的信息对其学习、生活都有非常重要的影响。

事业的成功离不开合作，而合作始于人际交往。当今时代是竞争与合作并存的时代，一方面竞争无处不在，另一方面当代社会化大生产要求绝大部分的工作必须通过若干人的合作才能完成。未来社会对人的交往能力的要求更高，要想成就一番事业，必须善于凝聚人心，善于团结协调各种力量。竞争是在合作基础上的竞争，合作是竞争中的合作。大学生要敢于竞争，更要善于合作。在交往中形成的良好的心理共振可以发挥激励作用，使大家彼此团结，形成合力。

4. 满足安全和实现价值的需要

心理学研究表明，当个体与群体脱离时，安全感会下降。所以，当自然灾害将一些人置于与世隔绝的困境中时，人们常常因安全感的突然丧失而产生心理恐慌，导致生理紊乱，可能在获得救援之前便结束了生命。人处于群体中时，安全感增加。故人们常讲，人多胆壮。乐于交往、人际关系和谐的人，往往具有稳定的安全感。

虽然大学生处于成年初期，但单独行动的时候，由于处世经验少，往往容易感到自己的力量很单薄，不足以应付很多事，所以有效的办法是找几个要好的朋友给自己壮胆，这样能够从团体中获得一些力量，增加安全感。

交往还有助于满足人们实现自身价值的需要。当人处于团体中的时候，会感到团体的力量是自身力量的延伸，而且和朋友在一起时容易受到他们的欣赏，有成就感，彰显了自身价值。

第二节　大学生人际交往及其影响因素

一、大学生人际交往现状

当代大学生中独生子女居多。社会的进步、经济的快速发展、全球经济和文化交流的增进，给他们提供了优越的物质生活条件，同时也使他们接受着各种思潮和生活方式的冲击。他们视野开阔、知识丰富，掌握着先进的信息交流技术；他们思维活跃、个性张扬、思想解放，渴望平等、向往自由。这个时代的特征在他们身上打上了深深的烙印，渗透到他们的思想、学习、生活、交友等各个方面。

大学阶段，是青年学生身心迅速发展、为步入社会做充分准备的时期。在人生这一重要转折时期，为了解社会、适应社会、探索人生、实现价值，大学生社会交往比较活跃，并表现出了与其社会知识经验相对应的特点。

（一）交往愿望强烈、范围广泛、频率提高、手段增多、内容丰富

大学生渴望了解他人、了解社会、了解人生，渴望认识自我、表现自我、完善自我，更渴望与别人进行思想和情感上的交流，以期得到别人的关怀、支持、鼓励、帮助、理解和同情。他们的交往范围日益扩大，跨年级、跨系别、跨院校的交往已不鲜见，而且随着社会实践活动的增多，开始把交往的触角伸向社会各个角落。

大学生会自发组织各种社团和参加各种聚会、出游等活动，这样使结交朋友的机会增多，与朋友相处的时间也就增多，交往的频率越来越高。同时，随着信息时代的到来，大学生通过手机上网交往已成为相当普遍的现象，由网络营造的虚拟空间让更多人有更多的机会进行各种形式的交流。

而且，当代大学生由于更关注社会问题，所以交往的内容也变得非常丰富，对各种自然的、社会的现象都会产生兴趣，希望自己见多识广。

（二）观念自主，但情感性强

大学生正处于心理上的"断乳期"，他们更加渴望与别人进行情感上的沟通与交流，以求得感情上的依靠和寄托。大学生世界观尚未定型，认识能力还不够强，交往的社会经验还比较缺乏，思想还未成熟，因此，大学生往往以情感体验作为决定交往对象、交往方式、交往内容、交往深度和交往长短的依据，情感性是大学生交往的一个突出特征。随着年龄的增长，这种特征会逐渐淡化，而理智性则越来越突出。

（三）多与同龄人交往，交往场所以校园和网络为主

大学生大部分远离家乡，这样一来，与父母、亲友的关系就相对疏远，但与同学之间的交往日益频繁。交往对象的筛选性是大学生社会交往的又一显著特征，其交往对象多侧重于同龄人。他们更注重来自同一阶层或相似环境的同辈之间的心理沟通，他们更多地相信自己的眼光或自己朋友的认识或评判。

他们虽然主动追求开放式的人际交往，但由于时间、经历、经济条件等方面的限制，交往的主要场所仍然在校园内和网络上。

（四）互动效应明显，易受暗示、感染

在人际交往中，大学生出于一种完善自我、赢得他人赏识、避免失误和遭他人轻视嘲笑的动机，往往需要某种行为做参照，易受他人影响、暗示、感染，

互动效应十分明显，常常模仿他人特别是他们所崇拜的人的一些生活方式和行为习惯，表现出观念的自主性与行为的趋同性的矛盾结合。

（五）社交能力迅速发展，但还不够完善

随着社交经验的不断积累、认识能力的不断提高和世界观的逐步形成，大学生的社会交往能力也随之迅速增强。但由于社会经验和认识能力的局限，他们的社交能力还不够成熟。在交往中，他们有时过于注重交往的形式；有时对交往对象的认识和态度易受"晕轮效应""首因效应""定势效应"①等因素的干扰；有时为交往而交往，十分盲目；有时易受"哥们义气"影响，只讲友情而不讲原则，缺乏正确的交往态度。

（六）交往成本上涨，存在交际分层现象

由于种种原因，目前大学生家庭经济条件差距较大的现象还比较突出，富裕的学生一个月消费几千元不在话下，而一些特困生最低月生活费标准还不足一百五十元。经济上的差距决定了大学生在兴趣爱好、思想情趣等方面的差距，这种差距其实早在上大学前就已存在；进入大学后，这种差距进一步演变为能力和心理上的对比，并对大学生的人际交往产生一定的影响。

随着大学生交际需求的增强，交际面的扩大，大学生交际费用总体呈上涨之势。一些大学生沾染了社会不良习气，交往、应酬中吃喝之风、攀比之风盛行。出入交际场合的衣着打扮，一些活动场所价格不菲的门票，老乡会餐、朋友聚会、生日聚会、同学相互之间请客吃饭，交际成本不断上涨。对于学费和生活费还成问题的贫困生来说，他们是无力支付过多交际成本的，这决定了他们参与各种活动和出入交际场合的机会减少。久而久之，学生群体间出现分层，互相之间缺少交往的机会或很难深入交往，交往中形成一种"贫者近贫，富者近富"的分层现象。

二、影响大学生人际交往的主要因素

（一）心理因素直接影响着大学生的人际交往

影响大学生交往的心理因素主要包括认知因素、情感因素和人格因素。交

---

① "晕轮效应"又称"光环效应"，是指当认知者对一个人的某种特征形成好或坏的印象后，他还倾向于据此推论该人其他方面的特征。"首因效应"指交往双方形成的第一次印象对今后交往关系的影响，也即"先入为主"带来的效果。"定势效应"是指事有准备的心理状态能影响后续活动的趋向、程度及方式。

往过程中的认知因素包括对自己的认知、对他人的认知、对交往本身的认知。对自己不恰当的认知与评价会引起自大或自卑，从而导致交往中呈现盛气凌人或畏惧社交。自我评价又会直接影响对他人的评价。以自我为中心的人常常对他人评价过低，而自卑心过重的人又会过高地评价他人，造成难以平等交往的局面。对交往本身的认识也会影响交往行为。如果认为交往只是为了满足自己的需要，从而忽视他人的需要，则会导致交往中断。

交往过程中的情感因素包括对交往的情绪反应、人与人之间的情感关系及心理距离的远近。情感成分是人际交往中的主要特征，对人的好恶决定着交往者彼此间的行为。大学生情感丰富，心境易变，有时对人、对事过于敏感，容易凭一时的好恶改变对一个人的看法，使得人际交往缺乏稳定性，产生各种障碍。此外，交往过程中的情绪反应是否适度、适当，也影响着交往的发展方向：情绪反应过分强烈会给人以轻浮不实之感，情绪反应过于冷漠则被视为麻木无情。这些不良的情绪反应都会影响交往。

交往过程中的人格因素既影响人际吸引力的大小，又影响人际交往的方向、数量和质量。人格差异可能会带来交往中的误解、矛盾和冲突。当与性格相投的人相处时，感到难舍难分；与性格不合的人相处，则处处觉得别扭。人格不健全，如存在偏执型人格、表演型人格、强迫型人格等障碍，也是人际冲突的常见原因。人格不健全的人常常缺乏自知之明，苛求他人，放纵自己，情绪无常，行为怪异，使人难以与之相处。

（二）时代特征对大学生人际交往的影响

当代正处在我国对外开放进入深水期和经济体制转型期，各种外来文化和思潮冲击，张扬个性、崇尚自由、贪图享乐、渴望平等各种思想交织，也使大学生的世界观、人生观、价值观呈多元化趋势，从而使大学生对自己的行为选择呈多样化取向。我国的经济体制改革和经济全球化发展的推进，拉开了国内、国际全方位竞争的序幕。当代大学生所处的时代使他们从小接受竞争意识的培养。然而，竞争意识的过度膨胀必然助长他们以自我为中心的意识，易导致其在竞争中用不正当竞争手段。同时，部分学校教育唯成绩论的评价体制导致他们重视成绩的同时也失去了许多珍贵的东西，潜意识里将人与人之间的关系演化为纯粹的竞争对手关系，人情味的交往隐藏功利性的交易。

互联网的迅猛发展使人际交往的范围扩大，使人际交往更加开放，同时也给欺骗、虚伪的交往行为创造了条件。当代大学生正处于这样一个复杂多变、发展迅速的社会，各种正面、负面影响相互交织，使他们的行为打上了时代的烙印。

（三）高校校园文化的渗透和感染

从中学进入大学，学生开始了第二次心理"断乳期"，大学管理模式的根本变化和独特的管理理念、大学生自主管理的加强、大学校园的相对开放，使大学校园俨然成为一个"小社会"。大学生远离亲朋好友，来到这种特殊的生活环境，怀念昔日亲情、友情，渴望新的友谊，对人际交往产生了强烈的欲望。在校园文化的渗透和感染下，大学生的交际行为会自觉地和着节拍与这种文化氛围融合在一起。

走进大学校园，大学生的精神面貌、行为等方面都散发着一种特定校园文化的底蕴，我们身临其境就能对一所学校有较初步的认识。首先，大学生在校园的人际交往现状能折射校园文化拓展的广度和深度，是学校独特风格的缩影。高校校园丰富多彩的活动为当代大学生营造了良好的交际氛围，为他们的人际交往创造了条件。其次，教职员工在人际交往中的言行、观念，整个校园弥漫的一种人际气息（表现在人与人之间的关系中，即师生之间、同学之间、同事之间、朋友之间、上下级之间的融洽、协调、真诚、关爱或者自私、勾心斗角、虚情假意、不合作等），往往会在不同的场合以不同的方式潜移默化地影响着大学生，并使他们适时调整自己的行为。不同的大学校园文化可以其特有的观念、风格影响着大学生的人际交往。

（四）家庭环境的潜移默化影响

家庭是人出生后的第一所学校，是个人成长的摇篮。家庭教育的基础性、特殊性等对一个人的影响是潜移默化的。当代大学生中独生子女居多，这一代人大多没有兄弟姐妹，从小集万千宠爱于一身，使这一代人习惯于以自我为中心，从小就有极强的自信心和自尊心，容易张扬个性，富有创新意识，但相对缺少忍让、谦和、合作的品质，在集体内与人相处时会暴露种种弱点：无礼、自私、任性等，从而导致交际困难。有调查研究表明，对大学生人际交往影响最大的人是自己的父母。父母是孩子的第一任老师。大学生的人际交往与家庭亲密度、家庭适应性关系密切。家庭亲密度和适应性越低，社交状况越差。也就是说，大学生与家人关系越亲密，其社交状况越好；与家人关系越疏远，其社交状况越差。

（五）大学生自身条件和自身素质的制约

大学生自身条件主要有外表与特长。外表包括一个人的长相、穿着、仪态、风度。这些因素会明显地影响交往双方彼此间的吸引程度。通常情况下，外表美丽、英俊、衣着整洁、仪表大方的人，常因外表的魅力而给人留下好印象，相对评价也高，往往更容易讨人喜欢。尽管人们都懂得人不可貌相，但在交往初期，外表因素会有意或无意地左右人们的交往。特长是指人的特殊能力和专长。一般来讲，有某些特长的人会增加自身的吸引力。人们会因为欣赏他的才华而产生钦佩感，愿意与之接近。

大学生自身素质主要指性格特征和道德品质。现实生活中，有人开朗、热情，喜欢交际；有人敏感、多疑，不爱与人打交道，这就是不同的性格特征在现实生活中的反映。随和、开朗、热情、自信的大学生，人际交往能力远远胜过那些怯懦、拘谨、敏感的学生。另外，与性格特征密切相关的个人道德品质同样制约着人际交往。虽然个人的道德修养品质是在后天的不断学习中通过道德自律和他律逐步形成的，但是一旦形成就对一个人的行为起着主导作用。自私、狡诈、虚伪、贪小便宜的人和无私、诚实、善良的人，在交往中表现得截然不同。因此，个人道德品质的优劣是影响当代大学生人际交往的重要因素，大学生要不断加强自身道德品质的修养，培养良好的人际交往能力。

第三节　大学生人际交往的原则与技巧

一、大学生人际交往的原则

人际交往是一门艺术，有很多方法和技巧。为了使自己的交往行为能够引起对方良好的反应，从而引发积极的交往行为，大学生在交往的过程中应该遵循一定的原则。

（一）尊重原则

孟子云："敬人者，人恒敬之。"尊重包括自尊和尊重他人两个方面。自尊就是在各种场合自重、自爱，维护自己的人格；尊重他人就是重视他人的人格、习惯与价值。尽管由于主、客观因素影响，人与人在气质、性格、能力、知识等方面存在差异，但在人格上大家是平等的。只有尊重他人才能得到他人的尊重。大学生来自四面八方，年龄、学识、经历相近，虽然家庭环境、经济条件、个人能力有差异，但绝对没有高低贵贱之分，彼此之间应该相互尊重，相互帮助，尊重他人，理解他人，这是建立良好的人际关系的基础。

大作家屠格涅夫有一天走在街上，一个年迈体弱的乞丐向他伸出发抖的双手，屠格涅夫找遍全身所有的口袋，分文没有，他感到惶恐不安，只好上前握住乞丐的那双脏手，深情地说道："对不起，兄弟，我什么也没有，兄弟！"哪知屠格涅夫这一声声"兄弟"却超过了金钱的作用，使老乞丐为之动容，他泪眼盈盈地说："哪儿的话，这已经很感激了，这也是恩惠啊！"这个故事说明，无论什么人，无论地位高低，渴求得到尊重的心情是一样的。[①]

（二）真诚原则

真诚待人是人际交往中最有价值、最重要的原则。以诚待人是人际交往得以延续和深化的保证。美国一位心理学家曾列出 555 个描写人品的形容词，让大学生说出最喜欢哪些、最不喜欢哪些，结果学生评价最高的品质是：真诚。在 8 个评价最高的形容词中，有 6 个和真诚有关，即真诚、诚实、忠诚、真实、信赖和可靠。而评价最低的品质中，虚伪居首位（元秀，2007）。北宋理学家程颐说过：以诚感人者，人亦诚而应。在人际交往中，只有彼此抱着心诚意善的动机和态度，才能相互理解、接纳、信任，在感情上引起共鸣，使交往关系得以巩固和发展，那种"逢人只说三分话，未可全抛一片心"的交往信条，只会侵蚀健康的交往关系。因此，在人际交往中，大学生首先要做到与人相处有诚心，襟怀坦荡，表里如一，这样才能使对方放心，赢得他人对自己的信任，在感情上产生共鸣，使彼此间相互理解，并为进一步交往奠定基础。

（三）宽容原则

宽容要求相处时为人要豁达开朗，做事不斤斤计较，善于接受他人的意见和批评。宽容有助于扩大交往空间，消除彼此间的紧张和矛盾。在人际交往的过程中，双方难免会由于认识不一致而产生矛盾和冲突。遇到这种情况，要求同存

[①] 人际交往，见：https://wenku.baidu.com/view/cb37f7f7daef5ef7bb0d3c2d.html.

异、虚怀若谷，要学会忍耐和控制，要理解个性之间存在的差异，允许不同的思想和行为方式的存在，要用宽容心去对待别人的缺点与不足。宽容表现为对非原则性问题不斤斤计较，能够以德报怨。在人际交往中，难免会遇到一些不愉快的人和事，要学会宽容，学会克制和忍耐。大学生在人际交往中心胸要宽，姿态要高，气量要大，遇事要权衡利弊，切不可事事斤斤计较、苛求他人、固执己见，要尽量团结那些与自己有分歧的人，营造宽松的交际环境。学会原谅别人是美德，学会宽容别人是高尚。有了这样的心境，就会有良好的人际关系，人就会感到快乐。

（四）互助互利原则

互助表现为交往过程中交往双方的相互关心、相互帮助、相互支持。互利是指交往双方在满足对方需要的同时，又得到对方的报答，双方的交往关系因此能继续发展。通过互助互利，既满足了双方各自的需要，又促进了相互间的联系，深化了感情。互利性越高，交往双方关系就越稳定、密切；互利性越低，交往的双方关系就越疏远。如果一方只索取，不给予，交往就会中断。总之，大学生在交往的过程中，要学会尽义务，相互付出，多献爱心，解人之困，救人之危，建立良好的人际关系。

（五）谦逊的原则

谦逊是一种美德。对谦虚好学者，人们总是乐于与之交往；反之，对狂妄自负、目无他人者，人们往往避而远之。在人际交往中，如果有豁达的胸怀，谦虚谨慎，戒骄戒躁，虚心学习他人之长，常常就会有亲和力；而狂妄自大，傲视他人，不懂装懂，知错不改，是为人所厌恶的。

（六）适度原则

适度原则是指人际交往中要注意行为得体、合乎分寸、恰到好处。适度原则体现在许多方面，常见的有自尊适度、热情适度、豪爽适度、言谈适度、信任适度等。大学生在交往的过程中尤其要注意自尊适度、热情适度和信任适度等。自尊适度一方面是防止自尊心太弱，从而产生自卑；另一方面是要防止自尊心过强，产生自傲、自负。热情适度也是一样的，一方面不能热情过度，另一方面也不能热情不足，因为两者都会令人产生不快的感觉。

（七）体谅原则

金玉易得，知己难寻。所谓知己，即是能够理解和关心自己的人。相互理解是人际沟通、促进交往的条件。理解不等于知道和了解。就人际交往而言，不仅要细心了解他人的处境、心情、特性、好恶、需求等，还要根据彼此的情况，主动调整或约束自己的行为，尽量给他人以关心、帮助和方便，多为他人着想，处处体谅别人。自己不爱听的话别说给人，自己反感的行为别强加于人。孔子云：己欲立而立人，己欲达而达人。又云：己所不欲，勿施于人。当你在交往中善解人意，处处理解和关心他人时，相信他人也不会亏待你。

（八）诚信原则

人际交往要讲究一个"信"字。信用有两层含义：一是言必信，即说真话，不说假话。如果一个人满嘴胡言，爱说假话骗人，到头来连真话都不能使人相信了。二是行必果，即说到做到，遵守诺言，实践诺言。如果一个人到处承诺而不去做，必然会引起人们的反感和唾弃。无信不立，言而无信非君子。要取信于人，第一要守信，即言行一致，说到做到。第二要信任，不仅要信任别人，而且要争取赢得别人的信任。第三不要轻易许诺，即不说大话，不做毫无把握的许诺。第四要诚实，实事求是，自己能办到的事一定要答应别人去办，办不到的事要讲清楚，以赢得对方的理解。第五要自信，即要有一种自信心，相信自己能行，给人以信赖感和安全感。

二、大学生人际交往的技巧

大学生处于渴望交往、渴求理解的心理发展时期，良好的人际交往是大学生心理健康发展和具有安全感、归属感和幸福感的必然要求。但只有良好的意愿还不够，不少大学生不知道如何与人交往，有时事与愿违，这是因为没有掌握交往的技巧。

（一）注意仪表、举止、言谈、风度、气质和行为规范，给对方良好的第一印象

第一印象在人际交往中的作用非常大，具有认识效应、即时效应和长久效应。第一印象往往是根据对方的仪表、举止、言谈、风度、气质等形成的。因此，加强自身修养，以良好的精神风貌出现在交往对象面前是十分重要的。

（二）真诚地肯定对方，尊重对方

人类普遍存在着自尊的需要，只有在自尊心高度满足的情况下才会产生最大限度的愉悦，才会对人际交往中对方的态度、观点易于接受。处于青年期的大

学生一般自尊心极强，因而在相互交往中首先应注意尊重对方，这是成功交往的重要条件。

（三）讲究语言的艺术性

语言是人际交往的工具和手段，人际交往离不开交流和沟通。在交流中善用语言、乐于交谈，有利于人们交往的顺利发展。运用语言的技巧有：首先，说话要看对象，不能千人一律；其次，表达要准确，用简洁明了、幽默生动的语言表达自己的思想和观点，切忌词不达意、喋喋不休；再次，要随时注意对方的反应，不能自说自话、不顾及对方的感受；最后，说话要注意时间、地点、场合，交谈要选择双方都感兴趣、能够交流与沟通的话题。

（四）耐心地聆听对方

在交谈中要学会倾听。首先，态度一定要诚恳、认真；其次，姿势要恰当；最后，要配合对方讲述的内容，不时进行正确的反应。在聆听时，最好的方式是站在对方的立场上，设身处地地为对方着想，集中精力去了解对方谈话的内容，真诚地投入情感，切忌在聆听中频频打岔或发表评论，甚至表现出不耐烦。

（五）展现友善的微笑

在交往过程中，真诚、友善的微笑会给人留下美好而深刻的印象。自然、得体、大方的微笑，能照亮看得到它的人，尤其是在对方遭受不幸和不快、承受着压力时，一个笑容能够使对方感到生活充满希望。笑，不仅能够使自己心情舒畅、精神愉快，而且能将快乐传递给对方，使对方也从中感到快乐。

（六）保持适当距离

人的生理特点和心理特点决定了人与人之间有一种无形的距离，而且这种距离有适当的限度。距离过近或过远，都会造成人际关系的不和谐，所以古人指出：令人贱，频来亲也疏。所谓"距离产生美"，这是因为每个人既需要交往，又要有独处的空间，如果三天两头去打扰别人，不分时间、场合，一聊就是半天，会使人产生受打扰的感觉。

第五章

大学生恋爱与性

爱情是两个亲密的灵魂在生活及忠实、善良、美丽事物方面的和谐与默契。

——别林斯基

恋爱婚姻是大多数人一生必然要经历的过程，其背后是人类正常的情感需要。从友谊、约会、恋爱到婚姻的过程，是个体建立亲密关系能力的体现和人格健康发展的过程，最能体现爱的能力。认识爱情、恋爱、婚姻是大学生自身成长发展的重要课题，了解大学生恋爱心理特点及爱情、恋爱的心理规律，学会正确处理友谊与爱情、恋爱与学业、恋爱与个人发展的关系，主动培养爱的能力，也就成为大学阶段的必修课。

📖 案例集锦

案例 1：老乡"亲"

小 A 从小一直是班上的学习尖子。半年前，她如愿以偿地从偏远地区考进了大学。进入大学，小 A 一时有些不适应。她发觉自己的学业不再是最优秀的。在宿舍里，与大家也不是很投缘，经常会闹点小摩擦。小 A 有点失落，也感到孤独。在某次的同乡聚会中，小 A 认识了比她高一届的同学 C。看到小 A 寂寞的神情，C 觉得自己有责任帮助这个小老乡。于是，他常常约小 A 一起上图书馆，一起听讲座，给她讲学习方法，还带她到城里去玩。小 A 感到很温暖，逐渐开朗起来。渐渐地，他们都觉得离不开彼此了，于是校园里多了一对恋人……

引申思考：爱是荷尔蒙的把戏。和 C 同学在一起，小 A 不再感到孤独，她感到自己被重视、被关心。他们两人的交往也提升了自身和对方的自我价值感。因而，小A和C同学擦出了爱的火花。

案例2：当分手已成事实

同学B，女，19岁，某高校二年级学生。自述近一个月以来内心非常痛苦，有时候难受到用头撞墙，甚至想到了自杀，但最终没有勇气那样做。寒假里，男友向她提出了分手，她一直无法接受，感到很伤心、很无助、很不甘心，同时又很压抑。她心里总是想着以前两人在一起时开心快乐的时光，现在面对他冷漠无情而又决绝的态度，她总是不能相信那是真的，总是幻想着两个人还能和好。她心里很苦很累，这一两天更是感觉自己快要崩溃了，再也承受不起了。

引申思考：失恋带来的悲伤、痛苦、绝望、忧郁、焦虑、虚无等情绪使当事人受到伤害。失恋是人生中最严重的心理挫折之一。失恋所引起的消极情绪若不及时化解，会导致身心问题。失恋是恋爱中经常出现的挫折现象，许多青年为此痛不欲生。B同学应面对现实，接受分手的事实，而不应一味地停留在过去的回忆以及和好的幻想里；还应进行积极的自我心理调试，比如找亲人或知心好友倾诉，适当地把情感转移到其他的人或事物上，学会辨证地看待问题等，以尽快消除心灵的创伤，恢复心理的平衡与健康。

第一节　大学生恋爱心理

一、大学生恋爱心理概述

（一）大学爱情产生的原因

促使爱情产生的因素主要有生理因素、心理因素和环境因素，它们从不同层面对大学生爱情的产生起着巨大的推动作用。

1. 生理因素

大学生正处于青年时期，个体在此期间由于内分泌腺分泌的有关性激素，促使个体完成性成熟，并具备了生殖能力。

大学生生理发育的完善，带来了其心理上的变化，性意识开始产生，萌发出探求异性的强烈意识，向往爱情，并试图尽快实践爱情理想。

2. 心理因素

（1）心理空虚。在中学时代，为考大学而努力学习。一考入大学，就少了中学时学习的压力与动力，如果再没有及时树立新的奋斗目标，心中就会产生失落感，在这种状态下，大学生常常感到空虚。而这个时期大学生大多是第一次远离父母，身居异乡，进入人生的第二次"断乳期"，在生活上、学习上、人际交往上出现了诸多的不适应，他们害怕孤独，渴望温暖。在这种情况下，男女大学生很容易结成暂时的"依赖"关系。

（2）从众心理。在大学，大学生年龄相当，在一块学习、活动、娱乐的机会增多。交际面扩大，心灵碰撞的机会也就增多。有的同学看见别人恋爱，时常有恋人相约，自己心理不平衡，羡慕不已，于是在与他人接触之中，碰见理想中的人最好；如若不是理想中的人，能过得去也就凑合着谈；实在不行的，就谈着玩儿，以满足自己的心理需要。

（3）互助心理。一部分学生把爱情看成前进的动力，遇到谈得来的异性同学就发展成恋人，双方互相促进，互相激励，共同进步。

3. 环境因素

大学生进入大学后，与在中学相比，环境条件发生了巨大的变化，父母也不再严厉地禁锢他们的思想与行为。大学也不像中学那样对学生的情感进行禁止，采取不提倡但也未禁止的态度。加上社会文明的不断进步，某些传统的伦理道德观念已受到了强烈的冲击，青年学生处在新思想、新观念的前沿，把爱情看作正当的权利和要求，因而大胆地追求爱情。此外，电影、电视等传播媒介中有关爱情的内容也对大学生的情感变化起一定推动作用。

（二）大学生恋爱的特点

1. 年龄普遍偏低

目前，大学生谈恋爱呈现出低龄化趋势。究其原因，一方面是大学生学业压力较小，又身处新的学习环境；另一方面是受高年级同学的影响，一些刚进入大学校门的大学生很快就进入恋爱阶段。

2. 浪漫气息重

大学生正值花样年华，青春萌动，情感洋溢。在校期间谈恋爱，他们追求的多是丰富多彩的精神生活，而很少考虑爱情之果——婚姻家庭的琐碎。因此，大学生谈恋爱富有浓厚的浪漫色彩。

3. 情感外露

如今，大学生谈恋爱一改传统的以含蓄、朦胧、深沉为美的形式，而是喜欢透明化、公开化。他们常常在公众场合下，手拉手，肩并肩，成双成对出入图书馆、教室、食堂，在校园幽静之处，常常可以看见他们拥抱、接吻的身影。爱情的内涵是神圣的，外显是纯洁的、美丽的，因此大学生表达爱情也应分清场合，含蓄而文明。

（三）大学生恋爱的误区

1. 误把友谊、好感当爱情

这是对爱情经验的判断失误。有的大学生分不清楚好感和爱情的区别，看到某异性同学和自己交往多了一点，对自己赞扬几句，或者帮自己的忙，就认为对方已经爱上自己了。还有一些大学生看到自己的恋爱对象和另一位异性交往比较多，没有认真分析就断定对方在谈三角恋爱。

2. 把恋爱当作"实习"

有的大学生并不是想真正谈恋爱，只是把学校期间的恋爱作为一种"实习"，想通过"实习"学习技术，积累经验，以后真正想谈恋爱时就可以找到满意的伴侣。这种借恋爱玩弄对方的感情种极不道德。

3. 为了赶时髦谈恋爱

有的大学生并没有准备谈恋爱，但看到同班或同宿舍其他同学在谈恋爱，觉得心里有压力，怕人家说自己没有魅力，或者为证明自己不是弱者，不管中意不中意，赶紧找一个来谈。这种情况实际上是虚荣心在作怪，借恋人以抬高身价。这种缺乏自主性的从众恋爱成功率很小。

4. 为了恋爱而恋爱

恋爱是婚姻的前奏，恋爱的归宿是结婚建立家庭，这是恋爱心理成熟的特征之一。有些异性产生了相互仰慕之情，但并不打算结为终身伴侣，只注重在一起时双方是否都感到快乐，他们把恋爱看成是积累经验的过程，"只求曾经拥有，不求天长地久"。

5.追求感官满足谈恋爱

少数大学生没有正确的爱情观,对恋爱极不严肃,缺乏道德和责任感,只追求感官刺激和性欲满足,采用物质诱惑甚至用强迫的方法追求漂亮的异性,以恋爱为名玩弄他人感情,以占有对方为荣。这种卑劣的行为为广大大学生所不齿。

二、大学生恋爱心理分析

在大学阶段,人的生理发育基本成熟,心理发展也迅速走向成熟。由于生理与心理的成熟,这个时期的外在表现就是情绪强烈、情感丰富,渴望友谊、向往爱情,对生活充满了美好的憧憬,富有理想,充满青春的朝气,但自控能力差,容易在情感上出现心理问题。如何正确对待情感上的心理问题,是摆在大学生面前的重要课题。

（一）消愁解闷心理

结束了中学时代的生活,进入大学,离开了父母的呵护,生活在一个陌生的环境,有的大学生顿感孤独无助。加之学校学习压力又大大减轻,空闲时间多起来,心里不免惆怅万分。随着与异性接触机会的增多,他们不由自主地就希望寻求异性朋友来抚慰惆怅的心灵,消愁解闷,寻求寄托。

（二）争面子心理

大学里很多学生都谈恋爱,自己身边认识的、不认识的,谈恋爱的比比皆是,尚未涉足"爱河"者则深感一种莫名的心理压力,觉得没谈恋爱,没有朋友约会,周围的同学肯定会认为自己"没有魅力",自己感觉没面子。为了证明自己的魅力,便匆匆去"赶车",大有与人一争高低之气势。

（三）"过把瘾"心理

当今大学生谈恋爱,恋爱的观念已发生了很大变化,往往不注重恋爱的结果,只注重恋爱的过程。"只要拥有过美丽,何必在乎结果?"大有"过把瘾"就可以死去的"豪迈"。以这种心态进行的恋爱,其结果定是"有情人"虽多,但"终成眷属"者少,可想而知这张情感"契约"是多么的"廉价"。它让恋爱者失去了以"相随相伴"为目的的爱情,只会体验到"过程"的空虚。

（四）情令智昏心理

大学生情感丰富、血气方刚，有的大学生一旦有了自己的心仪之人，就会盲目坠入情网，不能自拔，失去自我，甚至不惜牺牲他人利益，投恋人所好以维系自己的爱情，这是肤浅的爱情。还有的大学生心理比较敏感脆弱，经不住风吹草动，稍有波折，感情世界就掀起狂风巨浪，以致自残心灵，有的甚至转成病态。

第二节　大学生恋爱心理调适

能使一个大学生在人格、生活态度和人生观上发生变化的原因有很多。爱情可以使大学生变得坚强而成熟，也可以使大学生的心灵发生扭曲。

大学生情感世界里有如此多的心理问题，那么大学生应如何面对和解决这些问题呢？具体地说，可以从以下几个方面着手进行心理调适。

一、正确对待爱情

爱情是人类高尚的精神体验，是个体独特的心灵历程，是男女双方心灵的互动。它不是存在银行里的钱，不能想取就取。爱情在人生路上固然占有重要地位，但它既不是最重要的，也不是生活的全部内容。对于正在就读的大学生来说，更应把学业放在首要地位，珍惜大学短暂的学习时光，刻苦学习，早日成才，而不要过早地把时间和精力消磨在爱情生活之中，影响学习，荒废学业。

正值花样年华的大学生，爱情悄悄地生长，如夏日里的太阳雨，美丽却又有些伤感。爱的琼浆需要理性与智慧，需要等待与心智，由恋爱的双方共同酿造。因而，确立健康的爱情观，是大学生未来幸福生活的金钥匙。

（一）以诚相待

以诚相待是指恋爱双方要相互信任，彼此坦诚相见。恋爱双方只有把自己的优点、缺点、思想状况、兴趣爱好、身体及家庭状况等如实告诉对方，才能建立相互理解和信任。在恋爱中，双方往往把自己的优点和长处尽量充分地展现出来，对缺点和不足则下意识地淡化和掩饰，甚至故意隐瞒自己的严重缺陷，不向对方"交底"，企图抱着侥幸心理，骗取对方的爱情，这是不道德的。

（二）忠贞专一

忠贞专一是指一个人在同一时间段内只能有一个恋爱对象，不允许恋爱中的任何一方接受第三者的爱情。它要求一方始终如一地专注于另一方，因为"爱情按其本性来说是排他的"。真正的爱情是全心全意、严肃认真地爱着对方，在生活中同甘共苦，在事业上互相鼓励，携手共同实现人生的远大目标。

（三）尊重信任

尊重是爱情的前提条件，是人格平等的具体表现。尊重表现为任何一方都不能强迫和诱骗另一方接受自己的爱，即使爱是真诚的，也无权强迫别人违心地接受。同时，任何一方都不能屈服于某种压力，勉强去爱一个自己不爱的人。人们常说，爱情是相互理解的别名，信任是爱情的天使。恋爱中的任何无端猜疑都会伤害对方的感情，离开了彼此信任，爱情之树就会干枯。已经建立起恋爱关系的大学生，应该尊重对方的理想、兴趣、工作、社交等，互相信赖，切忌把对方当作自己的私有物，限制对方的自由。

（四）举止文明

举止文明是指在恋爱过程中，双方在感情的表达上要举止文明，行为庄重。马克思说："从两性关系可以看出一个人整个的文明教养程度。"（茅原，1994）爱情绝不仅仅是个人的私人感情，它必然要牵涉到他人，牵涉到社会。有的情侣在教室里谈恋爱，打情骂俏，窃窃私语，丝毫不顾及别人；有的情侣旁若无人地在主干道上拥抱、接吻，引人注目。这些行为有损社会的良好公共习俗，必然会受到人们的谴责。

二、培养爱的能力

爱是美丽的，它近似于火焰、浪涛的美，近似于鸟语花香、风和日丽的美。但是这种美却需要理性来调控，因为失去理性的调控，爱之美将失去它的光辉。因此，爱需要能力，大学生应培养爱的能力，让爱散发出它应有的光辉。

一个人心中有了爱，理智分析后应敢于、善于向所爱的人表白，这是施爱的能力。当被别人爱时，应能对爱做出判断，接受或是谢绝，这也是一种爱的能力。爱情来不得半点勉强和将就，对不希望来到的爱情，要运用一种充满关切、尊重和机智的方式来谢绝，这是对他人的爱护，也是对自己的爱护。在爱的旅途中，要发展爱的能力，培养无私的品格和奉献的精神，爱就是给予。发展爱的能力，培养爱的责任，为所爱的人负责，为社会负责，塑造自身良好的品格，这样的爱情美酒定能永远醇美，爱情之花定能永远盛开。

爱的能力是指和他人建立亲密关系的能力，它对人的一生发展有着重要的意义。恋爱过程也是培养爱的能力的过程，特别是追求者一方，挫折磨难的爱情经历会使人成长。爱的能力有多个层面，具体如下。

（一）识别爱的能力

在爱情当中人们常常以为是因爱才和对方走在一起，其实可能掺杂了许多其他心理因素与物质因素，也许是为了虚荣，或是为了满足征服的欲望，或有现实的利益，或仅仅因为性。

识别自己内心世界的情感需要勇气和智慧。有识别爱的能力的人，是自信且尊重别人的人。有识别爱的能力的人，会自然地与别人交往，主动扩展交往的范围，珍惜友谊，会尽量多体验他人的感受。

（二）表达爱的能力

首先，表达爱需要勇气，需要信心；其次，表达爱需要选用恰当的方式和语言；再次，表达爱是在表明爱一个人也是幸福，哪怕可能得不到回报；最后，表达爱也就意味着要承担责任。

（三）接受爱的能力

当抛出爱的绣球时，对方不一定有勇气接受。有的同学对自己做出过低的评价，觉得自己不配；有的同学是因为怕受伤害而不敢去拥有爱。能否有勇气接受爱情，很重要的一点就是自己是否自信。

（四）拒绝爱的能力

拒绝爱的能力，首先，表现为对他人的尊重，要感谢对方对自己的感情；其次，要态度明朗，表达清楚，即讲清和对方只能是什么样的关系，同学还是一般朋友，或什么都不是；最后，行动与语言要一致。可能有些人怕对方受伤害，虽然语言上拒绝了对方，但行动上还是与对方有较亲密的接触，容易使对方误解，认为还有机会，从而继续纠缠不休。

（五）解决爱的冲突的能力

相爱的人之间发生冲突是很自然的事情。冲突一方面可能来自日常生活中的不一致或不协调，另一方面可能来自性格的差异。爱需要包容、理解、体谅，要会用建设性的方式去解决冲突。沟通是非常有效的方式，有效的沟通能表达清楚自己的思想、感受，伤害性的争吵或者冷战都不利于问题的解决。

（六）保持爱情长久的能力

保持爱情长久的能力，其实就是需要把对方的快乐当成自己的快乐。要保持爱情的常新，需要智慧、耐力、持之以恒，同时又要保持自己的个性，有自己的追求与发展。学习新的东西，善于交流，欣赏对方，是爱的重要源泉。

三、正确面对爱情挫折

（一）失恋的自我调适

人的情感波动同外界刺激成正比。失恋是爱情的悲剧，它所引起的情感波动因原因不同程度也不一样。一对时时争吵的恋人分手留下的心理痛苦，显然远不如一对卿卿我我的恋人严重，因而越是缺乏思想准备的失恋，消除感情波动所需做的努力也就越大，但失恋者总有办法从情感的羁绊中解脱出来。

1. 敢于面对失恋的现实

失恋者一般有一种难以摆脱的情结，即认为自身的终生幸福没有了。怀有这种情结的失恋者不敢面对失恋的现实，结果陷入越痛苦越思念、越思念越痛苦的怪圈中不能自拔，从而导致心理障碍的产生。理智的大学生应勇敢地面对失恋的事实，坚强地承受失恋所带来的伤害，认识到爱情既然有成功、甜蜜，那么就有失败、苦涩，为什么一定要渴求成功而不能正视失败呢？在这一点上，特别要指出的是，那些持"爱情至上"观点的大学生，更要认识到爱情并非生命的全部，人生还有事业、亲情和友情；那些认为失恋就是失面子、是自我价值贬损的大学生，要勇敢地面对事实与未来，这是顺利走出心理阴影的第一步。

2. 多为对方着想

要设身处地为对方着想，这样有助于理解对方提出结束恋爱的原因，有助于平静地接受失恋这一事实。大学生情绪波动较强，感情上易冲动，不够稳定，这种换位思考对其有较大的益处。如面临分手时，可以这样想：既然对方觉得这样更幸福，就让他（她）离开你吧。不然，有一个人觉得不幸福，两个人的生活也是不幸福、不安定的。

3. 加强自我调控，减轻心理压力

失恋后产生痛苦、失落等心理问题，是恋爱的目标与结果产生了冲突而诱发的。对此，大学生应加强心理品质的修养，积极调节心理压力。如有意识地控制自己波动不安的情绪，积极参加体育锻炼；增加心理上的受挫力，克制因对方提出分手而产生的愤怒，反思对方结束恋情的原因；分析自身的优劣势，将眼光放远些；要消除"我得不到，别人也别想得到"的危险想法，以免酿成悲剧；努力保持心理的平衡，以自信、坚强的精神面貌积极投入到学业中去。这些都有助于大学生及时走出失恋的低谷期。

4. 强化理性信念，树立自信心

失恋后，认为昔日恋人一切都好，自己一切都很糟，所以他（她）才抛弃自己，失去恋人都是自己的错，或者把失恋看作一件可怕至极、糟糕透顶的事，认为自己今生再也不能找到如此美好的爱情了，这些想法都源于非理性的信念。针对失恋，个人应在头脑中有意识地强化理性信念，认真分析一下自己失恋的原因。多想想旧日恋人的缺点，多罗列自己的优点，这样也有利于正确地评价自己，避免产生因被恋人抛弃就以为自己一无是处的错误想法，也为自己下一步生活树立自信心。

5. 积极转移情感与情境

对于失恋所带来的痛苦与伤害，失恋者应积极面对，转移情境与情感，及时减轻或消除其影响。这里面一般包括两种转移：一种是进行环境的转移，失恋后换个环境，暂时与能触动恋爱痛苦回忆的景、物、人隔离，主动置身于欢乐、开阔的环境。这不失为聪明之举。另一种是进行情感转移，尽快转移自己的感情，以淡化失恋的痛苦，弥合心灵的创伤，走向新的生活。情感转移的方法有三种：一是重新寻找一位新的恋人；二是投身大自然的怀抱；三是积极参加集体活动、社会实践，使自己能尽快摆脱失恋后的空虚和痛苦。

6. 适当地进行情感宣泄

失恋后不要把痛苦长期埋在心底，更不要时常独自品味，而可以找亲人或知心好友倾诉心中的烦恼、怨恨与不快，将痛苦与忧愁宣泄出来，以减轻心灵的负荷；如无合适的倾诉对象，也可让多余的情感在笔端发泄；甚至可以关门痛哭一场。这样有助于消除失恋带来的心理压力，及时恢复心理平衡。当然，宣泄要有度，否则容易使自己沉溺于消极的情绪中。

7. 努力使情感得以升华

失恋后，大学生可以把自己的精力投入到学习中去，把一些负面情绪引至比较高尚、能提升自我的方向，使之有助于个人的发展和社会的发展。

总之，失恋并不意味着失去一切，大学生应及时从中挣脱出来，积极去规划自己的未来生活，实现自己的人生目标。

（二）单恋的自我调适

单恋是许多大学生面临的一种感情痛苦，是一种不能得到回应的情感体验。它常使人自作多情、想入非非，甚至做出一些荒唐可笑的事情来，严重影响了大学生身心健康发展。那么，对于这种"剪不断，理还乱"的单恋，如何来解决呢？

1. 客观、理智地对待恋爱问题

恋爱是男女之间相互爱慕的行为表现，互爱是爱情产生和发展的必要前提，相爱的双方都能给予对方爱的机会和回报。那么，当对某人产生炽热情感时，可先冷静想想：这是生理发育成熟的一种需求，还是一种暂时的迷恋？是仅仅爱上一个虚幻的爱情偶像，还是他（她）正符合心目中恋人的形象？有些大学生一旦陷入这种情形后，就容易把爱情视为"得不到的是最好的"。因而越是得不到的爱，就越发珍贵、越想得到，独自在爱中煎熬。其实这种情况并不存在爱情，一切都是自编自导的独角戏。

2. 学会用理智战胜情感

单恋往往是单恋者对对方的一往情深，一味地只看到对方的优点，并且常常用自己的观点来解释对方的言行举止，容易造成认知偏差。对此，应客观评价、认识对方的言行，成功地转移自己的感情；同时借助理性，努力从感情上加以调整，时常提醒自己"对方不爱我，我不应这样做""我们彼此毫无瓜葛"等，让理智战胜情感，消除爱情固着心理，摆脱这种无意义的情感羁绊。还可通过加强修养、陶冶性格，培养健康的人格和良好的心理素质，学会用意志的力量驾驭自己的思维和情感，从认识的误区中解脱出来，克服爱情错觉。

3. 及时地移情、移境

移情就是恰当地转移自己的感情，这是摆脱单恋苦恼的有效途径。如多参加集体活动或喜爱的文体娱乐活动，以转移注意力，或者将自己已积累的相思之情转化为更广泛的爱，比如对父母更亲些，与朋友加强联系等。移境则是转换一个新的环境，如从距离或环境上远离痴心所爱的人，以免触景生情。随着时间的推移和新的爱情实现，有可能使自己对往事逐渐淡忘。通过移情和移境，逐步把自己的情感和注意力转移到学习、他人身上，经过一段时间的磨砺，个人会逐渐克服单恋的迷惘。

4. 勇于自我表露

单恋困扰表现为当事人不敢表露自己的爱，如一个人过于内向，或者一贯做事犹豫不决，在面临爱情时顾虑重重、躲躲闪闪，也会给对方带来很大的困扰。这时应挑选一个合适的场合与时间，用直截了当的方式，向对方表达自己心中的爱意，大胆地说"我爱你"。

总之，面临恋爱这样重大的问题时，就要果断决策，并付诸行动。否则，就有可能陷入单恋之渊。单恋不仅丝毫无助于自己爱情的成功，还可能影响自身的心理健康。

（三）恋爱纠葛的自我调适

在恋爱纠葛中，三角恋、多角恋是最为突出的问题。陷入这样的恋情中，不仅自己痛苦，而且别人也痛苦，伤及双方甚至多方的身心健康，那么，如何解决这种恋爱纠葛呢？

1. 认识爱情的选择性与排他性之间的区别

健康的恋爱心理要求彼此尊重各自的选择自由与权利，但爱情的本质又要求大学生恋爱对象是专一、排他的，不能同时与几个对象有恋爱关系。若遇到这种情形，则应当重新权衡自己的感情，决定放弃谁、不放弃谁，然后慢慢地、有条有理地淡化自己与不合适的人之间的感情联系和行为接触。

2. 重新评价自己与恋爱对象的关系

自己的恋人对他人产生了恋情，作为失利的一方，心情是极其痛苦的，这时最需要的是冷静的思考。面对这样的情形，要清晰地分析一下出现这种状况的原因，重新审视自己与恋人的关系，看看是否因为对方认为第三者比自己强，或者自己某些方面做错了什么，比如自己的言行不得体，对恋人关照不够、不够热情，或者是说这段感情经不起考验等原因。进行一番思考后，再与对方坦诚相谈，看能否改变这种局面。这样分析之后，假如事情已经到了不可挽回的地步，内心也能较为平静地接受。

3. 明智理性地退避

如果已经陷入难以挽回的感情境地中，就要思考究竟还有多大持续的价值。如果再在上面耗费精力和时间，不仅不会给自己带来幸福和进步，还可能对自己的感情造成更大的伤害。此时一个看似消极实则积极的策略就是退避，而且是理智勇敢地回避这种关系。做出这种决定的最大心理障碍是"退让即是失败"的错觉，其实这种想法的实质才是不敢正视现实和自己真正的立场，才真正是消极的、失败的。

📖 **拓展阅读**

苏格拉底与失恋者的对话

苏格拉底晚饭后去散步，遇见一个人伤心地哭泣。苏格拉底问他因何如此伤心，那人回答："失恋了。"苏格拉底闻听连连抚掌大笑道："糊涂啊糊涂。"失恋者停住哭，气愤地质问道："有学问就可以嘲笑愚弄别人吗？"苏格拉底摇头道："非我取笑你，实是你自己取笑自己。"失恋者不解，苏格拉底解释说："你如此伤心，可见你心中还是有爱的，既然你心中有爱，那对方就必定无爱，不然你们又何必分手？而爱在你这边，你并没有失去爱，只不过失去一个不爱你的人，这又有何伤心呢？我看你还是回家睡觉吧，该哭的应是那个人，她不仅失去了你，还失去了心中的爱，多可悲啊。"失恋者破涕为笑，恨自己连这浅显的道理都不懂。

第三节　大学生恋爱与性心理指导

大学生的性生理逐渐发育成熟，性冲动和性需求较为强烈，恋爱中难免会引起性冲动，但婚前性行为不为社会和道德所接受，容易引起心理冲突。尤其是一旦怀孕，直接受害者往往是女性。对此，大学生应自觉调节，把恋爱行为限制在社会规范之内，这也是心理健康的反映。

📖 **案例集锦**

女生小 D，有一位与其同乡的男生大一时就追求她，半年过去了，两人感觉不错。但是最近几次约会男朋友都暗示了性要求，为此，小 D 非常困惑和不安。

引申思考：从个体的生理年龄发展阶段来看，大学阶段，一方面，有恋爱等情感的需求；另一方面，思想观念还不成熟，经济上还不能独立，学习的压力又较大，未来有许多不确定因素。大学生恋爱容易遇到更多的困难和问题，处理不好会给自己和他人带来伤害。有的大学生把失恋看成是极为严重的生活事件，从而在情绪、自我评价、人际交往、学习、生活等各个方面受到打击和干扰，由此引发诸多心理问题。因此，大学生必须以高度负责的态度对待恋爱。

一、大学生恋爱的常见困扰及调适

恋爱犹如一杯浓浓的咖啡，既香甜，又苦涩，相信这是许多大学生的感受。何以如此？因为与异性和谐相处，需要人的身心都具有一定的成熟度，而青年人虽然在生理上已经成熟，但心理和精神的发展还显得相对滞后。比如，非常渴望接近异性，却不了解异性，不知道如何与异性交往；尽管非常渴望爱情，却对爱的真谛不甚清楚。这种身心发展的不同步，造成了恋爱过程中的种种矛盾。下面是常见的几种困扰。

（一）完美主义

青春期的学生，性意识觉醒了，产生了对异性的渴慕。但在投入爱情之时带着太多的理想主义的成分，甚至是严重的完美主义倾向，常常把自己的理想投射到所爱的人身上，或把对方想象成世界上最完美的人。从某种意义上说，这是自己和自己谈恋爱。

要克服这种心理，首先要从心中真正接纳对方，信任对方，懂得取舍，不要让完美主义倾向变成心理负担。

（二）爱情至上

爱情是生命中非常重要的东西，但它绝不是生活的全部。人生有太多的内容都需要我们用心对待，比如学业、事业、爱好、父母、朋友等，生活中若是没有了这些也会了无生趣。爱情至上的错误在于摆错了爱情在人生中的位置，忽略了爱情是和社会、家庭、亲情、朋友密切相关的事实。

克服这种倾向的最好办法是志存高远，协调好学习和恋爱的关系。

（三）相处太难

俗话说，相爱容易相处难。相爱的两人一旦朝夕相处，就会发现，原来彼此的缺点那么多。所以，如果没有比较成熟的思想，就会很快失去原来的浪漫，陷入爱的困惑当中。

男生、女生存在着诸如思维方式等方面的不同，因而理解尊重、耐心守望、不断学习、共同进步是最重要的。

（四）网恋

网恋是现实社会中异性之间以互联网为纽带在虚拟时空中的恋爱。遇到这种情况，大学生若把握不好尺度，可能会使自己受到伤害。因此，不要随便与网友见面，更不要与网友在易于发生性冲动的场合见面。

（五）性冲动

有人认为，谈恋爱就是要有性的接触，否则就不是真心的。也有人把同居当作"试婚"，但同居多年的情侣最后劳燕分飞的屡见不鲜，受伤害的是双方，女性受伤害更甚。所以，真正的感情是不需要"试"的，更不要试图以身体的付出得到真爱。

二、女大学生性心理健康指导

性问题是女大学生中的一个突出问题。根据各高校心理咨询中心公布的情况来看，情感和性问题已列为女大学生咨询问题之首。"66.6％的男大学生和77.7％的女大学生存在不同程度的性爱焦虑。"（王登峰、张伯源，1992）女大学生在高校中所占比例不断扩大，她们的性健康问题值得给予充分关注和深入探讨。

性健康教育有狭义和广义两种含义。狭义的性健康教育是指由经过培训的专业人员向社会成员传授关于性生理、性心理，以及性健康的维护、性疾病的预防等方面的知识。从广义上来说，性健康教育的内容还包括关于性别差异、性别社会化与两性关系平等的知识，以及关于爱情与婚姻调适、家庭生活的知识。以下探讨的女大学生性健康教育是指广义上的性健康教育。

性健康教育既要在学校进行，也要在家庭和社会中进行，但学校应该成为教育的主阵地。我国现阶段，社会上对性健康教育远未达成共识，家长大多又不具备对子女进行性教育的科学知识、科学态度和表达能力，因此，性健康教育更多地依赖于学校的努力。近年来，教育部门和教育工作者在女大学生性健康教育方面做了一些积极有益的探索和研究，但仍进展缓慢，存在的三大主要问题严重阻碍了女大学生性健康教育工作的推进。

问题一：教育地位受轻视。长期以来，教育工作者对女大学生性健康教育采取一种保守的态度，认为"性教育说不得"。有的人受中国传统文化"性禁锢"的影响，认为在高等学府里对男女之间的性问题进行公开教育是不恰当的。作为符合传统观念的女性，应该是单纯的，不宜懂得什么性知识，而且害怕教育成为刺激学生的诱因；有人抱着无为的姿态，认为女大学生作为女性群体中的高知阶层，对于性问题应该可以"无师自通"，随着年龄的增长，男女间的性问题自然会明白，不需要教育；还有人则因为女性对性问题的关注一般较为含蓄和隐秘而盲目地认为女大学生应该没有或很少存在性心理问题，无需小题大做。学校一直将专业知识的教育作为重要任务，性健康教育则一直遮遮掩掩。大多数高校既没有开设专门的性教育课，也没有编撰专门的性教育教材，更谈不上形成建立在男女大学生性生理和性心理差异基础上的有针对性的教育体系。

问题二：教育内容较狭隘。性健康教育本质上是人格教育。性健康教育是一种健康行为的教育。两性之爱的教育不仅是科学知识的传播，而且是价值观的教导，是社会文化与道德规范的传授。青年人在性方面的困惑和盲区，会使他们对自己产生不确定的看法，对异性产生疑惑，思维发生偏差，甚至可能导致人生悲剧。女大学生受生理特点、传统文化伦理、文化层次以及所处的特殊环境等多方面因素的影响，其性心理发展具有一定的特殊性，这种特殊性在校园环境中尤为突出。女大学生比男大学生面临更为复杂的情况，在心理方面存在的冲突和矛盾可能比男大学生和一般社会女青年更为复杂、强烈和失衡。而以前的性健康教育往往只是由医生或护士来为学生做一两场关于生理卫生的报告。当前的女大学生性健康教育大多仅限于狭义的内容，没有关注到整个人的发展，对如何看待性别差异、如何提高处理自身性问题和两性关系的技能、如何树立正确的性态度等问题均缺乏教育和指导。

问题三：教育方式德育化。如今高校中从事性健康教育的工作者不多，专职人员更少，主要由德育工作者担任。他们往往没有经过培训，缺乏科学、系统的性健康知识，不能准确了解女大学生的性生理和心理特点，在教育过程中常常把学生中出现的性困惑、性偏差，归因于学生道德品质的低下甚至败坏，从而将其当作思想意识、道德品质问题和违法乱纪行为来处理，动辄处以开除或退学处分。这极易破坏大学生对学校、老师的信任和依赖，使当事人产生逆反心理，结果往往可能适得其反。

要推进女大学生性健康教育，应实施家庭、社会和学校同步教育，形成坚实的社会力量，将民间机构、职能部门、专业学校都纳入到性健康教育中来。不过，更重要的是充分发挥学校的主导作用，培养一支德业兼优的专业教师队伍，利用现代化的教育手段，将性健康教育与人格教育结合起来，加强调整各方面的教育，并以此为基础，开展针对女大学生性生理和心理特点的综合性教育。

大学生性教育是大学生心理辅导的重要内容之一。大学生的性心理特点，决定了他们的性心理处于由幼稚趋向成熟的过渡阶段。不当的性心理和性行为可能会给大学生的身心带来严重的影响，因此对大学生进行恰当的性教育与辅导有着现实的紧迫感和必要性。

三、大学生性教育的内容

有些人把性教育单纯地理解为性知识的教育，这是极为片面的，这可能也是有些人认为性教育没有必要的原因。实际上，性教育的内容不仅仅是性生理知识的传授，还包括性心理教育、性道德教育和性法律教育。

（一）**性生理教育**

性教育的第一项内容是对大学生进行性生理教育。性器官的生理解剖知识的教育可以使大学生对两性器官的结构和功能有科学的认识，可以使大学生科学地认识第二性征，认识月经与遗精的规律性，可以使大学生对常见的性生理疾病的发生原因、治疗方法和预防措施获得基本的保健知识，学习性交及怀孕、避孕常识。

（二）**性心理教育**

性教育的第二项内容是对大学生进行性心理教育。性心理卫生的教育，可以帮助大学生对月经期心理卫生、遗精心理卫生有比较科学的、系统的了解；性心理变态、病态知识的教育，可以帮助大学生了解什么是性心理变态、病态，以及如何预防、如何治疗等；性欲控制的教育，可以帮助青年正确对待自慰、自我控制性冲动等。

（三）**性道德教育**

性教育的第三项内容是对大学生进行性道德教育。这也是最主要的内容，是性教育的核心内容。大学生所出现的性错误无不与犯错误人的道德水平低、道德观念差有关。大学生的性心理表现出与社会思想体系、伦理道德、价值观念有深刻联系的多元性，其中伦理道德对性心理、对性欲的制约性是最广泛、最有效的。缺乏性道德观念的青年往往会做出一些不正当的行为，而性道德观念较强的青年往往可以控制自己的性欲。所以，加强对大学生的性道德教育是性教育的核心内容。另外，对处于恋爱的大学生来说，性道德教育更为必要，有助于其恋爱的正常发展，避免婚外性生活的发生。

（四）性法律教育

这是性教育中不可缺少的一项内容。事实说明，大学生的性犯罪都与他们的法律观念淡薄有关。知法才能守法，这是一般的常识。然而，不对大学生进行法律教育，他们便无从知法，也就谈不上守法。加强对大学生的性法律教育是减少性犯罪的有效措施之一。

四、大学生性教育与辅导途径

对大学生进行性教育是一项系统工程，是全社会的工作，要靠各方面协同努力，或者说，对大学生进行性教育人人有责。桑伯格认为学校的性教育应遵循如下原则：①提供所有重要的与正确的性知识，包括自慰、性交、同性恋、性病、怀孕与堕胎等；②探索大学生面对来自自我、同伴、父母与大众媒体之性信息的情绪反应；③检查生理问题；④协助大学生发展道德信念以符合个人及社会道德标准；⑤激发自我观察力，以增进性的自我判断力。大学生的性教育离不开家庭、学校、媒体、医疗机构等途径对大学生的教育与培养。

（一）家长辅导

家长是孩子的第一任教师，他们和自己的子女朝夕相处，应最熟悉和了解自己的子女，对子女身体的细微变化应能及时察觉。所以，家长应及时向孩子介绍有关性的知识，从而给孩子打下良好的基础。遗憾的是有些父母对孩子的性教育毫不关心，他们对孩子提出的涉及性方面的问题极为惊慌，不但不回答，反而责骂他们，甚至给予惩罚。有些父母对孩子的性心理不理解，讥笑他们的服饰、发型、言谈举止等，用成人的标准去要求他们。有的父母用自己的不正确的性态度去教育自己的子女，甚至以自己不慎重或不健康的性行为影响子女。父母应该主动学习一些有关性的知识，耐心、认真地用科学的性知识去教育子女，并用自己正确的性态度去影响子女，使子女的性心理得到健康发展。

（二）教师辅导

教师在性教育中的作用十分重要。教师应向学生进行全面的、系统的、科学的性教育，使学生掌握有关性生理知识、性心理知识、性道德知识和性法律知识。教师在进行性教育时，应抱有严肃而科学的态度。正如德国心理学家布洛赫所讲的：进行性教育必须以坦率、明确和性生活方面的知识为前提，必须了解其中的因果关系，并且为了使下一代增长智慧，免于蒙受损失而把这些知识传授给他们（骆伯巍等，2000）。因此，性教育应成为普通教育学的重要一课。教师也要正确对待学生所提出和表现出的问题，而不应该采取讥笑、讽刺、挖苦，或是制造舆论、点名批评的做法。对犯有性过失的学生，要去关心、爱护、帮助他们，而不应该抛弃、排挤他们。性教育本身就包含对性犯错误的青少年的教育问题。作为教师，应当明确性教育的任务不在于防范男女学生了解性的问题，而在于教他们正确处理、调节和控制自己的某些欲望。教师应该通过正确教育和组织有益的活动，使学生的性欲"分流"并"有所控制"，并将其引导到积极健康的轨道上来，使他们生理上的需求与欲望得到"升华"。

（三）媒体辅导

大学生的性信息来源有书籍、电影、录像、广告、手机、互联网等，这些渠道拥有大量的信息，并借助先进的手段传播给广大青年朋友。媒体的宣传作用往往超过父母、教师的教育影响。但某些不良的媒体宣传，会导致大学生形成错误的性观念：①误信自己的生殖器发育不好，产生不必要的自卑感；②误信自己自慰过度，造成学业成绩滑落；③误信自己已患不治的性病；④误信自己患早泄、阳痿等。因此，政府应当加强对媒体宣传的管理，运用其综合手段，从科学、艺术和教育的角度把青年性教育搞得有声有色，贴近大学生实际。

（四）医生辅导

由于医务人员在人们心中的神圣地位，医生辅导具有权威性。医务人员可以运用其专业知识特长，正确传达有关大学生性器官的结构和功能、性心理卫生、性病的防治、性变态的矫正等方面的知识，对大学生进行有针对性的教育、治疗和辅导。当然，在辅导过程中，医务人员要注意加强与学校、家庭的配合，注意男女性心理的差异性，使性心理的辅导能够真正得到大学生的重视和欢迎。

拓展阅读

正确对待"性"

1. 掌握科学的性知识，摆脱性焦虑

性焦虑有时来自性无知，因为越神秘的东西诱惑越大。色情作品满足了对性的追求，但也可能让青年人忽视性生活中美好、人性的一面。因此，大学生应以积极的态度接受性教育，探求科学的性知识，消除对性的神秘感，改变性无知和性愚昧状态，增强对性冲动的控制力和调节力，培养健康的性心理和性道德，为得到甜蜜的爱情和幸福的生活打下良好的基础。

在恋爱的过程中，可以通过一些有效措施来帮助自己或对方克服过分的性冲动。①

第一，约会时间最好不要选择在晚上。因为借助夜幕的"掩护"，恋人间比较容易表现得亲昵，此时若稍一冲动、疏忽，就可能逾越界限，做出事后使双方都后悔的事情。

第二，约会时衣着最好不要过于透明、暴露。作为未婚的女同学应该清楚地知道，在什么情况下拒绝对方更容易，是穿戴整齐的时候还是袒胸露背的时候。所以，如果决心拒绝"婚前性行为"，在穿戴上就要选择适合保护自己的衣物。

第三，约会的地点最好选择人比较多、比较热闹的地方。在这些地方既可以共度一段美好的时光，又可以靠环境的帮助实行自我约束。僻静处、私人卧房、旅馆的客房这些场所对独处青年男女克服性冲动有弊无利。在家里交谈，要选择家里有人时，将房门虚掩着。

第四，当女方发现男方产生了性冲动，但是自己特别不愿意接受时，可以适当地提醒他或者把他带到人多的地方，或谈些别的话题，以转移其注意力。最好不要采取简单、粗暴的拒绝方式，以免伤害对方的自尊和两个人的感情。

2. 树立正确的性道德观，用理智把握性爱的闸门

面对恋爱中性行为越轨现象日益增多的情况，大学生应积极主动地接

---

① 谈恋爱时如何克制性冲动？见：http://www.sohu.com/a/113701152_249164.

受性道德和性健康教育，纠正性意识的偏差，确立健康的性意识，懂得性行为不单是生理本能的冲动，要树立正确的道德观念和法制观念，提高性适应能力。

值得注意的是，大学生不要把情感完全寄托在爱情上，用谈恋爱来打发无聊日子，也不要给自己过大的学习压力，因为这两点都可能转化为性欲望。积极参加充实而又健康的课余文化活动、多做户外运动、健康交友都是转移注意力的好方法。

性道德的基本原则：

（1）相爱原则。个体应对自己的配偶怀有深刻的爱，且这种爱应该是惟一的。性活动只能在夫妻二人之间进行，滥施于他人是不道德的。

（2）无伤害原则。性活动不伤害他人和后代的幸福及身心健康，不伤害社会的安定发展，不伤害性伴侣的身心健康。

（3）自愿原则。性活动应建立在双方完全自愿的基础上。显然，它与相爱原则没有冲突。但那些受"性解放""性自由"思潮影响而随意进行的性行为却明显违背了相爱原则和无伤害原则，多是建立在金钱、权力、另有所谋等因素上，这样的性活动是不被道德所接纳的。

3. 科学释放性冲动

处于青春期的大学生，尤其是男生群体，需要学习如何合理释放性冲动，有以下几个方面。

（1）培养艺术爱好。艺术是释放性能量的一个有效方法，使人可以陶醉在美妙的音符间歌唱爱情，可以徜徉在文学的世界里感悟刻骨铭心的爱。

（2）通过劳动和运动释放性能量。高强度的运动可以消耗能量，释放性冲动，缓解性压抑。

（3）鼓励自己和异性交往，脱敏对异性的冲动。比如，可以鼓励自己参加集体活动，学习交谊舞等，多与异性接触，习以为常后对异性的性冲动也会随之减少。

第六章

大学生情绪管理

能控制好自己情绪的人，比能拿下一座城池的将军更伟大。

——拿破仑

人们常用"五味杂陈"形容复杂的心情。的确，味有酸甜苦辣咸，情有喜怒哀乐惧。人的情绪就像味道一样，搭配适宜，就能有滋有味；调和不当，便会伤心伤身。个人的情绪和心理健康有着密切的关系，大学生的情绪更容易受到外界情境和自身经验的影响。帮助大学生认识情绪、走出负面情绪的困扰是本章的重点。

📖 案例集锦

案例1：情绪不听话

同学A，大一新生。他觉得自己最大的问题在于不太会管理自己的情绪。在家时，他总觉得母亲太过唠叨，整天对自己问东问西，有些关心过头，不耐烦时就会对母亲发脾气，虽然事后自己很后悔，但又觉得不太好意思去道歉。在学校里，因为是第一次住校，他总觉得不适应集体生活。有时全宿舍一起出去玩，他会感觉自己游离在这个群体之外。有时因为同学说的一句话，他心里会想很多，有时也会因为和室友意见不合，发些小脾气，所以总觉得自己脾气不太好，不大会管理自己的情绪。

引申思考：同学A可能认为自己不太会管理自己的情绪，在家会向父母发脾气，在学校处理不好与同学之间的关系。其实并不是他的脾气不好，而是他没有正确控制自己的情绪。他可以通过心理咨询学习一些情绪管理的方法，从而帮助自己更好地克服情绪问题，更好地处理人际关系。

案例 2：压力下的疯狂

同学 B，某专业大二学生。她刚上大学时有些不习惯，不过她适应能力还算强，不觉得很生疏，与班里的同学相处也比较好，大家对她的印象还不错，可是她却总觉得自己压力很大，干什么事情总是没有精神，情绪很不稳定。尤其是这几天，大家都在复习，她看到大家都在读书，而自己不想看书，觉得很难受，甚至有点痛恨她们在读书。她也和以前的同学说过现在的情况，别人劝她说，大学和高中是不同的，没有必要被别人左右，不要管别人如何学习，只要有自己的学习方法就可以了，尽最大的努力在自己原来的基础上提高自己。可是她发现还是控制不了自己的情绪。她经常一个人上课、自习、吃饭，参加活动也总是一个人。她觉得一个人很自在，不受约束。当然她并不是孤僻，也和大家交流，只是目前习惯了独处。而且宿舍五个人，两人一对，正好剩她单独一个。大家平时相处也不错，互相之间也没有什么矛盾，她们宿舍还评上了院里的四星级宿舍。她还有个问题，情绪不好的时候就吃东西。常常刚在这个食堂吃过，又跑到另一个食堂去吃，然后再到超市买一大堆饼干或者别的什么东西回宿舍吃。她觉得自己的行为近乎疯狂，不可理喻，就想让胃撑满以致胀痛，这样好像会得到快感和满足。当她吃过量东西的时候，她也知道这样不对，但就是无法控制自己，就想不停地吃下去，什么都不想。

引申思考：在同学 B 的案例中，出现了以下几个问题：首先是她自身感觉有压力，无法认真学习，情绪容易被别人左右；其次，她习惯独处，喜欢一个人行动；最后，情绪不好的时候她会暴饮暴食，吃到胃痛也无法控制自己。从这几个问题可以看出，从表面看并没有什么严重问题的同学 B，实际上因为无法正确管理自己的情绪引发了比较严重的心理问题，甚至威胁到自身身体健康。这时候她需要接受专业的心理咨询，逐步克服心理障碍，通过科学的方法控制自身情绪，改变不良习惯，重新开始健康的生活。

案例3：潜藏的愤怒

同学C，大一女生。她来自一个虽不富有但也比较宽裕的家庭，父母非常爱她，但在她童年时发生过重大创伤性生活事件。自从那件事发生后，她变得不再相信任何人，也不再相信很多人坚信不移的友谊、爱情等。她想通过努力学习离开原来的生活环境，开始新的生活，摆脱童年阴影。但是来到大学后，看到同学们都快乐无忧地生活着，长久潜藏于心的愤怒悄悄地滋长着。她不知道如何正确化解与排除这种情绪，便经常翻同学的书柜和床位，将别人正在看的参考书藏起来。她并不是为了看书，而是为了看到别人焦虑、着急的样子，借此宣泄自己内在的愤怒。但这样她还不解气，她还将同学的存折悄悄偷出，并将里面的钱全部花掉以化解自己心中的愤怒。

引申思考：同学C在童年遭受了挫折与伤害，但并没有及时接受必要的心理辅导。升入大学后，她的心理问题也没有得到解决，潜在的愤怒没有得到缓解，而是寻找机会进行发泄，从而做出了不好的行为，最后导致她受到学校的纪律处分。同学C的情况根源于她童年时受到伤害，多年的问题没有得到排解，被压抑的情绪使她内心产生愤怒并逐渐失去理智。她应该接受专业的心理咨询，从童年的阴影入手，逐步摆脱困境，走上阳光快乐的道路。

案例4：我很孤独

同学D，某学院大四学生。她最大的困扰就是经常莫名其妙地心情不好。有时很想自己一个人静一静，对周围人的一举一动都觉得很烦，这时候她经常在宿舍的床上翻来覆去，觉得朋友或者生活都没意思，完全活在自己的世界里。有时控制不住情绪，她就会一个人偷偷地哭，不理人，或者找男朋友发泄脾气。有时她又很喜欢和朋友一起，但临近毕业大家都很忙，没时间经常见面，她就觉得和朋友关系疏远了，因此就感到被遗忘，有了孤独感。

引申思考：同学D的孤独感来源于自身的依赖性，她之前习惯于和朋友同学在一起，然而在毕业之际与他人接触见面时间变少，时常独处因而感觉到孤独，出现了一些情绪失控导致的心理问题。同学D这种情况属于特殊时期的情绪失控，应该进行心理咨询，加以自我调节，减少自身对他人的依赖感，转移注意力，多把精力放在处理毕业相关事宜上，逐渐学会控制好自己的情绪。

第一节 情绪概述

一、情绪的含义及表现

（一）情绪的含义

对情绪的研究最早可以追溯到柏拉图和亚里士多德。他们认为理性在情绪调节中起主导作用，人可以通过理性克服不良情绪。到 17 世纪，笛卡儿对情绪进行了深入的分析，提出了控制人的行为反应的六种基本情绪，即羡慕、爱、恨、欲望、愉快和悲伤。笛卡儿认为，这六种情绪是其他情绪的基础，其他情绪都是这六种情绪的组合，并控制着人的各种行为反应。从达尔文以后，人们对情绪的实验研究逐渐兴起，开始通过对动物和人的实验来验证各种情绪理论。但直到现在，人们对情绪的理解还很不一致，理论之间的差距也很大。（张三南，2011）

心理学家通常认为，情绪是人们对客观事物能否满足自己需要的一种主观体验以及所产生的身心状态，即人们对外界刺激所引起的生理和心理变化的一种主观体验（张煜辉，2014）。它是由客观事物即外界刺激，通过人们对情境的认知评价，产生主观的情感体验，表现出不同的情绪反应（包括行为反应）的过程。

（二）情绪的表现

情绪既是复杂的心理现象，也是复杂的生理过程。情绪变化的同时会伴有内在生理变化和表情等外部行为变化。

1.情绪的主观体验

情绪的主观体验即人主观上感觉到的情绪状态。情绪有十分独特的主观体验色彩，如人在受到伤害时，会感到痛苦；在有所收获时，会感到快乐；当面临危险时，会感到恐惧；当遭遇欺辱时，会感到愤怒；当失去亲友时，会感到悲伤。

2. 情绪的生理变化

由于情绪刺激的作用，呼吸系统、循环系统、消化系统和外部腺体（汗腺、泪腺）与内分泌腺活动等会发生一系列的变化，代谢和肌肉组织也会发生改变。因此，在人产生情绪时，内脏器官和内分泌腺体等都有一系列的生理变化。此外，人在焦虑状态下，会呼吸急促、心跳加速；人在恐惧状态下，会身体战栗、眼睛瞳孔放大；在愤怒状态下，则会有出汗、面红耳赤等生理特征。这些变化受植物神经支配，是不由人的意识控制的，即使个体内心不愿意这些生理反应出现，甚至刻意去控制，这些生理变化也或多或少会出现。

3. 情绪的外在表现

情绪不仅体现为主观体验和生理反应，而且会直接反映在人的外在行为表现中，主要反映在人的表情、语态和行为变化过程中。面部表情是情绪表现的主要形式，它能最直接地反映人的情绪状态，人们可以通过一个人的面部表情的变化来了解一个人的情绪状态。瑞典心理学家伯德斯德尔说，人脸可做出 25 000 种不同表情[①]，这些表情主要通过眼、眉、嘴的变化呈现。例如，悲哀时眼、嘴下垂；哭泣时眼部肌肉收缩；愤怒时眼、嘴张大，毛发竖起；盛怒时横眉张目；困窘、羞愧时面红耳赤等。在面部表情中，以眼最为传神，眉开眼笑、目瞪口呆等都主要通过眼睛表现出来。体态表情是身体各部位姿态的变化，也是情绪的一种表现形式。美国学者戈登·修易斯指出，人体大约可以做出 1 000 种平稳的姿态（杨玲，2011）。人体的各种不同姿态组合有着不同的内容，如骄傲时挺胸阔步、趾高气扬，惧怕时手足无措，害羞时扭扭捏捏，欢乐时手舞足蹈，悔恨时捶胸顿足，失望时垂头丧气，烦闷时坐立不安等。每一种姿态都有内在的含义，都在表达情感。言语表情主要是情绪在语言的声调、音色、节奏、速度等方面的变化。有关研究表明，言语变化所传达的情绪信息比言语本身更多，如悲哀时语调低沉、言语缓慢、词语间断；喜悦时语调高昂、速度较快；愤怒时声音高、尖，常伴有颤抖。[②]

各种情绪的外在表现在不同的个体身上存在着一定的差异，从而使情绪的

---

① 非语言沟通，见：https://max.book118.com/html/2017/0605/111860268.shtm。

② 情绪情感管理，见：https://wenku.baidu.com/view/3e5b95ebb9f3f90f76c61b9c.html。

外在表现形式带有明显的个性特点。

二、情绪的产生及影响因素

（一）情绪的产生

人类的活动每天都伴随着一定的情绪，有时轻松，有时焦虑，有时快乐，有时忧愁。是什么左右着个体的情绪？情绪又是如何产生的？

1. 情绪与情境

人的情绪不会无缘无故地产生，必然有其发生的情境。正如人们所说，人逢喜事精神爽，当人们学业成功、身处优美的环境，可产生愉快的心情；相反，人际的冲突、学习的压力、生活中的挫折，甚至恶劣的气候，则会使人感到烦躁和抑郁。除了外在的环境和事件会直接引起情绪变化外，个体自身生理的和心理的反应也同样会引起情绪的变化。例如，青春期的个体常由于身体上的急剧变化引起内分泌的紊乱，从而造成情绪上的躁动。

2. 情绪与需要

有的大学生在漂亮的异性同学面前常会感到紧张和羞怯，有时还会面红耳赤，从而为此感到自责和困扰。人的情绪为什么有时候难以自制？情绪的产生与变化实际上反映了个体的需要。例如，当得到他人称赞时，满足了自己的自尊和成就的需要，个体会感到一种荣誉和喜悦感；相反，当受到他人的冷落时，个体会产生失落和孤独感，因为自己的被接纳和亲情的需要没有得到满足。个体的需要是多样化的，如完成工作、培养能力、发展自我、追求爱情，以及娱乐、健康、实现兴趣的需要等。这些需要是多层次的，有些是眼前的需要，有些是长远的需要，有些需要之间还相互矛盾。实现和满足这些需要会受到各种条件的局限与制约，从而可能会引起个体情绪上的波动。

3. 情绪与认知

情绪虽然与客观事物是否满足人的需要相联系，但是面对同样的事物，不同的人却可能有截然不同的情绪感受。比如，同一门考试中，成绩刚刚及格的学生中，有的庆幸好歹及格了，有的惋惜怎么没考得更好，有的会感到无地自容，因为从小到大从没得过这么低的分。之所以如此，是因为各人的认知不同。心理学研究表明，人们一般先对客观事物与需要的满足做出判断与评价，之后才会产生与之相关联的情绪反应。认知改变了，情绪也会相应发生变化。

4.情绪与行为

行为是人的情绪的重要表现形式，一个人的情绪状态会影响其行动动机，从而影响其行为的过程和结果。例如，一个学生因取得优异的成绩而产生的成就感，使得他学习更加努力；一个学生过度的焦虑情绪，会使他感到心烦意乱而无法专心学习；对考试的过度恐惧感，也会使人在考试中发挥失常。情绪对行为起着一定的调节作用，当人在做能满足自己需要的一些行为时，会感到欣慰和充满热情的感受，从而会使自己的行为得到加强；当人的某一行为破坏或阻碍了自己的某一种需要得到满足时，则会产生厌烦、排斥的感受，从而会使自己的行为减少或停止。可见，情绪与行为的关系并非单一的决定与被决定的关系，而是相互影响的关系。

（二）情绪的影响因素

1.精神状态

精神状态对人的情绪的影响表现在：当人的精神状态不佳时，如睡眠不好、过于疲劳或感觉压力很大时，通常表现为情绪低落，思维不清，身体疲惫，行为退缩，甚至认为生活没有意义；在良好的精神状态下则表现得情绪高涨，对工作和学习充满信心。因此，调节并保持良好的精神状态，使自己处在积极的情绪状态下，可以提高工作和学习效率。

2.意外刺激

意外刺激包括外来的刺激和内在的刺激。外来的刺激主要指环境因素，环境对人的情绪的影响是不可忽视的。这里的环境因素一方面指具体的自然环境状况，如在喧闹的市场和繁华的工业区，拥挤的人群常常使人们感到紧张、烦躁；灰蒙蒙的天空会使人感到压抑郁闷，荒山秃岭会使人感到一片凄凉，而青山绿水则使人感到轻松愉快。另一方面，环境因素还包括家庭环境、学校环境和社会环境。家庭中的家庭结构、家庭气氛、父母关系、教养方式等，学校中的教育方式、学习压力、人际关系、教师身心健康状况等，社会环境中的社会文化背景、社会变革、社会的经济政治文化条件等，都会对人的情绪健康发展产生影响。环境引起的情绪的内在刺激有生理性的，诸如腺体的分泌、器官功能失常；还有心理性的，诸如记忆、联想等心理活动。这些生理性和心理性的内在刺激均可使人产生不同的情绪。

第二节 大学生常见不良情绪及其影响

一、大学生常见的不良情绪

（一）焦虑

焦虑是个体主观上预料将会有某种不良后果产生或模糊的威胁出现，从而产生的一种不安情绪，常伴有烦恼、害怕、紧张等情绪体验。适度焦虑可以转化为内部动力，激发斗志，对工作、学习是有利的。这里所指的主要是不适当的高度焦虑。大学生焦虑的原因之一是怀疑自己的能力，夸大自己失败的可能性。被焦虑困扰的大学生常表现出烦躁不安、愁眉不展、思维受阻、行动呆板、注意力不集中、食欲不振、睡眠不好、两手常做无意识的小动作。严重的焦虑能使人失去一切情趣和希望，甚至导致心理疾病和生理疾病。据调查，大学生焦虑主要表现在考试和人际交往上。有研究者使用"考试焦虑调查表"对我国大学生进行考试焦虑因子分析，结果表明，我国大学生的考试焦虑是由对考试的紧张感、自信心缺乏、对考试结果过于担忧、认知障碍等因素造成的，而且女生比男生焦虑度高（凌文铨，1985）。一般认为，大学生对人际交往的焦虑与缺乏自信、交往技能差、自尊心过强等密切相关。不适当的高度焦虑对身心健康极为不利。

（二）抑郁

抑郁是大学生中常见的不良情绪，是一种感到无力应付外界压力而产生的消极情绪，常常伴有厌恶、痛苦、羞愧、自责等情绪体验。抑郁就像其他情绪反应一样，人人都曾体验过。但对大多数人来说，抑郁只是偶尔出现，为时短暂，时过境迁很快就会消失。但也有少数人长期处于抑郁状态，严重时可能转为抑郁症。

大学生情绪抑郁的表现是情绪低落、兴趣丧失、郁郁寡欢、闷闷不乐、注意力涣散、反应迟钝、干什么都无精神、社交退缩、性格孤僻、不爱谈吐与交往、对生活缺乏热情和信心，并伴有食欲减退和失眠等。有抑郁情绪的大学生看上去疲乏无力、表情冷漠、脸色灰暗、精神萎靡。大学生产生抑郁情绪的主要原因有二：其一是意外伤害或某种原因（如生病、家庭不幸等）使挫折感增强，形成抑郁心境；其二是长期努力而得不到补偿的失望，或几经挫折，屡遭磨难。长期的抑郁会使人的身心受到严重损害，使人学习、工作效率下降，生活质量降低。

（三）冷漠

冷漠是对人和事物不关心，过于冷淡的情绪体验。一般说来，大学生的情感丰富而强烈。但有的大学生却表现出对一切都不关心：对政治、文化、体育、学习、生活等各方面都存有厌倦情绪，听课时昏昏欲睡，对成绩好坏毫不在乎，对集体漠不关心，对同学冷淡无情，对环境无动于衷。日本心理学家松原达哉教授形容处于此情绪状态的学生为"三无"学生，即无情感、无关心、无气力。

产生冷漠的主要原因是人的生理、心理与外界客观环境的矛盾冲突。冷漠是一种个体对挫折环境的自我逃避式的退缩心理反应。当人的生理、心理不足以应付外界客观环境的变化，或逆境持续出现的时候，就会出现冷漠的情绪反应。当然，政治、道德、经济、社会、文化等因素对冷漠情绪的产生也有一定的影响。大学生情感冷漠往往与个人经历（努力长期得不到承认、好心得不到理解、多次遭受挫折、父母不和乃至离异等）以及个性特点（思维方式片面、固执、心胸狭窄、耐受力差、过于内向等）有关。事实上，表面冷漠的人往往内心很痛苦、孤寂，具有强烈的压抑感。冷漠既不利于大学生的身心健康，也不利于大学生的全面发展。

（四）自卑

自卑是个体由于某种原因（生理的或心理的缺陷，或者其他原因）而产生的对自我认识的一种消极的情绪体验，表现为对自己能力或品质评价过低，怀疑自己，看不起自己，担心自己不被他人尊重。具有自卑感的大学生认为自己什么都不行，外部表现为心情低落、少有笑颜、不愿谈吐、很少交往、不愿或拒绝在公众场合露面。大学生的轻微的自卑可以自己克服，强烈的自卑则会导致做事缺乏信心，精力不集中，有的可发展成神经衰弱，严重的可导致自杀。

自卑情绪的产生有内在的原因。从内在的心理过程来看，自卑是人的自我意识发展不健康和自我评价不合理的结果。随着自我意识的发展，大学生日益关注自己的外貌、能力、自我价值、个性品质等各个方面，以及别人对自己的评价。自我意识的发展也促使大学生的自我概念中出现了理想的自我与现实的自我。若理想自我与现实自我的差异较大，这两个自我的一致程度往往较低。也就是说，许多学生对现实自我的评价往往不能满足理想自我的标准，因此产生消极的自我评价和自卑的情绪体验。要克服自卑感，首先要正确分析产生自卑的原因和内在的心理过程，然后通过建立合理的、积极的自我评价来消除自卑情绪。

（五）易怒

大学生正处在热情高涨、激情澎湃的时期，对情绪的控制力还不太完善，因此，容易发怒便是大学生常见的一种消极情绪。有的大学生因一句刺耳的话、一件不顺心的事，就激动得暴跳如雷，或出口伤人，或拳脚相加，造成不良后果后又后悔不迭。正如古希腊学者毕达哥拉斯所言：愤怒以愚蠢开始，以后悔告终。发怒是当客观事物与人的主观愿望相悖时产生的强烈情绪反应。有心理学家指出，发怒是短时间的疯狂。发怒对一个人的身心健康有明显的不良影响。通常，人发怒时会出现心跳加速、心律失常，严重时可导致心脏停搏甚至猝死。不少人因常发怒而导致心悸、失眠、高血压、胃溃疡以及心脏病等病症出现。此外，发怒会使人丧失理智，导致损物、殴打人甚至犯罪等非理智行为。

易怒虽然与个体的生理特性有一定关系（体内去甲肾上腺素含量过高、血清素含量过低者相对容易发怒），但更与一个人的修养和控制力有关。易怒的大学生常有许多不正确的认识，如认为发怒可威慑他人，发怒可以抵挡责难，发怒可以挽回面子，发怒可以推卸责任，发怒可以扩大影响等。然而往往事与愿违，发怒者得到的不是尊严、威信，而是他人的反感、厌恶以及更恶劣的后果和自己心绪的更加不安。

（六）嫉妒

嫉妒是一种在大学生中有一定普遍性的不良情绪。它是个体感到不如别人而产生的一种痛苦、不满、自责和怨恨的情绪体验。黑格尔称嫉妒是平庸的情调对于卓越才能的反感。嫉妒的特征是把别人的优越视为对自己的威胁，由发生"酸葡萄效应"到幸灾乐祸的猜忌，甚至看到别人的成功比自己失败了还痛苦，妒火中烧，以致给别人前进的道路设置障碍或对别人进行中伤。引起大学生嫉妒的因素主要有外表、成绩、能力、物质条件、恋人、运气等。通常那些自尊心过强、虚荣心过盛、自信心不足、心胸狭窄、以自我为中心的同学更容易产生嫉妒。

嫉妒心会影响大学生的人际关系，造成同学间隔阂甚至对立，也使自己处于烦躁、痛苦的情绪折磨中，有时甚至会酿成极端事件。

（七）压抑

压抑是个体的内在需求得不到恰当满足时而产生的一种消极情绪体验。情绪的压抑是大学生中常见的情绪问题。相当多的大学生感到自己的情感不能得到尽情抒发，这种压抑感有时是由自己意识到的原因引起的，有时则连自己也不知道其究竟来自何方，只是隐隐约约觉得有一种胸臆难抒的苦闷感。

大学生产生情绪压抑的原因是多方面的，如人际关系的紧张、成绩下降的烦恼、失恋的痛苦、性冲突的苦闷、情感丰富而无所寄托造成的孤独寂寞、对社会现实难以理解产生的疑惑、学习和就业激烈竞争产生的巨大心理压力等。这些都会使大学生产生压力感，若这种压力困扰无法宣泄，日积月累便形成压抑。此时的压抑往往已脱离了具体的内容而表现为一种特有的情绪体验形式。

具有强烈压抑感的大学生常常会表现出：精神萎靡不振、缺乏朝气活力、感觉活得太累；丧失广泛的兴趣、知觉迟钝、思维阻碍；与人交往缺少共鸣。长期的严重压抑可能诱发胃溃疡、高血压等疾病，并可能导致心理异常，甚至厌世自杀。

二、情绪对大学生的影响

现代心理学、生理学和医学的研究表明，情绪对个体有巨大影响，能影响个体的效能、身心健康和心理发展（汪瑾，2007）。

（一）情绪对大学生学习成绩的影响

人的情绪是在认知基础上产生的，又反过来影响人的认知。只有在良好的情绪伴随下，人才能进行有效的观察、记忆、想象和思维。对于大学生来说，忧愁、焦虑、恐惧等不良情绪会影响学习的积极性和学习效率，导致学习成绩下降；轻松、愉快、热情洋溢的良好情绪能激发潜能，提高学习效率，从而有助于取得良好的成绩。

心理学家用实验方法研究情绪与学习成绩的关系时，发现焦虑程度与学习

成绩关系极为密切。研究结果反映：[①]

（1）大学生在学习过程中若处于适中的焦虑程度，能发挥最佳的学习效率，从而取得较好的成绩。"适中的焦虑程度"是指个体心理承受能力不超过临界点。在大学生心理承受能力阈限值内，学习压力越大，紧迫感越强，学习效率越高；压力越小，紧迫感越弱，学习效率越低。这是因为在心理承受能力临界点以内，当外部压力转化为内在的心理压力时，个体的学习自觉性和积极性增加，且压力越大促进作用就越大。人们常说，没有压力就没有动力。为实现某一目标要自我加压，道理就在于此。因此，适当地给自己加压是提高学习成绩的有效途径。

（2）焦虑程度过高或过低均难以取得优异成绩。一方面，焦虑程度过高不利于发挥效能，如有的学生在考试时过分紧张，结果平时能答出来的题反而答不上来，甚至有的还在考试中出现晕场现象。这是焦虑程度过高的负作用。另一方面，有的同学焦虑程度过低，没有一点压力，缺乏学习的动力，平时不学习，上课不专心，考试时搞突击，当然难以取得好成绩。

（二）情绪对大学生行为效果的影响

一个在学习、工作中刻苦钻研、取得优异成绩的人必定是情绪稳定而积极、饱满的人；相反，沮丧、孤独、无控制的消极情绪，会影响学习、工作效能。一项对数百名大学生的调查研究表明，大学生的情绪与行为效果的关系有以下三种情况。

（1）积极—积极型。这一类大学生体验到的是积极的情绪，如快乐、高兴等，这时他的行为效能也是积极的，如行为的主动性、对周围人的尊重和理解、对行为价值的追求等，都呈现明显的积极心态。

（2）消极—消极型。这类大学生有消极的情绪体验，如痛苦、紧张、愤怒等，这些情绪使他们的行为效能向负向发展，处于消极状态，表现为行为的被动性、人际关系趋于紧张、反社会行为增加等。

（3）消极—积极型。这类大学生初始阶段体验到的也是痛苦、愤怒、紧张的消极情绪，但能够化悲痛为力量、总结教训重新奋起、变失败为成功等。

这表明，积极的情绪体验与积极的行为变化总是一致的，而消极的情绪体

---

① 大学生情绪成熟的意义和标准，见：https://wenku.baidu.com/view/4763925b964bcf84b9d57b74.html。

验对行为的影响是双向的，它既可能使人们的行为朝正向发展，也可能使其朝负向发展。因此，大学生要尽可能地保持、促进和发展自己的积极情绪，弱化、平缓和调控自己的消极的、不良的情绪。在产生消极情绪时，自己要善于因势利导，变不利为有利，促进消极情绪向积极行为方向发展。

（三）情绪对大学生身心健康的影响

情绪的变化会对人的生理和心理产生直接的影响，从而影响到人的身心健康。情绪对大学生身心健康的影响是双向的。

首先，良好的情绪有利于促进大学生身体健康与心理健康。当大学生的情绪处于良好状态时，如快乐、喜悦、乐观等，可以使人体内环境保持平衡。一方面，良好情绪作用于脑垂体，保持内分泌的适度平衡；另一方面，它又作用于神经系统，促进神经系统活动协调，从而使全身各系统、器官的功能更加协调，生理功能完善。临床实践表明，积极开朗的情绪对防治疾病大有好处。健康长寿者的共同特点之一是心情愉快、乐观豁达、心平气和、笑口常开。正如巴甫洛夫指出的那样："忧愁、顾虑和悲观，可以使人得病；积极、愉快、坚强的意志和乐观的情绪，可以战胜疾病，更可以使人强壮和长寿。"（汪元宏，2012）

其次，不良情绪容易导致心理障碍和生理疾病。在过度的尤其是过于强烈的情绪反应或持续的消极情绪的作用下，人的神经系统会不可避免地受到影响。大量的实验研究表明，突然而强烈的紧张情绪的冲击会抑制大脑皮层的高级心智活动，破坏大脑皮层的兴奋与抑制的平衡，使个体意识范围狭窄，正常判断力减弱，失去理智和自制力，严重时有可能出现精神错乱、行为失常，许多反应性精神病就是这样引起的。持续性的消极情绪则常常会使人的大脑功能失调，从而有可能引起各种神经症或精神病（王庆芬，2015）。据调查，大学生中出现的抑郁症、恐惧症、强迫症、神经衰弱等大多与持久的消极情绪密切相关（汪元宏，2012）。在大学生自杀原因中情绪往往是主导因素，许多人的自杀念头或行为往往产生于抑郁状态下，抑郁情绪的弥散和泛化使得当事人"一叶障目，不见泰山"，完全被绝望、痛苦所笼罩，最终导致悲剧发生。不良情绪通过影响人身体内部各器官功能，引起消化系统、循环系统、内分泌系统和神经系统功能的紊乱，从而使人的身心健康受到损害。国外曾有一个专门研究小组对一批人进行长期追踪调查，当30年后查看他们的健康状况时，发现一直多愁善感、患得患失或过于拘谨的人，其患病率比活泼开朗、举止大方、情绪一直保持相对稳定的人高出三倍，其所患的病症多为癌症、胃溃疡、高血压、心脏病。[①]大学生中常见的一些疾病，如紧张性头痛、心律不齐、哮喘、神经性皮炎、十二指肠溃疡、月经不调等，多与情绪变化有关。

（四）情绪对大学生个性全面发展的影响

人的个性包括思想品德、自我意识、世界观、人生观、价值观等，应该全面发展。个体的情绪状态和个性的形成有密切关系，因为情绪能影响人的心理发展、潜能开发、工作效率、生活态度等因素。例如，悲观者往往厌世，乐观者必然热爱生活。一个人情绪波动会影响自我评价，高兴时对自我肯定的多，沮丧时对自我否定的多，平静时较为客观。现实生活中，良好的情绪往往使大学生乐于行动，对学习、工作充满兴趣，愿意与人交往，而且交往时态度和蔼，宽容豁达；良好的情绪有助于开阔思路，集中注意力，使人富有创造性。当大学生处在愉快、乐观的情绪状态时，对天地万物充满热爱，对生活充满信心。因此，调节情绪不只是为了减少不良情绪，防治心理、生理疾病，更是为了促进大学生的全面发展，养成良好的个性，提高其生活质量。

📖 拓展阅读

善恶影响人的寿命 [②]

美国耶鲁大学和加利福尼亚大学的专家跟踪调查了加利福尼亚州阿拉米县的 7 000 位居民，密歇根大学调查研究中心对 2 700 多人进行了 14 年跟踪调查，他们共同发现：善恶影响人的寿命。研究人员在以"社会关系如何影响人的死亡率"为题的研究中惊讶地发现：一个乐于助人且和他人相处融洽的人，其预期寿命显著延长，在男性中尤其如此；相反，心怀恶意、损人利己、和他人相处不融洽的人，其死亡率比正常人高出 1.5～2 倍。种族、收入、生活习惯都不影响这个具有普遍性的结论。

---

① 我的情绪我做主，见：https://wenku.baidu.com/view/b32a12166edb6f1aff001f19.html。
② 善恶影响人的寿命，见：http://www.doc88.com/p-682307401992.html。

为什么善恶会影响人的寿命呢？研究人员发现，善良的人长寿的原因是：从心理学角度来看，乐于助人可以激发人们对他的友爱和感激之情，他从中获得的内心温暖缓解了他在日常生活中常有的焦虑；从免疫系统角度看，常常行善有益于人体免疫系统的健康。哈佛大学进行了一次实验，让学生们看一部纪录片，该片记录了一位美国妇女救助残疾者的经历。学生们被她的生动事迹感动了，随后研究人员对这些学生的唾液进行了分析，发现他们的免疫球蛋白 A 的数量比看纪录片前增加了。这种蛋白能预防呼吸道感染。这位以善良著称的妇女的事迹感动了他们，增加了他们的免疫球蛋白 A。

　　反之，一个心怀恶意、损人利己、和他人相处不融洽的人，其寿命常常就比较短。如一个对他人怀着敌意的人，其心脏冠状动脉堵塞的可能性就较大。再比如，视别人意见为敌的人，往往一触即发，暴跳如雷，容易使血压升高。至于那些因贪污受贿、盗窃等违法乱纪的人，因为做贼心虚，法律的利剑悬在他们头上，所以他们经常坐立不安、失眠、烦躁，他们不敢把自己的丑事向同事、家人透露，日夜背负沉重的包袱，精神压力有增无减。这种人的寿命一般比大多数人短。

第三节　大学生健康情绪的培养

　　情绪是衡量一个人积极性的特征指标，是认识和洞察人们内心世界的有效手段，是个性成熟程度的指示器，对一个人的心理成长和发展有着极大的影响。情绪能反映出一个人的胸怀和度量。胸怀豁达的人一般情绪稳定，能容忍和克制。对于在校大学生来讲，管理情绪、调节情绪、驾驭情绪、做情绪的主人，不仅是维护身心健康的需要，而且是自我发展和人格成熟的基础。因此，培养良好的情绪管理能力，有利于大学生心理的健康发展。

一、健康的情绪及其表现

（一）健康情绪的含义

健康的情绪，即良好的情绪状态，是指一个人的情绪的发展、反应水平和自我控制的能力与其年龄和社会要求相适应，并为社会所接受。美国心理学家马斯洛在阐述关于"自我实现者"的情绪特点时，曾经提出了健康情绪的六个特征：平和、稳定、愉悦和接纳自己；有清醒的理智；适度的欲望；对人类有深刻、诚挚的感情；富于哲理、善意的幽默感；丰富、深刻的自我情感体验（汪元宏，2012）。

（二）大学生健康情绪的表现

具体来说，大学生健康的情绪主要表现在具有真实的自信、热情、乐观，并保持适度焦虑。

自信是一种积极的心理暗示，指一个人对自己有正确的认识和评价，并在此基础上自知、自尊、自爱，能悦纳自己，自己心中有一个良好的自我形象。这种自我形象一旦建立，便比较牢固地留在潜意识中。它可以较长时间悄悄地左右个体的行动，使人充满信心和力量，时刻充实和完善着自我和人生。具有真实自信的大学生，表现出活泼、开朗、幽默、果断等特点，一般能保持一种稳定而愉快的心境，潇洒自如地直面人生。可以说，自信是良好情绪状态的内在关键要素。

热情、乐观是良好情绪状态最直观的外在表现。个体热情、乐观的时候，可以想得更好，干得更好，感觉得更好，身体也更健康。心理学家柯克契耶夫测试过人在乐观与悲观的思维中的生理状态，发现人在乐观的思维中，视觉、味觉、嗅觉和听觉都更灵敏，触觉也更细微。现代医学也证明，在乐观的时候，个体的胃、肝、心脏等会发挥更有效的作用。可见，在热情、乐观的情绪状态下，人的潜能可以充分地发挥出来。

适度焦虑也是一种良好的情绪状态。研究表明，保持适度的焦虑可以提高人的活动效率。一方面，适度的紧张和焦虑使个体进入紧张激动状态，由于交感神经作用，生理上会有一连串的变化，如血压增高、呼吸加速、血液循环加快，这些变化使身体产生较多的能量来应付当前的问题和情景。这种能量有时是巨大的，它可使人做出超出自身极限的成就。另一方面，适度的紧张和焦虑不仅是维持学习效率的有利因素，而且是健康生活的必备条件（焦岚等，2012）。有些人愿意从事冒险活动，有些人喜欢在学习完一天的功课后玩桥牌、围棋之类动脑筋的消遣活动，就是这个原因。个体在适度焦虑状态下，思考力、反应速度、动作的敏捷性都得到锻炼，使身心更趋于健康全面发展。能够保持适度焦虑的大学生往往能够较好地适应大学生活，发展自己，做出正确抉择，并取得较好的学习成绩。

二、大学生培养健康情绪的方法

（一）提升自信

正确地认识自己是保持自信的重要条件，而足够的自信心又是保持心情愉悦的重要基础。因此，大学生要学会全面、正确地认识自己，既要看到自己的长处，又要看到自己的不足，在此基础上学会全面地悦纳自己。

首先，应了解自己目前自信心的状况。心理学家设计了不少测试自信心的量表，可以借助量表进行测试，也可以通过自我评价去认识。自信心过强，即过了度，会自以为是、盲目乐观，看不到自己的缺点，自我评价过高，应纠正这种偏差，正确地认识自己，培养适当的自信心。就像"真理若再向前迈进一步也会成为谬误"一样，自信心也如此。自信心十分强时应注意保持谨慎。自信心一般的时候，应设法予以加强。若自信心较弱或很弱，必须努力加以改变。

其次，应定出符合自己实际情况的"抱负水平"。抱负水平定得过高，多方努力均不能达到，容易挫伤自信心。抱负水平可以由低到高地定，每实现一个小目标，就有一份成功的喜悦，就增强一份自信，切不要幻想一步登天。

再次，还可通过适当的补偿来培养自信心。即通过努力奋斗，以某方面的成就来补偿自身的缺陷，变自己的劣势为优势，使自信心逐步培养起来。常用的方法有"以勤补拙""笨鸟先飞""扬长避短"等。

最后，大学生应刻苦学习，努力实践，不断充实自己，提高自身素质。这是培养自信心最根本的方法。

（二）学会乐观

大学生要学会对任何事物都不用肯定一切或否定一切的态度去看待，而应抱以客观的态度。大多数失败者并非智商低下，多因看问题绝对化，遇到困难消极悲观，使得"未做事先自乱阵脚"，因此，大学生要学会调整自己的认知视角，挖掘事物的积极因素，帮助自己保持良好的心态。正如林肯所说：只要心里想快乐，绝大部分人都能如愿以偿。也就是说，只要相信自己，个体的活动就会尽力去发展和实现这些想法，成功的可能性就更大。一个人一生中不可能百分之百顺利，总会碰到艰难险阻，在逆境中如果不能坚信未来属于自己，就会像萧伯纳所讽刺的那样：如果我们觉得不幸，可能会永远不幸。[①] 如果坚信未来属于自己，大学生就能热情、乐观地面对一切了。

（三）学会宽容

宽容就是豁达大度、心胸开阔、宽以待人，就如俗话所说的"宰相肚里能撑船"，能忍人所不能忍，容人所不能容，处人所不能处。人的心态会因为宽容而热情乐观，也会因不能宽容而不满、不平、不敬、不快。能够宽容他人和宽容自己是心理健康的表现，同时也有利于保持心情愉快。宽容别人的人不会对人苛责，不会与人斤斤计较，他们对人、对事都怀着欣赏的心态，不仅让他人觉得高兴，而且自己可以保持心情舒畅。宽容别人是富有爱心的表现，宽容自己是悦纳自己的表现。不愿意宽容他人的人也不轻易宽容自己，对他人抱有怨恨，对自己自责。当然，宽容并不是无原则地妥协，而是用豁达的胸襟去理解他人，同时能够坦诚地接受自己的过错和不足。要学会宽容，就必须加强自身修养，胸怀广阔，以乐观、愉快的态度面对一切。

（四）学会幽默

幽默是一种智慧，生活中幽默的人总会给自己和身边的人带来生活的乐趣。幽默是生活的调味剂，它能让我们体会生命的美好。相反，刻板、封闭的人往往发现不了开心快乐其实就在身旁。当个体产生不良情绪时，一句适当、得体的幽默话语，可以消除忧虑、稳定情绪，还可以摆脱尴尬和困境、增强自信心。因此在大学生活中，可以有意识地增强自己幽默的能力。例如，多读一些笑话和同学分享，面临一些特殊情境时，能机智地利用幽默调节气氛或者化解尴尬。

（五）学会克制

人生一世，喜怒哀乐在所难免，但部分大学生在激情状态，如狂喜、痛苦、绝望、恐惧、暴怒时，往往会失去理智，不考虑后果，做出一些在正常情况下不

---

① 心态决定命运，见：https://wenku.baidu.com/view/5b596b6da76e58fafbb00310.html。

会做的事情，即所谓"感情用事"，这不仅可能造成不良的社会后果，而且可能会损害个人的身心健康。虽然激情爆发和一个人的性格特征、神经类型有一定关系，但激情多数表现在意志力薄弱、缺乏文化修养的人身上。意志坚强、有文化思想修养、对自己行为表现具有社会责任感的人，能用理智的力量去抑制感情的冲动，不做情绪的奴隶，而做情绪的主人。克制其实就是素质，克制就是修养，克制就是气度，克制也是人格魅力。

（六）学会接受

列夫·托尔斯泰说过，世界上的每个人都是被上帝咬过一口的苹果，都是有缺陷的。有的人缺陷比较大，那是因为上帝特别喜爱他的芬芳，是上帝的特殊钟爱。乐观的人会把这些都看作上帝的另一种恩赐，怀着感恩的心情去接受现实。如果在心理上排斥或抵触不幸，那就只会感到苦不堪言，越来越觉得难以忍受。如果你把它看作命运的恩赐，积极地尝试，就会觉得痛苦减了三分，甚至可以从苦中品出一丝甘甜来。学会接受，就能以一种行云流水般的淡泊胸怀来尽情享受自己已有的东西，就会觉得这样的生活才是真实的、富有质感的。

（七）学会放弃

部分大学生在日常的学习和生活中，常常不自觉地和他人比较，带着争强好胜的心理环顾四周，总有让自己不满足、不快乐的诱因。生活快乐的条件不在于拥有多少，而是还想要多少，两者的关系成反比。个体的心理压力往往来自膨胀的欲望与野心，有些大学生常抱怨生活紧张、学习压力太大，其实，他们很少想到，压力更多的是来源于自身，许多的不愉快是自找的，个体想拥有的东西越多烦恼也就越多。俗语说：祸莫大于不知足。欲望永无止境，任何满足都是相对的，常常让人来不及体验和享受就消失了。面对充满诱惑的世界，大学生要努力培养心理上的抗御能力，清理自己的人生，丢掉沉重的负荷，轻装上阵，自己就能活得快乐、自在、轻松。

（八）学会感恩

北美有个重要的节日——感恩节，在这一天，每个人要做的一件事就是对帮助过自己的人表示感谢。当别人为你做点事情时，也许对于他来讲只是举手之劳，可是对你来讲意义却非同小可。当我们感谢他的举手之劳时，他会非常开心，能够体会到付出的价值，同时能激发他做更多的有益于他人之事，这样他自己也会不断地获得好心情。其实，在他获得好心情的时候，他也会感谢你给予他机会来帮助你，从而你也会获得好心情，长此相互感谢，你会发现你们之间的感情越来越深，相处越来越融洽。同样，你与周围人的关系也越来越和谐，最终你将拥有愉快、和谐的人际氛围。

美国心理学之父威廉·詹姆斯说过：播下一种心态，收获一种思想；播下一种思想，收获一种行为；播下一种行为，收获一种习惯；播下一种习惯，收获一种性格；播下一种性格，收获一种命运（匡显桢，2009）。可见，心态的改变，就是命运的改变。当代大学生不能盲目地跟着感觉走，应适当地调节和控制自己的情绪，不要让自己的心绪之花枯萎，应以一种"笑看花开花落，胜似闲庭信步"的良好心态来面对生活的种种波折，克服"情绪短路"和"心理斜坡"，保持积极、健康的情绪状态。

拓展阅读

1. 情商

情商是指个体认识和调控自己情绪的能力。高智商和良好的教育并不能保证个体一定能幸福生活，就快乐、有成效的生活而言，情商比智商更为重要。情商多是后天获得的而非遗传的，因此个体可以通过各种方式改善并提高自己的情商。美国《纽约时报》专栏作家戈尔曼认为，情商由五种成分构成。[1]

（1）了解自己的情绪。指自我觉察、了解自己当时的主要情绪，并能够对这些情绪加以命名。了解自己的情绪还意味着能够意识到伴随情绪而产生的习惯化的思维方式。

（2）调控自己的情绪。该能力在很大程度上依赖于第一种能力，即在了解自己情绪的基础上，有针对性地自主、灵活地处理、控制和应对各种情绪问题和心理压力。

（3）激励自己以实现目标。这种能力主要包括做出计划、坚持努力、延迟满足、忍受挫折、抑制冲动行为、摆脱失败和挫折的阴影、从当前活动中寻求满足等。

---

[1]　情绪智力，见：http://www.doc88.com/p-0159667114885.html。

（4）识别他人的情绪。指觉察和理解别人的感受和意图的能力。

（5）协调与他人的关系。指个体能够游刃有余地与他人交往、沟通，能够解决矛盾和冲突，能与难以相处的人轻松打交道。

2. 自我心理平衡法[①]

在现实生活中，不如意的事经常发生，如果不能泰然处之，很容易引起心理不平衡，导致心理和身体上的疾病。美国心理卫生学会提出了 11 条保持心理健康要诀，这 11 条要诀很简单，但对心理平衡有极大的帮助，不妨一试。

（1）对自己不过分苛求。人应该有自己的抱负，但有些人的抱负不切实际，根本非能力所及，欲求不得，便会认为自己倒运而终日抑郁；有些人做事要求十全十美，对自己的要求近乎吹毛求疵，结果受害者还是自己。要把抱负和目标定在自己力所能及的范围，合理期待自己取得的成果。

（2）不要强求别人。很多人把希望寄托在他人身上，尤其是对亲人和朋友的期望，假如对方达不到自己的要求便会大感失望。其实每个人都有思想，何必要求别人迎合自己的要求呢？

（3）疏导自己的愤怒情绪。当我们勃然大怒时，很多错事或失态的事都会做出来，与其事后后悔，不如事前加以自制。采取合理的分散转移，把愤怒发泄于他处，如打球、唱歌等，必要时不妨来点阿Q精神，抱着笑骂由人的态度，愤怒情绪自可抛诸九霄云外。

（4）偶尔也可屈服。一个做大事的人，处世要从大处看，只有一些无见识的人才会向小处钻。因此，只要大前提不受影响，在小处，有时也不必过分坚持，以减少自己的烦恼。

（5）暂时逃避。在生活受到挫折或打击时，应该暂时将烦恼放下，去做一些你喜欢做的事，如运动、旅游或看电视等，待到心情平静时，再重新面对难题。

（6）找人倾诉烦恼。把所有的不快埋藏在心里只会让自己郁郁寡欢，

---

① 【开学季】大学新生入学时面临的问题及调适方法，见：http://www.sjz12320.gov.cn/findNewsContent.asp?newsId=2610。

但把内心的烦恼告诉你的知己或好友，会顿感心情舒畅。

（7）为别人做些事。助人为乐为快乐之本，帮助别人不单使自己忘却烦恼，而且可以重新确定自己存在的价值，并获得珍贵的友谊，何乐而不为呢？

（8）在一段时间内只做一件事。要减少自己的精神负担，不应同时进行一件以上的事情，以免弄得身心交瘁。当你面临诸多难题时，先解决一个最容易解决的问题。有了成功的经验就会有信心，成功的经验越多，信心就会越足、越强。

（9）不要处处与人竞争。人们相处应以和为贵，处处以他人作为竞争对象，会使得自己经常处于紧张状态。其实，只要你不把人家看成对手，人家也不会与你为敌。

（10）对人表示善意。我们经常被人排斥，是因为人家对我们有戒心。如果在适当的时候表现自己的善意，多交朋友，少树敌人，心境自然会变得平静。

（11）娱乐。适当的娱乐是消除心理压力的有效方法，它可以改善情绪，调节身心，增加生活乐趣。娱乐的方式并不太重要，最重要的是要令心情舒畅。

第七章

大学生压力与挫折应对

人的生命似洪水在奔流，不遇到岛屿、暗礁难以激起美丽的浪花。

——奥斯特洛夫斯基

压力是现代社会人们最普遍的心理体验。当人们遇上挑战或威胁而不得不改变或调整自己时，压力就产生了。大学生活亦如此。

📖 案例集锦

案例1：失败的面试

A 同学现在已经大三了，宿舍里的几个同学都在学校附近找到了不错的兼职或者实习的工作。他看到大家每天忙得这么不亦乐乎，而自己整天除了上课之外便没有别的事情可做，便渐渐感到了一种不可名状的危机感。于是他通过校园里的招聘广告去一家小公司面试，可是对方的要求是要有与公司业务相关的实际能力并且最好要有工作或实习经验。最终，他没有通过面试，感到失望与难过，被自卑与灰心包围，很久都不敢再次走出校园去找工作，也不好意思给家里的父母打电话倾诉，害怕自己的失败使父母难过。这次的挫败经历使他感到压力巨大。

引申思考：舍友的忙碌充实、来自父母的期望以及愈加发现自己能力的不足等原因造成了 A 同学的压力。A 同学自身无法排解压力，也无人倾诉压力，因而导致出现心理问题，长此以往可能会出现更为严重的健康问题。这时候 A 同学应该正视自己，在看到自身不足的同时也找找自己的优点，踏实学习，找准适合自己的实习工作，勇敢尝试第一步，会遇到新的人生转折点。

案例2：我无路可走

  某著名大学一名优秀的女硕士B，曾在大学期间与同学C确立了恋爱关系。在研究生入学考试中，恋人C失利，而B以专业第一的优异成绩考入现在的名牌大学深造。当时的C决定孤注一掷，辞职来到北京考研。随着阅历的增加，B感到与C已缘分不再，却又羞于出口，自觉对不起C。此时，C的第二次考研又以失败告终。为鼓励C继续奋斗，两人又继续交往。当C第三次考研在即时，B考虑中止恋爱关系，拖延并无好处。经历了两次考研失利打击的C，无法承受失恋的打击，所以当B提出中止恋爱关系时，C选择了杀死B再自杀，做出了极端行为。

  引申思考：学业上的屡次失败，加上恋人的抛弃，C承受着双重打击。个体在受到沉重的心理打击之后，很容易失去理智，做出不合常理的事情来。对于C来说，现在的他遭遇着重大挫折，好像真的"无路可走"了。但其实不是这样，每个人的人生都不会一帆风顺、万事如意，挫折总是不可避免的。挫折既是打击，也是成长，正确地认识与对待挫折，是成功人生的必经之路。

第一节　压力的含义及分类

一、压力和挫折的含义

（一）压力的含义

  "压力"这一概念最早由加拿大著名的生理学家汉斯·薛利提出来。他认为压力就是"当生活环境不能满足个人需要，个人需要和经验与现实生活的要求不一致时，所导致的生理或心理失去平衡的一种紧张状态，也称应激状态"（朱敏，2006）。压力是一种复杂的身心过程，是个人在面对具有威胁性、挑战性刺激的情境中的一种被压迫的感受。在心理学上，这种身心过程主要包括三个方面。

（1）环境中客观存在的某种具有威胁性、挑战性的刺激，即压力源，如地震、火灾、车祸现场等。

（2）某种具有威胁性、挑战性刺激引起的反应，即压力反应。只要类似刺激出现，就会引起类似的反应。比如战争幸存者，每当提及或想到战争时便会出现激烈的情绪反应。

（3）刺激、挑战与反应的交互关系。个体对环境中具有的威胁性、挑战性刺激，经认知其性质后所表现出的反应。

压力是压力源和压力反应共同构成的一种认知和行为体验过程。从心理学角度看，压力是一种个体体验，它无法抛开主体而单独存在。假如一件事发生了，但主体对其漠视，或已经意识到刺激的存在但认为不值得认真对待，这时压力就无从谈起。压力是大脑告诉个体需要和周围环境保持一致的一种方式。

（二）挫折的含义

在社会心理学和行为科学中，挫折指一种情绪状态，是指人们在某种动机的推动下，为实现目标而采取的行动遭遇到无法逾越的困难障碍时，所产生的一种紧张、消极的情绪反应和体验（刘召客，2011）。它是在自我评价倾向性的推动下，根据社会期望、自我抱负水平对自我行为的过程和结果进行评价时产生的一种消极心理。

挫折包括三个方面的含义：一是挫折情境，即指对人们的有动机、目的的活动造成阻碍或干扰的情境状态或条件，构成刺激情境的可能是人或物，也可能是各种自然、社会环境；二是挫折反应，即指个体在挫折情境下所产生的烦恼、困惑、焦虑、愤怒等负面情绪交织而成的心理感受，即挫折感；三是挫折认知，即指对挫折情境的知觉、认识和评价，其中，挫折认知是核心因素，挫折反应的性质及程度主要取决于挫折认知。

一般来说，挫折情境越严重，挫折反应就越强烈；反之，挫折反应就轻微。但是，只有当挫折情境被主体所感知时，才会在心理上产生挫折反应。如果出现了挫折情境，而个体没有意识到，或者虽然意识到了但并不认为很严重，那么也不会产生挫折反应，或者只产生轻微的挫折反应。因此，挫折同压力一样，其引发个体反应的性质、程度主要取决于个体对压力或挫折情境的认知。正如巴尔扎克所说：苦难对于天才来说是一块垫脚石，对于能干的人是一笔财富，而对于弱者是一个万丈深渊。

挫折由刺激引发，同时挫折本身也是压力源，可引发压力感；反之，压力也会使人产生挫折感。二者相互联系，密不可分。

二、压力的分类

各种压力表现和特点不同。根据压力事件发生的时间，一般将压力分为以下四种。

（1）预期压力。它由未来某种因素引起，也就是一种担心。担心某事可能发生或可能不发生、发生了或者不发生又会怎样、最好的决策是什么等，总之是担心数不尽的可能性。

（2）情境压力。它是一种当前压力，指目前的威胁、挑战或骚动，需要个体立刻进行关注。

（3）长期压力。它经常会持续一段时间，往往起源于一些无法控制的可怕经历，如失去伴侣、疾病、事故或外伤，也可能由紧张的人际关系或不幸的工作境遇所引起。它的典型特征就是无法逃避。

（4）残余压力。残余压力是过去的一种压力，它表明个体不愿或不能释放过去的伤痛或痛苦回忆。

根据压力源及其程度，压力又可分为如下三类。

（1）一般单一性生活压力。在日常生活中，人们会不可避免地遭遇各类生活事件，如入学考试、完成困难的任务以及遭遇从未经历过的失业、亲人亡故等事情。如果我们在某一时间段内经历着某一种事件并努力去适应它，而且其强度不足以使我们崩溃，那么这种压力为一般单一性生活压力。

经历一般单一性生活压力，其后效不完全是负面的。在应对这类压力的过程中，个体虽然付出了许多生理和心理的资源，但只要在衰竭阶段没有崩溃，并且没有再发生后续事件，那么个体在经历过这次压力之后会提高和改善自身的适应能力。研究证实，经历过各种压力而未被击垮的人，可以积累许多适应压力的经验，从而有利于应对未来的压力，这正如通常所说的"吃一堑，长一智"。经验证实，自幼处境困难的人，成人之后更能吃苦耐劳，应对各种压力的能力相对较高。

（2）叠加性压力。叠加性压力是极为严重和难以应对的压力，它给人造成的危害很大。叠加性压力又分为如下两类。

①同时性叠加压力。即在同一时间里，有若干构成压力的事件发生，这时个体所体验到的压力称为同时性叠加压力，俗称"四面楚歌"。

②继时性叠加压力。两件以上能构成压力的事件相继发生，后继的压力恰恰发生在前一个压力适应过程的搏斗阶段或衰竭阶段，这时个体体验到的压力称为继时性叠加压力。

（3）破坏性压力。破坏性压力又称极端压力，其中包括战争、地震、空难、遭受攻击、被绑架、被强暴等。在实际生活中，此类压力并不常见。

早在第一次世界大战期间，心理学家就发现了所谓"战场疲劳征"。患有这类疲劳征的人，会出现"心理麻痹"现象，对外界反应减少，情绪沮丧或过度敏感，伴有失眠、焦虑等症状。越南战争之后，心理学家将战场疲劳征纳入创伤后应激障碍（post-traumatic stress disorder，PTSD）范畴。个体一般很难独自应对破坏性压力造成的后果，有必要对其进行心理干预。

一般情况下，个体若能够简单地识别这些不同的压力，就能做出正确的反应。例如，如果个体能识别面临的压力属于情境压力时，那么就能意识到它会迅速过去，自己也就能减轻内在压力水平。有的人心理承受能力很好，能承受超强的压力；有的人则很脆弱，易产生焦虑情绪、精神崩溃等。

第二节　大学生压力与挫折的来源

大学生心理压力问题往往与学习、生活及个人发展问题纠缠在一起。多项调查结果表明，当代大学生的压力是多因素综合作用的结果。大学生压力源呈现出多元化、复杂化、社会化的特点。

一、心理学上四种类型的压力源

（1）躯体性压力源是指通过对人的躯体直接发生刺激作用而造成身心紧张状态的刺激物。

（2）心理性压力源是指来自人们头脑中的紧张性信息。

（3）社会性压力源主要指造成个人生活方式上的变化，并要求人们对其做出调整和适应的情景与事件。

（4）文化性压力源最常见的是自己所处的文化环境发生变化，即所谓的文化性迁移，从一种语言环境或文化背景进入到另一种语言环境或文化背景中，使人面临全新的生活环境、陌生的风俗习惯和不同的生活方式，从而产生压力。

二、压力产生原因分析

我们通常把这些能引起压力的刺激称为压力源。压力源是客观存在的。如果想要解决问题，就先要发现问题的根源。比如，某高校进行的特定范围的调查显示，大学生面临的压力来源依次为学业问题（80.0%）、就业问题（69.3%）、人际关系问题（60.1%）、经济问题（36.2%）、恋爱问题（35.7%）、家庭问题（29.8%）、竞争问题（29.1%）、独立生活问题（21.1%）、校园环境问题（20.5%）、社会环境问题（20.0%）。[①]

（一）学业与成才

学习是大学生群体最基本的任务，尽管这一压力的强度有强有弱，并非永恒不变，但由于持续时间很长，其影响之大不可低估。在国内，学生的课程种类繁多，周一至周五平均每天4～6节课，其中还不包括选修课，学业压力可想而知。尤其是很多大学生到了大三、大四，为了适应激烈的社会竞争，还要做出更多的其他努力。他们或是忙于加入考研的行列，或是忙于参加各种技能的培训班而获取各种证书。过多的学习头绪、过重的学习任务，给不少大学生带来巨大的压力。学业压力也正在成为大学生心理压力的第一大压力，硕士、博士研究生群体更是如此。

（二）就业与职业发展

随着市场经济的发展和高等教育的普及化，大学生不再是人才市场的"香饽饽"。当今时代的一个重要特征便是竞争加剧：竞争择业、竞争上岗。大量农村富余劳动力涌入城市，再加上城市里大量下岗和年轻的退休职工的出现，使得就业问题变得更加尖锐。人才市场的竞争日益激烈，以前是"皇帝女儿不愁嫁""好大学＝好工作"，现在人才市场里坚持"唯才是举"的用人原则。有可能"毕业等于失业"，理想与现实如此大的落差，更加重一些了大学生对就业的恐惧，

---

① 压力产生原因分析，见：http://www.doc88.com/p-2912551360215.html。

对大学生的心理承受力也是极大的考验。就业已经成为大学生普遍关注的话题，也是大学生第二大压力源。

（三）人际关系与沟通

对大学生而言，大学是走向社会前的最后一站，很多大学生都会着力发展自己的人际交往能力，并对自己提出较高的要求。人际交往中难免会碰到很多的挫折与不愉快，妥当地处理这些问题会对大学生起到很好的磨砺作用。但是有些大学生性格比较内向和孤僻，又缺少交往技巧，易导致人际冲突和内心紧张、怯懦，严重影响到自信心，进而有了很大的人际交往压力。

（四）经济压力与自立

大学生上学的费用一般来自家庭。有的大学生家庭经济困难，特别是来自农村、单亲家庭和父母下岗家庭的大学生，很多都经济拮据，在一些贫困地区或家庭甚至出现了"一个学生拖垮全家"的现象。这对于尚未自食其力的贫困生会造成非常大的压力。因此不少大学生想努力通过打工、创业等来赚取学费达到自立，但现实中会遇到很多困难和坎坷。还有的大学生不甘于艰苦朴素的生活，羡慕"高消费"，而家庭条件无法满足他们生活"城市化"的各种需求，如果长期心理不平衡，容易产生自卑感和挫折感。

（五）恋爱与情感

恋爱给青春跃动的大学生活带来了温馨、浪漫的色彩。一场理想恋爱可能会起到非常大的正向促进作用，但是恋爱的失败也会留下深深的伤痛，甚至让很多大学生一蹶不振。调查显示，情感上的压力在大学生心理压力中所占比例也呈逐年上升的趋势。恋爱在给大学生带来浪漫的同时，也带来了不可忽视的负面影响——情感上的压力。因为随着时间的推移，最初的浪漫与刺激逐渐退去，接下来是平淡、意见分歧、承担责任等，这给大学生增添了不少压力和挫折感。

（六）理想与现实冲突

当前我国正处于社会转型时期，社会开放和经济发展冲击着某些传统的价值观念。面对着纷繁的世界，大学生在心理上产生了震荡，容易心理失衡。一些人没有找准自己的人生定位，期望值过高，理想和现实的差距过大，产生强烈的失望感，但又不能及时调整心态，从而产生心理挫折，具体表现在专业选择、校园条件、就业、择友等方面。

📖 **故事分享**

　　一条猎狗将兔子赶出了窝，一直追赶它，追了很久仍没有捉到。羊看到此情景，讥笑猎狗说："你们两个之间，个子小的反而跑得快得多。"猎狗回答说："你不知道，我们两个跑的目的是完全不同的！我仅仅为了一顿饭，兔子却是为了性命！"①

三、压力和挫折对大学生的影响

（一）压力和挫折引起的生理和心理反应

　　压力和挫折的生理反应可以分为两种，一是遭遇突发情况所发生的反应，二是长期处于压力下所产生的反应。遇到突如其来的威胁性情境时，个体会自动产生一种类似"总动员"的生理反应，使个体立即进入应急应变状态。可能的行为表现有两种，一是反击对方，二是逃离现场。

　　生理反应是本能的、可预测的，而且在一般情况下个体不能用意识来控制。心理反应却不然，它是习得的，而且常取决于个体对事件的知觉、解释与处理能力。心理反应主要包括情绪、认知和行为三个方面。个体对压力的情绪反应包括较正面的兴奋到较负面的愤怒与焦虑，大部分压力都会带来不愉快的情绪。当某种压力源被认定有威胁时，个体智力的功能会受到影响。一般而言，压力越大，个体的认知功能及弹性思考就会越差，如果个体只把焦点放在具有威胁性的事件上，回应和解决问题的能力就会大大减弱，威胁就更不易被消除。

　　对大学生而言，学习难度带来的过大的心理压力可能影响成绩。因动机而产生的心理压力对成绩具有促进功能，但其促进功能的大小会因工作难易与压力高低而异。在简单的工作情境下，较高的心理压力将导致最佳的成绩；在复杂的工作情境下，较低的心理压力将导致最佳的成绩。一般情况下，中等程度的心理压力可能带来最佳的成绩。

（二）压力与动力

　　压力是把双刃剑。压力对人有激励作用也有负面影响，汉斯·薛利指出：完全脱离应激等于死亡。在某种程度上，压力类似电压，适当的电压可以使收音机

---

① 释放压力正面事例和名言，见：http://www.360doc.com/content/11/0911/18/1311767_147513473.shtml.

正常工作，使电灯发光，但过高的电压就会毁坏扬声器，烧毁灯泡，电压的起伏不定还会烧毁电器。压力也是如此，适度的压力可以促使个体弥补自己的缺失，增强自己的动机和能力，从而使得个人成长与成熟得更快。

压力与动力成正比，把压力看成是促使自己前进的动力，那么就可以化压力为动力，使自己进步。一个能适应现代生活的人不会期待自己没有一丝压力，而是会将压力转化为进步的动力。压力和动力是人生的一台天平，其平衡有赖于两端砝码的重量。压力有时候可以转化成动力，压力越大动力越大。就好比弹簧，越用力地压它弹起的力量就越大。

四、持续压力和挫折的危害

适度的压力可以转化为动力，但过度或长期的压力会给身心造成严重的不良影响。个体对于压力的感受常常因人而异。同样的事件可能对不同的人产生不同程度的影响，这可能是因为不同的人对于事情的看法或解读方式不同，也可能是因为每个人的人格特征不同使得其受压力事件的影响也不尽相同。一般而言，每一个人都有自我调试与应对压力的能力。一定程度的压力有助于个体更敏捷地去思考，更勤奋地去工作。然而，如果个体处理压力的能力不足，即压力超过了其承受能力，或者其长期处于压力状态下，就会对生理和心理产生不良影响，就可能出现心力交瘁、行为混乱等压力身心综合征的表现。

> 📖 **拓展阅读**[①]
>
> 著名的压力生理学家汉斯·薛利早年在进行老鼠内分泌生理实验时，每天给老鼠注射一些激素，希望通过实验了解这些激素的影响。然而，在每天给老鼠打针的过程中，不论是实验组还是对照组的老鼠，几乎都经历过注射时从实验者手中挣脱掉到地上、四处逃窜、被实验者追逐、抓回笼子等的过程。后来薛利检查这些老鼠，发现不论是实验组或对照组，均出现了胃溃疡、肾上腺肥大、免疫组织萎缩等症状。后来，他又设计了其他的实验，结果发现身处恶劣环境下的老鼠易出现胃溃疡、肾上腺肥大及免

---

① 适者生存—压力应对，见：https://wenku.baidu.com/view/f4229074f705cc175427097b.html.

疫组织萎缩等问题。在此基础上，科学家逐步着手了解压力可能对人体产生的影响，并希望能更进一步了解，当人的大脑知觉危险或压力时如何重新分配身体各器官的运作，以适时地运送足够的能量或养分到需要的器官或组织。越了解压力对身体运作的影响，个体也越清楚地知道该如何面对压力，减缓压力带来的负面影响，预防持续性压力对健康的伤害。

第三节 大学生面对压力的自我疏导与转化

案例集锦

案例1：某大学大三学生小A，坐在教室里看书时总担心会有人坐在自己身边并干扰自己，有强烈的不安全感，以致只能坐在角落，否则就无法安心看书。小A对同寝室一位同学听收音机的行为非常反感，有时简直难以忍受，尤其是睡午觉时总担心收音机的声音干扰自己，从而睡不着觉，经常休息不好。他又不好意思跟同学发生当面冲突，因为觉得为这样的小事发脾气可能是自己的不对。小A很长时间不能摆脱这种心理困境，很苦恼，严重影响了日常生活和学习。即将毕业，他心中一片茫然，担心找不到理想的工作。小A在班上成绩中游，当看到其他同学都在准备考研究生时，自己也想考，但就是不能集中精力学习。他开始自卑、缺乏自信、生活态度比较消极，认为一切都糟透了。他老家在农村，经济状况又一般，他认为自己有责任挑起家庭的重担，但又觉得力不从心。

引申思考：在该案例中，小A的心理困境主要是由各种压力源造成的。首先，该生即将面临大学毕业，择业困难构成其压力源的核心。择业压力所导致的心理紧张和心理困境，其实质是自身能力与理想目标之间的落差造成的，落差越大，心理压力也就越大。小A学习成绩一般，对自己缺乏信心，且家在农村，又觉得自己责任重大，必须找到一份好工作，因此心理压力是相当大的，而且是与日俱增的。其次，择业压力使其在心理上产生不安全感。他面对压力，采取的是消极应对策略——回避。即使不去想，问题和压力却仍然存在。再次，择业压力使他的心理变得异常敏感和脆弱，这一点在他的日常学习和生活中就直接体现出来。哪怕有一点动静，在教室看书或者在宿舍睡午觉就会受到干扰；严重时，即使没有任何干扰，其也会怀疑、担心和害怕受到干扰。最后，择业压力和敏感的心态极易造成人际关系冲突问题，这是他采取回避和压抑等消极应对策略的必然结果。在与同学相处时，尽管他自己也意识到只是一些很小的事情带来的不快，但就是不能控制自己。当某件事情或某个人多次引起自己的反感或不快时，个体就很自然地把自我消极情绪归因于该事或该人，从而影响人际和谐与沟通。

案例 2：小 B 以当地第一名的成绩考入某重点高校，第一学期期末，本来踌躇满志准备获取奖学金的她未能如愿，情绪从此一落千丈，变得郁郁寡欢，无心学习，也无法处理好与同学的人际关系，还整夜失眠。最后不得不去医院精神科检查，结果诊断她是患了抑郁症。

引申思考：据某高校一项对大学生抑郁症的抽样调查显示，大学生抑郁倾向患病率为 23.66%。出现抑郁情况的大学生比较多，主要是由于他们的自我价值没有得到很好的体现，对自己进行了过多否定。一般这样的学生情绪都比较低落、不稳定，不爱搭理人，做事情没有兴致，时间长了，容易造成负面情绪积聚，对学习、生活造成影响，严重的则发展为抑郁症。如果没有找到正常的发泄渠道，某些学生可能会转而沉迷于一些自己觉得是正确的事物上面，比如网络。生活中有这种情况的大学生应该多和身边的朋友谈心、交流，释放出自己的压力，以缓解这些症状，从而恢复到正常状态，必要时也可寻求专业心理咨询。

一、大学生应有耐心、不畏困难

（一）养成耐心的习惯

恒心往往与耐心结伴而行，做事如果缺少耐心，很可能会一事无成。富兰克林曾说过：有耐心的人无往而不利。

培养耐心首先要从自己身边最容易操作的事情开始，这样个体很容易尝到成功带来的喜悦。给自己定一个目标，试着在规定的时间内独立完成。《劝学》中提及："不积跬步，无以至千里；不积小流，无以成江海。"若能把每件小事都做好，那么做大事也会做好。如果平常做事就非常马虎，那么做起事来一定也粗枝大叶。

（二）养成不被困难所吓倒的习惯

困难是什么？困难是前进路上的障碍，是考验一个人的试金石。我们每做一件有挑战性的事情似乎都会遇到困难，该如何对待困难呢？

一方面，我们要养成对既定目标永不放弃的习惯。当我们准备做事时，一开始就要在自己内心深处告诫自己，不论遇到什么困难都一定要克服它，一定要战胜它，什么事情都拦不住自己通往既定目标的行程。只要自己内心有了这种不怕困难的勇气和恒心，困难就更容易克服。

另一方面，要善于动脑，有吃苦的准备。常言说"吃得苦中苦，方为人上人"，要想过更好的生活，就要有比常人多吃苦的准备，困难在肯吃苦的人面前常常会甘拜下风。

二、挫折是成功的必备因素

很多的成功都离不开挫折。"失败乃成功之母"，每一次的失败都蕴含着成功的种子，每一次的失败都向成功靠近了一点点。我们要正确对待挫折，正确对待失败。就拿跳高项目来说，赛场上谁是最后一个失败者，那么谁越有可能成为冠军。如果不经历挫折，不经历失败，那么永远不会有成功。成功与挫折、失败如影随形。要想有所作为，要想有所成就，就要正确看待挫折和失败。

（一）养成执着的习惯

执着是成就事业的前提，几乎每个有所作为的人都具备执着的意志。爱因斯坦曾经说他一生能成就更多的事情就是因为自己有一种做事执着的习惯。执着的另外一层含义就是做事专心致志，不受外界干扰，向着自己的目标稳步奋进。

首先，集中注意力。有的人之所以不够执着，多是被其他事情分散了注意力。一天如果只做一件事情，要比一天中做好多件事情的质量高得多。培养执着的做事风格，要养成集中注意力的习惯。其次，控制自己的情绪。如果一直从事一项枯燥无味的工作，难免会出现情绪烦躁，这时应该调整心态，想方设法提升工作效率。最后，学会爱护身体。人们常说"身体是革命的本钱"，如果没有健康的身体，再好的事业也会显得暗淡无光，也就谈不上执着追求了。

（二）保持积极的心态

身处逆境时，我们要培养积极向上的心态，对未来的美好事物有美好的追求。积极的心态可以改变很多自己最初认为不可能改变的事情。

身处逆境时，首先要想到我们不可能每做一件事情都一帆风顺。凡事都要往好的方面去想，只有这样，才不会畏首畏尾，才敢去行事。尤其是当身处恶劣环境时，要把事物往好的方面去想。很多成功都是经过勤奋努力，经过磨难才能得来的，要保持积极向上的心态。

有积极心态的人，都不只寄予明天或将来，或只回顾过去。昨天已经过去，而明天还是未知，只有今天才是属于自己的。做事要从今天开始，从现在开始，不要等到明天。有一种人总是把希望寄托在明天，而对现在不予理睬，也是不对的。正确的心态是珍惜现在，展望未来，而不是一心把希望都寄托在明天，不管现在的事情。

（三）寻找失败的原因

很多人遇到倒霉的事情时，往往一蹶不振，这时不妨试着去寻找失败的原因，看看自己到底错在什么地方，自己去分析、审察、发现失败的原因。

大学生失败的原因一般有以下几种：首先，自我估计过高，眼高手低。这主要是因为大学生自己没能正确地认识自己的能力，实际执行时发现自己能力不足，从而失败。其次，没有坚定的意志力，不想吃苦。遇到困难就坚持不了，不能正确看待事物发展的规律，不愿承担风险，没有恒心、决心和耐心，做事不能有始有终。最后，不专心，不用心。没有明确的目标，没有好的心态，不会充分利用自己已有的才能，没能充分发现自己潜在的力量，处理事情经验不足，人际关系处理不当等，都是阻碍成功的因素。所以我们要实事求是地看待自己的能力，正确应对发生的事情，把失败的风险降到最低程度。

（四）克服前进路上的障碍

鲁迅曾经说过：其实世上本没有路，走的人多了，也便成了路。人生之路也一样。每个人的人生之路都是不相同的，都需要自己去趟，别人的人生之路只能作为参考，并不能代表自己的人生之路。我们的人生之路还需要自己去开创，开创者可能克服重重障碍才能走上坦途。

（五）放弃烦躁的坏习惯

烦躁是做事的大敌，是心灵脆弱的表现，是不成熟的象征。烦躁易导致人做事不踏实，有百害而无一利。那么，该怎样克服烦躁呢？

首先，要目标清晰。当我们知道自己是在做什么时，心中的指航灯会一直高高亮起，就不易迷失方向。其次，给自己安排事情做。人天生就喜欢做事，如果让自己过着无事可做的生活，心情反而可能特别糟糕。最后，认识烦躁带来的危害也有助于克服烦躁。烦躁会使人意志消沉，应克服。

三、培养顽强的意志

意志是一个人战胜逆境的重要条件。遇到困难时，顽强的意志会起很重要的作用。还可以寻求激励，可以是来自自我的激励，也可以是来自他人的激励。对未来寄予美好的梦想也很重要，想想自己的将来，想想明天美好的生活，想想未来成功的事业，再回过头来看当下的困境，就觉得它不是什么大不了的事情。个体的意志力越顽强，其战胜逆境的能力就越强。

四、学会微笑面对生活

人生很短暂，每一天都很重要，要努力使自己的每一天都笑口常开。首先，要给自己设定恰当的生活目标。清楚自己要追求什么和能追求到什么，所定的目标要明确一些，把过程中可能会遇到的问题想得周全一些，这样真正遇到问题时不会感到茫然失措，最终才可能笑对生活。其次，把苦难当作必备品。生活充满了酸甜苦辣，缺少了哪一样都构不成完整的人生，我们所经历的苦难也是其中的一部分。只有认识清楚这些，才会微笑面对生活。

📖 **拓展阅读**

很多人在面对压力的时候，会产生各种情绪反应，比如激动、愤怒、焦躁、抑郁等。这些情绪反应中有一些对解决压力有正面作用，有一些则还会使压力加重。卡耐基曾经说过：人有99%的烦恼是自己带给自己的。既然烦恼对身心有着十分消极的影响，那么遇到烦恼时应该怎么办呢？不妨试试以下几种方法。

1. 静坐下来，把压力从脑中踢出去 ①

静坐是一种易学的放松法，主要是利用心理放松来影响身体感受。具体操作时，首先要找个舒适、安静的环境，再找一把适合的椅子。这样可以帮助把腰挺直，并支撑住背部和头部；臀部顶着椅背，双脚略微前伸，超过膝盖；双手放在扶手或膝盖上，尽量让自己全身的肌肉放松。闭上双眼，当吸气时，在心中默念着"1"，吐气时则默念着"2"，要很规律地吸气、吐气。如此持续 20 分钟。

2. 休息一下

一天中多进行几次短暂的休息，做做深呼吸，呼吸一下新鲜空气，可以使大脑放松。休息的规则是"在感到疲倦之前休息"，即使休息的时间很短也没有关系。一天中数次定期的"休息片刻"远比一次长时间休息来得有益，有助于防止压力不断上升，而让压力暂停，以使个体有机会蓄积心力来应对。

休息时可以设法做些不同于日常所做的活动，这有助于提高休息质量。假如你整天在室内坐着，就出去散个步或做些适量的运动；假如经常与朋友应酬，那么就奖励自己一些独处的时间。一点改变与休息有同样的帮助作用。

3. 加强睡眠卫生

身处压力下的很多人会难以入眠，不良的睡眠意味着第二天可能没有精力，从而更容易感受压力。因此，应养成固定的睡觉时间和起床习惯；白天不喝刺激神经的饮料；在睡觉前不吃油腻、难以消化的食物，可以喝杯热牛奶；睡觉前还可散个步洗个澡让全身放松；睡觉前可把烦恼逐一写下来，搁在一旁，等到次日再处理。

4. 音乐疗法

音乐通过旋律、音色变化和节奏、节拍过程，通过调动听者的记忆、

---

① 偶尔静坐给自己一个自由的空间，见：http://blog.sina.com.cn/s/blog_4e2dbcc9010013dn.html。

联想、想象等各种心理因素，使听者获得释放与宣泄，使其积极的情绪强化、消极的情绪排除，从而可缓解其躯体的应激状态，解除心理紧张，释放压力。因此，大学生可以培养自己对音乐的喜好，陶冶性情，以应对学习、生活中的压力。我国古代思想家荀子也说：乐行而志清，礼修而行成，耳目聪明，血气和平，移风易俗，天下皆宁，美善相乐。

5. 电影疗法

其实，看看电影、电视也是很不错的减压方法。有空去电影院看看电影，如果觉得一肚子的委屈实在没法发泄，就选一部悲剧片来看看吧，看到悲伤的情节时不要再吝啬眼泪，放声痛哭，宣泄心情。在心情烦躁时看一些喜剧片或小品、相声，"笑一笑，十年少"，在笑声中压力可能就没了。

6. 吃零食

吃零食的目的并不在于满足肚子的需要，而在于对紧张的缓解和对内心冲突的消除。研究表明，当食物与嘴部接触时，一方面能够通过皮肤神经将感觉信息传到大脑中枢，使人通过与外界物体的接触而消除内心的压力；另一方面当嘴部接触食物并进行咀嚼和吞咽运动的时候，可以使人的注意力转移到嘴部，在大脑中产生另外一个兴奋灶，从而使紧张区得到抑制，从而使身心得到一定的放松。

第八章

大学生常见学习问题及调适

青年是学习智慧的时期，中年是付诸实践的时期。

——卢梭

学习是大学生的主要任务和主导活动，并在很大程度上决定着大学生将来的发展。因此，对大学生进行学习心理辅导，将有助于提高大学生的学习能力，对大学生未来的发展具有十分重要的意义。

📖 案例集锦

案例 1：我怎么这么讨厌学习

B 同学今年读大二，是一位来自贫困山区的大学生。他上大学之前的学习成绩一直非常优异，但自从进入大学后内心感到十分茫然，觉得毕业后没有前途，学习失去了动力，生活失去了目标。他时常感到头晕，食欲不佳，早上起来浑身乏力，上专业课时老提不起精神，无法集中注意力，厌烦看书。虽然有时候恨自己不争气，但是 B 同学再也找不到奋斗的目标与学习的动力，因而，学习上"当一天和尚撞一天钟"，感到大学学习实在没劲，从而不断去上网聊天打游戏。B 同学内心非常痛苦，不知怎样才能摆脱这种痛苦状态。

引申思考：进入大学，B 同学的生活环境与生活方式都发生了改变，因而导致学习状态发生了变化。他内心迷茫，丧失目标，注意力不集中，厌烦学习，每天得过且过，依靠网络与游戏消极度日。久而久之，影响了他的身心健康，使他陷入了痛苦。

案例 2：我是不是很笨

　　C 同学是大学二年级学生，进入大学后感到力不从心，对教师的讲课方式很不适应。高中时老师每一道题都讲得很透彻，大学的进度快，老师点到为止，大量的知识需要自己学习。他想弄清楚每一个知识点，可是根本来不及。一年级上学期课程勉强及格，但是名次靠后，他的自尊心很受打击，对自己很失望，越学越累。一年级下学期竟然有两门不及格。他觉得自己太笨了，产生了休学或退学的想法。

　　引申思考：大学的课程信息量大，课堂交流少，老师的教学特点、方式和内容相对于中学都有很大变化。C 同学进入大学，没有完全适应大学的学习方式，因而导致成绩下滑，自信心受挫。

第一节　大学学习的特点

一、学习的专业性

　　所谓专业，是通过专门的训练和工作实践所获得的、从事社会分工的某种职业所必需的知识、经验、技能和技巧的结合体。大学生的知识结构系统、智能结构系统、心理品质结构系统和文化素质结构系统等，无不打上专业的烙印。大学的教学过程是围绕具体的专业要求而开展教学活动，大学生也主要是围绕着既定的专业知识进行学习。

　　大学学习与中学学习明显不同的一点是，中学是基础教育阶段，各年级开设的主要课程基本相同；大学则是专业教育阶段，各专业的课程设计、教学内容以及培养目标可能存在较大差异。各专业的课程设置将影响大学生的知识结构，从而影响他们对将要从事的实际工作的适应性。

　　现行教育体制改革促进了大学生在学习上的选择意向，学有余力的大学生可以选择其他专业的课程，直至获得第二学士学位，也可修满学分而提前毕业。有的大学生把专业学习作为工具，并以其为基础在大学毕业之后涉足其他学科领域。形成大学生学习上这种选择意向的原因，大致有以下四点。

（1）在某一方面有特殊的兴趣、爱好，希望在相关方面获得突出成绩。

（2）认识到当代科学高度分化又高度综合的情况，以适应将来就业的需要。

（3）与未来的理想相联系，如报考研究生等。

（4）受教师讲授艺术感染，随着教师的引导进入一个陌生的新领域。

二、学习的自主性

中学的学习是一种应试的学习方式，这使多数学生在中学养成了被动的学习习惯，不需要自己去选择学习内容和方法，因为一切由教师和家长设计好了。大学的学习环境、学习目的、教学方式、教学内容与中学有很大的差别。大学的学习信息量大，教学速度快，许多内容点到为止，然后教师列出参考书供学生阅读，但没有人去监督，学不学是学生的自由。面对相对自由的时间和空间，变被动学习为自觉主动学习就显得非常必要。多数大学生有自己的课外学习计划、学习时间和学习方法，也表现出自觉性和自控性。这说明他们已经改变了中学时代对教师的依从地位，正在从被动学习向主动学习转化，但这种自主性学习与一般自学还是有区别的，仍然不能离开教师的主导作用。大学生的学习以自学为主、课堂教学为辅。首先，有更多的自由支配时间。一般大学生除上课外，约有40%的时间可用于自由支配。在自由支配时间内，大学生要阅读各种参考书和文献，补充并扩大知识面，去听自己喜欢的选修课等。其次，学习内容有较大的选择性。除了公共必修课和基础课之外，大学生对于学校所开设的选修课可以根据自己的需要、兴趣、特长等进行自主取舍。

三、学习范围的广泛性

大学里课程众多、内容多元、范围广泛。从课程设置上讲，中学阶段一般只学习10门左右的课程，而且主要讲授一般性的基础知识；而大学里开设的课程分为公共课、基础课、专业基础课、专业课四个层次，每一个层次又由许多门课程综合而成。一般说来，大学四年需要学习的课程在40门以上，每一个学期学习的课程都不相同，内容量大，因而学习任务远比中学重得多。大学一、二年级主要学习公共课程和基础课程，大学三年级主要学习专业基础课和部分专业课，大学四年级重点学习专业课并进行毕业设计、做毕业论文。为了全面提高学生素质，学校还开设了人文类选修课程，学生只有按规定选修人文课程、取得相应学分后，才能毕业。

大学的课程有必修课、选修课之分。必修课是指学生完成本专业学习任务，取得本专业学位证、毕业证所必须学习的课程。必修课包含公共课，如大学英语、高等数学、思想品德修养、邓小平理论、毛泽东思想概论、法律基础等，不论是哪一个专业的学生，都必须学习；必修课还包含专业基础课和专业课，是根据不同专业的人才培养计划而确定的。选修课包括专业选修课、公共选修课，前者是针对单一专业学生，后者则是面向全校学生。

四、学习的研究和探索性

大学是研究高深学问、培养高级专业人才的专业教育机构，是一个人系统地学习专业知识的开始，具有明显的职业方向性。大学生的学习是为将来从事专业工作做准备。大学生应从本专业的基础课程开始，逐步深入，在头脑中逐渐建构起本专业的知识框架，并不断丰满成熟，逐步走向本专业知识的前沿。

现代科学发展的特点是学科划分得越来越细，同时不同学科间的相互关联和相互渗透又越来越明显，这要求大学生不仅要懂得自己的专业，同时也要了解相关学科的知识。控制论的创始人、美国科学家维纳认为：科学工作者应当成为这样的人，他们是自己领域中的专家，但对邻近的领域都有十分正确和熟练的知识。大学生既要专又要博，做到专而不窄，博而不滥，只有这样才有利于成才。

大学生的学习具有研究和探索的性质，不仅表现在他们完成毕业论文（设计），参加学术报告会、讨论会和学会活动上，还表现在所学课程上。有的大学生已逐步养成良好的科研习惯，通过参与教师的科研项目或独自进行某些科研取得了一定的科研成果。

第二节　大学生常见学习心理问题及分析

学生从中学升入大学，环境、生活方式以及人际关系的变化所引起的不适应会不同程度地反映到学习上，使大学新生产生较强烈的不适应感，普遍表现为学习积极性下降，呈疲劳状态，这种疲劳不是因身体能量消耗引起的，而是失去学习兴趣或学习单调等诸多因素所致。还有一些学生进入大学后，学习目的不够明确，学习态度不够端正，他们认为，在中学阶段辛苦了许多年，进入大学可谓"苦尽甘来"，应该歇一歇"喘口气"了。特别是把上大学看成个人奋斗目标的学生，感到"目标"实现了，就该享乐了，于是整天泡网吧聊天、打游戏，谈恋爱，学习上敷衍塞责、浅尝辄止，满足于一知半解；甚至还有部分学生对学习成绩只求"60分万岁"，得过且过，平时学习不努力，要考试了才临时抱佛脚。这样即便考试过关，但是学的知识很不牢固；更有甚者，企图采取作弊的手段来蒙混过关，混张文凭，从而招致退学，影响了未来发展。大学生如果不能处理好大学学习问题，将会严重影响其成才及心理健康。

一、学习动力缺乏问题

大学生的学习动力缺乏，是指学习没有内在的驱动力量，没有明确的学习方向，无知识需求，更无学习兴趣，厌倦学习，尽力逃避学习。这也是某些学生常说的"学习没劲头"。这种学习动力缺乏主要表现在：①无明确的学习目标。学习只为应付考试或尽快完成学业，因此在学习上不求甚解，只是死记硬背，不会把所学知识融会贯通，更不会对学科做深入研究。既无长远目标，也无近期目标，极少调整学习方法，对自己在大学期间及每个学期究竟要达到什么要求心里没数。②学习无计划。每天的时间怎么安排、学习什么、学习多少内容、如何在多门课程中合理分配时间和精力，对这些问题不作打算。过一天算一天，做一天和尚撞一天钟。没有适合自身的职业生涯规划方案，也没有系统的学习体系。③学习动机弱。无成就感，无抱负和理想，无求知欲和上进心，没有压力和紧迫感。既不羡慕那些学习成绩好的同学，也不为自己虚度年华而惭愧。不积极摸索和改进学习方法，难以适应紧张、繁忙的学习情境，对学习成绩不佳不以为然。④学习无兴趣。不明确专业学习的意义，未能将自己的学习与国家、民族的复兴相联系，对专业学习缺乏兴趣。对学习活动提不起劲，上课纪律松散，不愿意听讲，对教师布置的作业和相关任务拖拉，漠然置之，甚至产生厌学、弃学的消极情绪，使学习不能坚持下去。

二、学习动机过强问题

学习动机对学习活动起着发动、维护和推进作用，但并不意味着学习动机强度越大学习效果就越好。心理学研究认为，学习动机过强，不论是内部的抱负和期望过高，还是外部的奖惩诱因过强，都会使学生专注于自己的期望和奖惩本身，而不是专注于学习，因而在实际上阻碍了学习。学习动机过强的主要表现有三个方面。

（1）成就动机过强。有的大学生成就动机过强，急于取得成就并超过他人，树立的抱负和期望远远超过自己的实际能力和潜力。只盼成功，担心失败，给心理造成很大压力，以致欲速则不达。

（2）奖惩动机过强。对奖惩考虑过多，一心只想获得奖励，避免受到惩罚。奖惩动机过强的大学生大多是被动学习，以考试为中心，紧紧围着老师转，上课小心翼翼记笔记，下课认认真真对笔记，考前辛辛苦苦背笔记。这类大学生考试得分往往较高，但学得呆板，不能举一反三，灵活应变能力不强，知识面不够宽广。

（3）学习强度过大。有些大学生不会合理安排学习时间，每天用于学习的时间过长，不善于休息，常常处于过度疲劳状态。

三、学习策略问题

大学生学习心理的另一突出问题是学习方式不当。大学的教学着重培养学生的自学能力，要求学生具有独立思考的自觉性和研究学习的自觉性。加之大学里课程门类多、课时多，教师讲课又不拘泥于一本教材。这样一来，依旧沿着中学的思维模式和学习方法进行学习的学生便产生了学习适应困难，如听课困难、做作业困难等。某高校调查分析了大学生学习心理问题，发现9.2%的学生学习"有计划，有时执行"，20.3%的学生"有计划，难以执行"，16.3%的学生"没有计划"；52.0%的学生课余投入最多精力的是与学习无关的事情；55.1%的学生"有时预习"，17.9%的学生"极少预习"，5.6%的学生"从不预习"；51.0%的学生"有时做课堂笔记"，5.8%的学生"等复习一齐抄"，4.1%的学生"从不做"；在创新学习水平自我评价上，认为"一般"者占52.2%，认为"差"者占10.2%（许佩卿和叶瑞祥，2008）。

英国哲人怀特海说过：在中学阶段，学生伏案学习，在大学里，他应该站起来。大学的学习特点与中学有很大的不同，大学学习具有自主性、专业性、广泛性和探索性等特点，课程的数量和难度都加大了，记忆性的知识减少，理解性的知识增多，这需要大学生具有较强的独立思考问题、解决问题的能力。而部分大学生还使用中学期间养成的学习方法，难以适应需要自觉的学习意识和需要创新精神的大学学习生活。

学习策略失当的学生尚未探索出科学的、适合自己的学习策略体系，有明显的不适应学习的倾向。主要表现为：①学习时间安排不科学。学习没有计划，或有计划但不能执行。视兴致而学习，兴致一来连续多时，兴致消减荒废多日。②各学习环节学习方式不当。不重视预习，不带着问题听讲，不做课堂笔记或被动接受式做笔记。不积极参与讨论，不及时解决疑问。平时不温习，考试前搞大突击。一味死记硬背，不注意融会贯通、理解记忆。课外阅读不注意精读和泛读结合，或广泛涉猎但囫囵吞枣，或学得精细但视野偏狭。

四、学习焦虑问题

学习焦虑是指大学生由于不能达到预期学习目标或不能克服学习障碍的威胁，自尊心、自信心受挫，或失败感、内疚感增强，从而产生的一种紧张不安、带有恐惧的情绪状态。心理学研究表明，学生在学习过程中保持适当的焦虑是必要的，它可以激发斗志，增强学习效果，但过度的学习焦虑却是有害的，会对学习产生非常不利的影响。

刚刚进入校园的大学生，以往多是"佼佼者"，现在还想保持"尖子生"的地位则很难，因而长期处于冲突与痛苦中，精神过于紧张，学习上焦虑不安。还有一些学生因为背负着家长的较高期望或一定的经济压力而整天一筹莫展。大学生严重的学习焦虑表现为学习压力大、精神长期高度紧张、思维迟钝、记忆力衰退、注意力涣散、情绪烦躁、郁郁寡欢、精神恍惚、学习效率下降。

五、学习疲劳问题

学习疲劳也叫学习倦怠，是指连续学习之后在生理、心理方面产生劳累，致使学习效率下降，甚至出现健康方面的问题使之不能继续学习的一种异常状态。面对日趋严峻的就业形势，近年来大学生"考级""考证""考研"成为热潮，学习心理疲劳问题也随之日益突出。某高校调查发现，37.5％的学生对学习消极体验强烈，其中18.6％的学生感觉"沉重"，13.1％的学生觉得"枯燥乏味"，5.8％的学生感到"痛苦"（许佩卿，2008）。有的学生自我加压过多，长期超负荷学习，过度用脑，不注意劳逸结合，导致身心异常疲乏，注意力下降，记忆力变差，对学习感到厌烦郁闷；有的学生不讲究学习方法，长时间对着单调乏味的学习内容死记硬背，对学习逐渐失去兴趣；有的学生平时学习不抓紧，临考前通宵达旦，废寝忘食，造成生物周期紊乱，学习效率下降。

　　学习疲劳分为生理疲劳和心理疲劳两种。生理疲劳表现为肌肉痉挛、功能失调、动作不和谐、眼球发疼发胀、腰酸背痛、麻木、打瞌睡等。心理疲劳的症状是精神涣散、感知迟钝、注意力不集中、情绪不安、忧郁、厌烦、学习效率下降。其中，心理疲劳是学习疲劳的主要表现形式。学习疲劳是一种保护性抑制，通常情况下，经过适当的休息即可恢复，但是经常过度的学习疲劳会导致大学生对学习产生厌恶和烦躁情绪，学习效率大大降低。造成学习疲劳的原因主要是：对学习活动缺乏兴趣；学习时间过长，不注意劳逸结合；学习内容难度较大；睡眠时间长期不足等。很多大学生在学习压力下没有找到更有效的学习方法，只希望通过学习时间的无限延长来达到预期目的，久而久之"事倍功半"，反而更加重了学习心理压力。

六、考试焦虑问题

　　考试焦虑是指担心考试失败或渴望获得更好的成绩而产生的一种忧虑、紧张的心理状态。多数大学生在面临重要考试时都会产生一定程度的考试焦虑，这是正常的，但过度的考试焦虑对大学生的学习和身心健康危害很大。

　　考试焦虑是一种负面的情绪状态，会给人带来痛苦的反应，它既可能是一种暂时性情绪状态，又可以持续发展成为焦虑性神经症，因此，过度的考试焦虑对学生的心理健康影响是很大的，对大一新生更是如此。究其原因：一是心理负担过重，很多大一新生在中学时学习成绩优异，一直处在领先的地位，在大学里也期望保持这个优势，害怕失败和落后，结果造成焦虑；二是考试准备不足，平时没有认真掌握知识。另外，家长对子女的期望值过高也是学生产生焦虑的诱因。考试过度焦虑者表现为在考试前后精神紧张，心烦意乱，无精打采，肠胃不适，可能出现原因不明的腹泻、多汗、尿频、头痛、失眠、记忆力衰退、注意力

不集中、学习效率下降等情况，个别学生在考试过程中还会出现心跳加快、呼吸急促、满脸通红、出汗、头昏、烦躁、恶心、软弱无力、记忆受阻、思维迟钝等，有时全身发抖、两眼发黑，甚至晕倒。

七、学习自卑问题

进入大学后，学生的自我意识增强，自尊感特别突出，如果不能正确地进行自我评价，则会导致自我意识失调。有的大学生虽经一再努力，但成绩总是提不上去，丧失了进取心；有的由于学习成绩太差，主观上又不努力，在学习上一再受挫，像泄了气的皮球，再也鼓不起学习的勇气；有的觉得考研无望，竞争无资本，因而自甘落后，自我轻视，自我消沉。自卑心理有的与家庭教育方法不当、社会影响不良有关，有的是由学校教育失误造成的，有的是个人智力和非智力因素影响所致。

自我轻视的心理在学习中的表现就是学习自卑，其对学习的不利影响是显而易见的。不良的学习环境、不准确的自我认知都可能是学习自卑的原因。自卑是一种自我轻视的心理，是自尊心受挫的结果，是羞于落伍的自尊心与学习成绩低下的长期矛盾得不到解决而造成的。表现为：总认为自己智力和能力不如别人，处处低人一等；上课时，总喜欢坐在后排或角落里，眼睛不敢正视前方，尤其是不敢和教师对视；教师提问时，自己明明知道答案，却没有勇气举手回答；课堂讨论不敢发言，不愿参加各种学习竞赛活动；平时总喜欢低着头，不愿与人交往，喜欢独处，在公共场所沉默寡言，表情不自然；遇到困难容易丧失信心；每当考试时，总在心里暗示自己不行、通不过；十分在意别人对自己的评价，往往别人的一句玩笑话也会长时间影响情绪；自尊心强，感情脆弱。

第三节　关于学习心理及影响学习心理的因素

一、对学习的理解

“学习”这个词包含“学”和“习”两层意思。《说文解字》释义说：“学，觉悟也。""觉悟"说得更通俗一点，就是明白、理解。"习"的繁体写为"習"，《说文解字》解释说："習，数飞也。"指鸟儿不断地振动翅膀。"习"，还包含有"熟练""经常"之意，进而引申为实践、作为。现在我们认为"学"就是指获得信息、技能，主要是指接受感官信息与书本知识；"习"是巩固知识、技能的行为。"学"偏重于思想意识的理论领域，"习"偏重于行动实习的实践方面。学习就是获得知识，形成技能，获得适应环境、改变环境的能力的过程，实质上就是学、思、习、行的总称。因此，大学生在日常生活中要加强对所得技能和知识的实践和应用，只有通过不断的练习、重复的练习才能对一种技能达到熟练掌握的境地，才能形成习性、习惯。

学习是个体由于练习或反复经验而产生的行为、能力或倾向上的比较持久的变化及其过程。狭义的学习特指学生的学习。学生的学习是指在教师的指导下，有目的、有计划、系统地接受前人积累的文化经验，以发展个人的知识技能，形成符合社会期望的道德品质的过程。

人的一生不能停止学习，学习是人的终身事业。学习活动更是大学生的主体活动，大学生要抓住这个心智成长的黄金时期努力学习各方面的知识，接受有计划的、系统的教育，以便开启智慧、激发潜能，更好地为社会贡献自己的力量。

大学生学习心理问题已经引起各个高校乃至社会的高度重视。某高校心理健康教育及研究中心对该校 720 名新生心理健康状况的调查发现：44.7% 的新生上课思想难以集中，33.2% 的学生缺乏耐力。有资料显示，因学习心理问题前来咨询的大学生占总人数的 26%，在各种咨询问题中居第一位。[①]

当前，各大高校面临着把培养重点从知识型人才转为学习型人才的变革态势，要努力培养能够创新、勇于创新、敢于创新的新型人才，大力倡导素质教育。因此，充分认识学习的含义，深刻了解学习心理，了解学习心理特点等，对于大学生克服各种学习心理障碍、提高学习能力、改善学习方法、培养创新素质具有举足轻重的意义。

---

① 大学生心理咨询现状调查与思考，见：https://wenku.baidu.com/view/bd392fd0b1717fd5360cba1aa8114431b-80d8c68.html.

二、学习心理

近年来对学习心理方面的研究已经逐渐成为教育心理学、教育工作所密切关注的热门课题。学习心理主要以个体在学习活动中的心理反映、心理特点及心理活动的规律为研究对象。学习心理立足于学生的学习本质，通过多个方面的研究，例如学习的思维方式，学习的行为方式，学习过程、类型、技巧，认知理论，记忆原理等领域的研究，最终总结出一系列的学习理论，形成一定的学习方法体系。运用学习心理学的理论和方法，可从根本上解决学生的学习相关问题，真正做到理论与实践的相互结合，达到科学、高效学习的目的。

三、学习心理的影响因素

学习过程是以一定的智力发展水平为前提的心智活动过程，是建立在人的心理活动的基础之上的。这里所说的心理活动包含智力因素和非智力因素。智力因素是学习过程的心理结构，而非智力因素则是学习过程的心理条件。学习是否能够取得好的效果，取决于智力因素和非智力因素的共同作用。也就是说，学习成效取决于学习过程中的心理结构和心理条件的共同作用。

（一）智力因素

智力因素是学生学习的前提，是学习的必要条件。智力因素是以思维能力为核心的，还包括注意力、观察力、记忆力和想象力。

1. 思维能力对学习心理的影响

思维能力是智能结构的核心。思维是一种高级的心理活动，即我们常说的思考、思索，它是反映客观事物一般属性和内在联系的心理活动。许多科学领域的突破和伟大贡献都缘于科学家坚持不懈的思考，是他们在不放过任何一个思考机会的不断努力下获得的。著名科学家爱因斯坦曾说过：学习知识要善于思考，思考，再思考；整个科学不过是日常思维的一种提炼。可见，在学习活动中思维能力起着关键性作用，人们通过不懈的思考才能取得对客观事物的理性认识。大学生只有对思维对象产生浓厚的兴趣，才能激发出对研究领域进行创造性思维的潜能。那些善于思考、运用思维能力的人，遇到问题时总能够积极地厘清思路，吸取并总结思维活动中的经验教训，更加主动、科学地运用思维能力处理问题。

2. 注意力对学习心理的影响

我们平时在学习时都有这样的感触：心不在焉地看文章十遍的效果比不上集中精神专心致志地抄写一遍。当我们在用笔抄写时，手、眼、口、心都专注于一点，大大提高了学习的效果。"好记性不如烂笔头"，说的就是这个道理，这也反映出注意力对学习的重要性。注意力是一种将心理活动集中指向一定事物的能力，整个的认知过程以及思维活动都离不开注意的参与和始终坚持。注意不是独立的心理活动过程，它是伴随着各种心理过程而存在的心理特征和心理状态。在学习过程中，有意注意可以帮助学生获得系统的知识，是大学生进行创造性学习的必要条件。大学生要提高学习效率，就要切实运用注意规律，养成良好的注意习惯，从而达到事半功倍的学习效果。

3. 观察力对学习心理的影响

对大学生的各种学习活动来说，观察力有重大的价值。观察力即能够及时捕捉、觉察那些稍纵即逝的事物，并对其进行精细观察和分析的能力。通过细致的观察可能获得对客观世界的最基本的感性经验，起到收集信息的先导作用。大学生在进行学习、研究的过程中，要把观察作为基本手段，以此获得丰富的基础性材料，从而更好地理解和掌握理论知识。另外，良好的观察力可促使大学生的思维能力和理解能力提高，及时把握观察对象的意义。优秀的大学生必定勤于观察、善于观察，能够把观察力和其他各种学习心理因素结合起来共同发挥作用。

4. 记忆力对学习心理的影响

记忆力与大学生的学习更是有着十分密切的关系。记忆力强的大学生，学习和工作的效率就高；反之，其学习过程中就可能出现许多麻烦。记忆力是学习的重要心理条件，大学生的学习过程从某种意义上来说就是不断运用记忆将新旧知识融合起来，从中整理概括出新的体系。大学生在进行学习的过程，也是知识信息不断积累的过程，如果所获得的信息不能通过记忆留存下来，也就不可能获得成体系的知识和经验，就不能为思维提供新的资料。良好的记忆力可提高学习效率，保证新知识的学习和思考的正常进行。

5. 想象力对学习心理的影响

想象力是创造力的源泉。人的认识活动要富有创造性，就离不开丰富的想象力。想象和思维是相互交叉、相互渗透的，没有想象力的支持是不可能产生创造性思维的。想象力是智力结构的动力因素,是智力活动的翅膀。大学生的学习不是单纯地吸收知识,还需要有效地输出知识,不仅要学会知识,还要进行创新的研究。有的大学生只是被动地接受书本知识,他们不会创造,没有创新性,这就是缺乏想象力的表现。没有想象力的参与,人类的思维就不够活跃。学生通过对事物进行观察、记忆可获得大量的信息、知识,但这些信息、知识是有限的,想象力的运用可使信息、知识有质的飞跃。想象力能够提高学习的积极主动性,能够激发创造力,因此学生在学习过程中应充分发掘自身的想象力。

(二)非智力因素

非智力因素是学生学习的决定因素,是学习的充分条件。广义的非智力因素是指智力因素以外的心理因素;狭义的非智力因素是指动机、兴趣、情感等。下面主要对动机、兴趣、情感、意志等非智力因素进行阐述说明。

1.动机对学习心理的影响

人们从事任何活动,总是有一定原因的,这也就是我们常说的动机。学习动机就是指推动学生进行学习活动的原因。学生在进行学习的过程中只有明确了学习的目的和方向,才会进行积极有效的学习活动。学习动机决定了学习的方向、学习的进程,也直接影响学习行为的稳定性和持久性。有着强烈学习动机的大学生要比学习目标模糊不清的学生在学习过程中表现出更坚强的意志和更认真的学习态度。

2.兴趣对学习心理的影响

兴趣是最好的老师。兴趣是个体主动表现出的对事物或活动的积极倾向。一个人如果对某项活动有兴趣,就会力求认识它,了解它;对某物感兴趣就爱不释手,甚至废寝忘食。兴趣影响着一个人学习什么,以及在其中所投入的精力。若是对某个研究对象感兴趣,再苦再累也乐于为之;反之,如果丧失了兴趣而仅仅是被迫求知,则难以收到好的学习效果。这就是兴趣所激发出来的巨大的潜能。

3.情感对学习心理的影响

情感是人类重要的心理现象之一,也是人类行为活动中最复杂的方面。情感具有两面性:适当的情感对人的认知过程具有积极作用,不当的情感则会对各方面产生消极的作用。大学生正处于情感丰富、身心趋于成熟定型的关键时期,良好的情感有助于大学生在学习、生活、人际等方面的能力展现。

4. 意志对学习心理的影响

意志是指人自觉地根据目的调节、支配自身的行为，以克服困难去实现预定目标的心理过程。有人对大学生的学习曾做了这样的描述：大学生差别最小的是智力，差别最大的是意志。因此，意志在大学生的学习中起着重要的作用。

大学生是一个高素质、高智商的群体，因而非智力因素常常决定着他们学习的效果。一个没有明确学习目的、对学习过程不感兴趣，又缺少刻苦钻研、勤奋学习精神的人，智力水平再高也很难取得好成绩。

拓展阅读

PQ4R 学习方法

PQ4R 学习方法是由托马斯和罗宾逊提出的能帮助学生理解和记忆的学习方法。[①]PQ4R 分别代表预览（preview）、设问（question）、阅读（read）、反思（reflect）、背诵（recite）和回顾（review）。采用这种方法可使学生集中注意力，有意义地组织信息，使用其他有效的学习策略。PQ4R 的具体步骤如下。

（1）预览：快速浏览材料，对材料的基本组织主题和副主题有初步了解。注意标题和小标题，找出要读的和学习的信息。

（2）设问：阅读时问自己一些问题。根据标题用"谁""什么""为什么""哪儿""怎样"等疑问词提问。

（3）阅读：阅读材料，不要泛泛地做笔记。试图回答自己提出的问题。

（4）反思：通过以下途径，试图理解信息并使信息有意义：①把信息和已知的事物联系起来；②把课本中的副标题和主要概念及原理联系起来；③试图消除对呈现的信息的分心；④试图用这些材料去解决联想到的类似的问题。

（5）背诵：通过大声陈述和一问一答，反复练习记住这些信息。可以使用标题、画线的词和对要点所做的笔记来检查背诵效果。

（6）回顾：最后一步，积极地复习材料，主要是问自己问题，肯定答不出来时再重新阅读材料。

---

① PQ4R 学习方法，见：https://baike.so.com/doc/7558984-7833077.html。

第九章

大学生职业生涯规划与择业

> 生涯规划提供人一生的方向，而生涯目标则给予人献身的动力，使人把力量整合到一个方向。

——金树人

生涯规划是每个人都要面对的重大课题。当退休离开工作岗位时，回首过去问自己：我一生中做了些什么工作？我是否在工作中发挥了自己的才能？我是否实现了自己的价值？有的人会很满意，他们感到自己的人生很充实，很有成就感；有的人则充满了遗憾，他们常常感到虚度光阴，一事无成。一个人要想使自己的人生更成功、更有价值，就需要好好规划职业生涯。学习职业生涯发展规划的基本理论和方法，将有助于大学生科学地规划人生，更好地做好各方面准备，使大学期间的学习目标更明确，在今后的职业发展上更成功。

📖 案例集锦

案例 1：长不大的小 A

2019 年 3 月份，在学校举办的小型招聘会上，毕业生小 A 的父母在招聘会尚未开始时，就早早地到会场打听单位的情况。招聘会开始很久以后，小 A 才姗姗来迟，并由父母陪同前往用人单位摊位面谈。面谈过程中，小 A 发言的时间还没有其父母多，结果谈了一家又一家，最终一无所获。

引申思考：小 A 的问题出在择业过程中过分依赖父母。只依赖父母是难以找到一份满意的工作的。现在的毕业生中，独生子女所占的比例较大，很多人生活一帆风顺，没有经历过什么波折，再加上父母的过分呵护，客观上也助长了他们的依赖心理。这些毕业生大多缺乏主见，自我意识模糊，在择业时常会茫然不知所措，独立进行择业决策的能力差，以致在人才市场上父母代替子女、亲友代替本人与用人单位洽谈的场面屡见不鲜。毕业生要学会克服消极依赖的求职心理，要时刻认识到职场要求每个社会成员都积极参与，要充分认识到自己才是求职的主体，要发挥自己本身的积极主动性，树立起强烈的主体意识。

案例 2：特长帮了忙

小 B 是一名工业工程专业的女生，尽管有相当一部分人认为女生比男生找工作难，但是小 B 第一次面试某大型航空公司就顺利地被录用了。谈起这次面试成功的经验，小 B 认为除了自己学习成绩优异之外，主要得益于自己的特长及在面试当中的表现。面试过程中，当用人单位问她除了学习，课余有什么爱好时，她毫不犹豫地说自己的课余爱好是主持节目，并向用人单位简要介绍了自己几次难忘的主持经历。用人单位对她产生了浓厚的兴趣，最终欣然决定与她签约。

引申思考：在渴求工作的毕业生之间，或许专业技能的差别不会特别大。即使在工作岗位上，大家每天做的事情也不可能区别很大。但是善于把握机会、善于推销自己的人，相比其他人来说，会获得更多的就业机会。个人特长是用人单位极为关注的重要内容之一，可以更全面地考察一个人的能力以及职位的适应性。当今，一些用人单位招聘，在看重求职者专业知识和工作经验的同时，把一些兴趣、特长也作为求职者的综合素质来看待，并作为是否聘用的因素之一。因此，作为当代大学生，在学好知识的同时要注意个人的全面发展，培养个人的兴趣爱好，增强就业竞争力。同时，在制作简历、面试时一定要突出自己的个人特长。当机会来临的时候，要勇于表现自己，牢牢抓住机会。

第一节 职业生涯规划概述

一、职业生涯的内涵

"生涯"可以分解成"生"与"涯"二字:"生",即"活着";"涯",即边界。"生涯"指从事某种活动或职业的生活。从广义上理解,有人认为"生涯"即指人在一生中所扮演的角色的综合及结果,这些角色包括子女、学生、休闲者、公民、工作者、持家者等。从狭义上理解,"生涯"是指人在成年阶段所从事某种活动或职业的生活。

"职业生涯"翻译自英文"career"一词,原意指"道路",后来逐渐引申为人们的职业生涯发展道路或途径。职业生涯的概念起始于20世纪60年代的美国,20世纪90年代初传入中国。职业生涯的含义随着时间的推移发生过很多变化。法语中对职业生涯一词的界定是"表现为连续性的分阶段、分等级的职业经历"。有人将职业生涯界定为人的一生中与工作相关的活动、行为、态度、价值观、愿望的有机整体。由此可以看出,职业生涯应包括工作、家庭、自我、爱情、休闲、健康等多个层面,可视为个体整体谋生活动和生活形态的综合体,即人生发展的整体历程。

20世纪70年代,职业生涯的概念涵盖与个人生活和工作相关的各个方面。此后,职业生涯的概念一直在不断泛化,其内涵甚至包含了个人生活的方方面面。早期一些经济学家认为职业生涯就是社会个体在其人生中所经历的一系列职位与角色,与个人的职业发展过程紧密相关,因而是个人在接受职业培训与个人独立发展中所形成的知识与经验。20世纪70年代以后,职业生涯概念的外延被不断扩大,大多数的西方学者普遍认为职业生涯就是个人一生中职业发展与人际关系的总称,也被称为个人终生发展历程。而在中国,职业生涯的概念出现较晚,著名职业生涯研究专家程社明教授将职业生涯明确定义为以心理开发、生理开发、智力开发、技能开发、伦理开发等人的潜能开发为基础,以工作内容的确定和变化,工作业绩的评价,工资待遇、职称、职务的变动为标准,以满足需求为目标的工作经历和内心体验的经历。

综上所述,职业生涯一般是指个体在整个生命过程中的工作经历,具体是指社会个体与职业相关的一切行为活动、情感态度，以及价值判断等连续性经历的过程，同时还包括职位或行业的变迁，以及信念或理想的实现过程。这一界定主要包括两层含义：一是职业生涯具有社会属性，是一种个人与社会的长期动态互动过程。它不仅表征着职业工作时间的长短，同时也包含各种职业变更和生涯发展的经验与经历、社会个体职业发展的阶段、职业的属性、职位与职业的转换等具体内容。二是职业生涯具有个体属性，是一种个体的行为经历。每个人都有自己的职业条件、职业愿望，有为实现自己的职业愿望所做的种种不同努力，从而有着与别人相区别的、独特的生涯历程。

📖 故事分享①

一天，苏格拉底带领几个弟子来到一块麦地边。正是麦熟的季节，地里满是沉甸甸的麦穗。苏格拉底对弟子们说："你们去麦地里摘一个最大的麦穗，但只能摘一次，只许进不许退，我在麦地的尽头等你们。"

第一个弟子出发了，刚走不远，看见一支麦穗感觉不错，便摘了下来。当他往前走时，还有更好的麦穗，但他不能再摘了，很后悔地把麦穗交给老师。

第二个弟子出发了，他边走边看，边看边忍，一直没有摘，等到最后才摘。但摘后便很后悔，因为在他走过的地方有比这个更好的，而他不能倒回去摘，也很后悔地把麦穗交给老师。

第三个弟子出发了，他将走过麦地的路程划分为三等分，第一等分"看"，确立麦穗的大小标准；第二等分"验证"，看第一等分所确立的标准是否与第二等分相吻合；第三等分"摘"，即按验证的标准去摘"最大"的麦穗。当然，最后他成为了胜者。

---

① 最大的麦穗，见：http://www.ruiwen.com/wenxue/kewen/534394.html.

拓展阅读

职业生涯规划最早起源于美国，如今美国是世界上职业指导工作最为普及的国家之一。职业指导初期只是为解决当时社会失业和就业问题的一项社会工作，随着人本主义思潮兴起，它也渐渐地由早期"协助人择业"而逐渐地发展成"协助从业者规划个人发展、谋求实现个人最大人生价值"的工作。因此，人们也把这项工作由初期的"职业指导"定义为"职业生涯规划"。

舒伯认为人的职业生涯发展分为五个阶段。[①]

1. 成长阶段（出生～14岁）

儿童开始辨认他们周围的事物，并逐渐开始意识到自己的兴趣所在，初步具备和职业相关的一些最基本技能。这个阶段发展的任务是发展自我形象，树立对工作、对世界的正确态度，并了解工作的意义。

2. 探索阶段（15～24岁）

探索把职业梦想与现实环境相结合。主要通过文化基础和专业知识、专业技能的学习，通过一些社会实践的磨砺，评估确定职业目标、职业期望，并进行初步的职业尝试。

3. 建立阶段（25～44岁）

根据职业实践进行自我与职业的统合，促进职业稳定与职业行为趋于成熟，这是职业生涯中最关键和最见成效的阶段。可以分为两个时期：承诺稳定期（25～30岁），个体开始寻找安定的工作，如果工作不满意则力求调整，开始有稳定的工作；建立期（31～44岁），个体致力于工作上的稳固，大部分人处于富于创造性的时期，开始进入职业的高峰期。

4. 维持阶段（45～64岁）

一般不再会有大的职业变动，这一阶段的主要任务是维持现有的成就和地位，一部分人也可能取得新的工作成就。

---

① 舒伯的生涯发展理论，见：https://wenku.baidu.com/view/07fc14cd0b4c2e3f562763da.html.

5. 衰退阶段（65岁以上）

这一阶段是一个人部分或全部退出职业角色，转换轻松、能维持生命活力的新角色。延缓衰退、保持健康是此阶段的主要心态。

依据这一阶段划分理论，大学生处在探索阶段。

一年级为试探期：要初步了解职业，特别是自己未来想从事的职业或与自己所学专业对口的职业，提高人际沟通能力。

二年级为定向期：了解相关的专业和课外活动，以提高自身的基本素质为主。

三年级为冲刺期：确定自己的主攻方向，选择就业还是考研或是出国留学。

四年级为分化期：四年中最不稳定的时期，学生普遍心浮气躁，忙着找工作、考研或办理出国手续。大部分学生的目标锁定在成功就业上。

二、大学生职业生涯规划的意义

有这样一句话发人深省：你今天站在哪里并不重要，但是你下一步迈向哪里却很重要。成功的人生需要正确的规划。在现代社会，规划决定命运。有什么样的规划，就有什么样的人生。越早规划人生，就能越早成功。因此，大学生要充分认识职业生涯规划的重要意义。

（一）协助个人认识自我开发潜能

学习职业生涯规划相关知识，可以协助大学生正确认识自身的个性特质、兴趣和能力倾向，使其对自身的优势与劣势进行理性的分析；了解自己的职业价值观，树立明确的职业发展目标与职业理想；将职业目标与实际相结合，做出恰当的职业定位；学会运用科学的方法，采取可行的步骤与措施，不断增强自己的职业能力，实现职业目标与理想。

（二）协助个人规划自我实现理想

职业发展规划犹如一张生命蓝图，引导大学生一步步实现自己的职业理想。无论做什么都需要确定适合自己的目标，然后制定为达到目标而实施的具体计划。明确的职业生涯规划可以使大学生把理想与现实的努力结合起来，脚踏实地地去努力。例如，学习计划，知识、能力的准备，对各种职业信息的收集，社会实践的锻炼等，都应与大学生的职业理想结合起来。当今的时代是一个挑战和机遇并存的时代，机遇总是垂青那些有准备的人，善于规划自我的人更能把握自己的命运。

（三）协助毕业生进行理性的就业选择

大学生对职业生涯规划的明确程度直接影响他们的毕业选择。有关部门对大学生职业生涯规划的调查显示，职业生涯规划明确程度与毕业选择满意度之间有显著正相关：职业生涯规划越明确，毕业选择的满意度就越高；职业生涯规划越不明确，则毕业选择的满意度就越低。一些大学生没有真正理解职业生涯规划的确切含义，对职业生涯规划的重要性认识不足，不了解职业生涯规划的程序，缺乏进行规划的具体技巧，因此在毕业选择时不是盲目追赶社会潮流，就是随意效仿别人，常常表现出被动和不知所措。

（四）协助个人做出有效的决定

通过职业生涯规划，大学生可以对自我和职业环境进行深入、具体的分析，并对各种信息进行综合与评估，在此基础上做出选择，并且掌握达到目标的各种具体技巧。例如具体的求职过程中如何写简历、进行面试，如再评估和调整自己的选择等。有了这些具体、充分的准备，就更可能做出有效的决定，勇敢地迈出职业生涯发展的第一步，为以后的职业成功奠定坚实的基础。当今的时代是一个充满着激烈竞争的时代，无论是毕业时的求职，还是以后的职业发展，竞争无处不在。大学生要想使自己在激烈的竞争中脱颖而出并立于不败之地，就必须做好职业生涯规划。

三、大学生职业生涯规划的步骤

职业生涯设计是一个系统工程。科学、合理、有效的职业生涯规划会对人的职业生涯发展起到积极的促进作用，因此要按照职业生涯设计的流程认真做好每个环节。职业生涯设计的具体步骤概括起来主要有六步。

（一）自我定位

首先对自己要有一个客观、全面的评价。科学、合理、有效的职业生涯规划是建立在充分了解自身条件的基础上的。在自我评价中需要对自己的兴趣、特长、性格、学识、技能、智商、情商、思维方式等有较为客观的了解和认识。

也就是说，在做好职业生涯规划前就要明确自己想干什么、能干什么、应该干什么。

（二）确定目标

目标的确立是做好职业生涯规划的核心。一般情况下人们把目标分为短期目标、中期目标、长期目标和人生目标。

长期目标的确定要结合自己的实际情况经过全面分析，慎重抉择后确定下来。长期目标既具可行性又具前瞻性，是需要通过个人不懈的努力奋斗才能实现的最终目标。短期目标是长期目标分解后的阶段目标，是长期目标实现的基础。只有立足实现短期目标，不断达成中期目标，才能最终实现个人的长期目标。

（三）分析社会发展趋势

人具有社会性，职业生涯规划的制定离不开社会环境的影响。社会的发展对个人的职业生涯规划具有促进或制约的作用。个人的职业生涯规划若符合社会发展趋势，就会促进个人的职业目标的实现；反之则不利于个人目标的实现。因此，职业生涯规划要在充分认识和了解社会发展趋势的基础上，结合自身特点去制订。

（四）择业标准

在职业发展中充分发掘职业目标与个人主客观条件最佳结合点是使个人潜能发挥到最大的基础。因此，在确定目标职业时需要考虑的因素有性格与职业的匹配、兴趣与职业的匹配、特长与职业的匹配、专业与职业的匹配等。择业的原则有：①结合自身条件，谋求个人与社会、职业的最佳结合点；②学会取舍，目标明确，不切实际的相互攀比是择业大忌；③个人职业生涯发展是一个动态过程，要学会审时度势，根据内外因素的变化及时做出调整。

（五）制订方案

职业生涯规划目标确定后，要认真研究以制订科学、合理的实施方案。以实施方案为指导，配合积极的行动，这是职业目标得以实现的根本保证和有效途径。

（六）在实践中检验与调整

职业生涯规划是一个动态的发展过程。个人的职业生涯规划是否合理、有效，只有在职业实践中才能得到检验，因此，个人在职业发展中要学会不断地总结、分析职业发展中出现的各类问题，及时进行必要的调整与完善。

以上这六个步骤既是相对独立又是相辅相成的，往往要经过多次的反复才能形成较为合理的职业生涯规划。当然，职业生涯规划是一个动态的过程，任何规划都是在实施过程中不断完善的，这一过程与生命同在。

第二节 大学生职业生涯规划与择业中常见的心理误区

一、大学生职业生涯规划的心理误区

（一）缺乏正确的自我评价

在职业生涯规划过程中首先表现出来的就是过度自满。职业发展目标制定得过于理想化而不切实际，在实践过程中根本无法实现，最终导致职业生涯规划流于形式。其次，相互攀比、人云亦云，制订的职业生涯发展规划根本不是结合自身实际设计而成，在自身的职业生涯规划中无法实施。最后，在职业生涯规划中因缺乏自信而确定的目标过低。在自身发展中没有一个较高的标准，在实践过程中就无法充分激发自身动力，发扬拼搏精神。

📖 **拓展阅读**

如果唐僧、孙悟空、猪八戒和沙僧穿越到现代社会，他们到职业介绍所，你会给他们分别介绍什么工作，为什么？

唐僧：心地善良、信仰坚定、不畏艰险、勇往直前、是非不分、盲目慈悲、固执迂腐、懦弱无能。适合工作：领导者、教师。

孙悟空：自信正直、果断坚毅、疾恶如仇、勇敢无畏、心高气傲、争强好胜、容易冲动，爱捉弄人。适合工作：开拓者、警察。

猪八戒：活泼率直、憨厚单纯、风趣幽默、贪财好色、好吃懒做、嫉妒心强、好搬弄是非、丢三落四。适合工作：销售、公关人员。

沙僧：随和低调、任劳任怨、纯朴憨厚、忍辱负重、顾全大局、沉默寡言、墨守成规、缺乏个性。适合工作：总务、服务人员。

（二）缺乏对社会发展状况的了解

以升学为目标的学习使大学生在个性发展上后劲不足，对社会认知经验较少，因此，在进行职业生涯规划中就容易产生一种无助、迷茫的困惑。面对人才市场激烈的竞争，大学生又会产生一种紧张、焦虑的心理。

（三）缺乏职业生涯规划理念

不少大学生对职业生涯规划缺乏重视，自主性不强，存在依赖心理。在市场经济不断深化、就业制度持续改革的过程中，有的大学生对就业形势的严峻性认识不足，存在自主择业意识不够强烈等表现。因此，大学生首先要转变观念，学会主动、自主规划职业，使职业生涯规划成为激发个人学习和自我提升的动力源泉。

（四）缺乏角色转换意识

从学生到社会职业人的转变是一个从量变到质变的过程，看起来似乎只是跨越一道门槛，却让大学生在看问题、分析问题、处理问题时的出发点发生了质的变化。因此，在职业生涯设计过程中，转换角色来设计和审视自己的职业发展规划，也许会达到更好的规划效果。

二、大学生求职择业常见的心理误区

求职择业是大学毕业生迈向社会的第一步，同时也是他们由学生到社会职业人角色转变的起点。这让他们面对未来时满怀憧憬，而在对职业的选择上内心又矛盾重重，由此而产生的一系列心理问题，目前已成为不容忽视的教育问题和社会问题。大学生只有正确处理好求职择业过程中出现的各种矛盾心理，避开择业误区，才能为职业生涯的顺利发展奠定基础。大学生在择业方面主要表现出以下几种心理误区。

（一）就业期望值过高

有相当一部分大学生对社会就业环境以及用人单位的人才需求了解不足，对个人专业技能、特长、兴趣等又没有客观、准确的认识和定位，在求职择业过程中一味追求舒适的工作环境和高薪。这种不切合实际的择业标准，使得他们求职择业屡屡受挫，最终对个人能力产生怀疑，丧失自信心，严重的还可能形成心理障碍或导致恶性事件。

（二）适应能力迟缓

一部分大学生在由学生到社会职业人的角色转变过程中心理承受能力较差，这是过分依赖家庭和校园生活、自主能力差的具体表现。一旦角色发生变化，需要独立处理复杂的社会关系，这部分大学生往往就会产生恐惧和害怕的心理，从而逃避和抵触就业。

（三）急功近利心理

部分毕业生为了尽快实现个人职业发展目标，认为只有进入大公司或知名企业才是个人快速发展的有效途径。为了这一目的，他们不惜放弃个人专业特长和兴趣。然而，抛弃自身优势去竞争如鱼儿失去了水，在激烈的竞争中只能倍受煎熬。

（四）求稳心理

受传统观念的影响以及对社会发展趋势认识的片面性，仍有部分毕业生希望寻求一劳永逸的职业。然而，在市场经济条件下，这种传统的择业观念已经不符合时代发展要求。在人本理念的社会中，每个人都有权结合自身条件对职业做出多种选择和调整，以利于个人职业发展。

（五）职业攀比产生不满足心理

在一部分毕业生中最容易出现的问题就是与同学进行职业比较，他们在这种比较过程中往往又忽视个体差异。一旦发现同学的工作岗位比自己的工作岗位好，就会产生一种心理不平衡感。在不成熟的心理作用下，就会轻易地选择放弃自己来之不易的工作岗位，最终使自己陷入一种高不成、低不就的两难境地。

第三节　大学生求职择业中应遵循的原则及需要调节的心理问题

一、大学生求职择业应遵循的原则

在进行自主择业的过程中，每一名大学毕业生都希望找到适合自身发展的理想职业，但是社会客观现实又很难使每个人都如愿。这就要求大学毕业生在择业过程中树立正确的择业观。因此，在择业时大学生应遵循以下四点原则。

（一）顾全大局

双向选择、自主择业的就业制度不等于可以随心所欲地、不受限制地选择个人喜欢的职业。应该清醒地认识到在个人进行职业选择的过程中，用人单位对申请者也在进行着考验和筛选。因此，在进行职业选择时要充分把个人择业标准与社会用人单位的需求标准结合在一起进行考虑。

（二）以现实为基础

大学毕业生要实现顺利就业的愿望，就要坚持以现实为出发点。首先，要做到对自己进行客观、准确的自我评价，包括个人能力、兴趣、性格等；其次，要结合当前的就业环境做出符合实际的职业选择。

（三）积极选择

大学毕业生可以在学校、家长、朋友、同学的帮助下，积极了解、掌握用人单位的招聘信息。对符合个人择业要求的有用信息，要做到努力争取，不轻易放过任何一次就业机会。同时，要做到主动把握就业形势、了解相关就业政策，及时调整个人就业标准，以便顺利就业。

（四）分清主次

大学毕业生在进行职业选择时，要有明确的个人求职择业标准，要从适合个人职业发展的角度去衡量职业并进行取舍。职业无好坏之分，每个人的择业标准不同，对职业的选择也会不同。

二、大学生求职择业中需要调节的心理问题

当前就业形势严峻，大学生在求职择业过程中会遇到各种各样的困难，面对困难又会产生不同程度的心理波动，这是正常的。但是，如果心理压力过大，而又不适当调节，就可能形成一些心理障碍，产生一些不健康的心理现象。这是由个人的心理压力与心理承受力相互作用导致心理失衡的结果。大学毕业生在择业过程中要及时察觉可能出现的心理问题并积极采取相应的措施进行必要的调节。常出现的心理问题主要有以下几种。

（一）依赖心理

面对激烈的就业竞争，有些大学生把希望寄托于学校、家长，自我角色转变意识不强烈。这种习惯于将个人命运交给别人安排的依赖心理是不可取的。无论是就业，还是生活中的其他事情，个人的命运永远掌握在自己的手中。摆脱依赖他人的心理是大学生面对人生的一种积极态度。求职择业是大学毕业生步入社会、独立面对人生的第一个挑战，这就要求大学生摆脱依赖心理，凭借个人专业技能、知识水平、综合素质等积极、主动地积累经验，进行择业。

（二）自负心理

有些毕业生在就业选择中表现出了过度的自负。自负在求职择业时的直接表现就是自我膨胀、谈话不着边际，给人一种华而不实的感觉。主要原因在于这些大学生不能正确认识自己，对自我评价过高，对社会就业形势了解不深。要克服这种自负心理，要让自己过热的头脑冷静下来，还要对自己进行全面、客观的分析，找出自身存在的不足。同时，要对当前就业形势有客观、准确的认识。

（三）自卑心理

自卑是一种不健康的心理表现。毕业生求职自卑心理的产生往往是由于在择业过程中屡屡遭遇失败，从而对个人能力产生怀疑，开始认真审视自我。这时候的审视往往又带有一种片面性，对自身能力估计过低，认为自己的专业技能不如别人，担心自己不能胜任未来的工作。有时对自我外在形象也进行评价，认为自己的个人条件不如别人，处于竞争劣势。因此，在一系列的自我评价后，这部分毕业生对自己丧失信心，从精神上先输于竞争者。

调节这种心理的良方就是增加个人自信，树立一种"天生我材必有用"的理念。要勇于面对自我不足，积极找出个人优势。要坚信个人能力，同时要明白大学的学习已经为自我发展奠定了基础，加上后续的努力，自己一定会在职业发展中取得一定的成绩。

（四）自闭心理

一些大学毕业生在经历择业失败后，个人情绪低落、意志消沉，加之同学已经步入工作岗位，更会让其陷入强烈的失望、压抑中不能自拔。为了逃避现实而自我封闭，不愿与周围朋友、同学接触。

大学生应意识到自我封闭不但缓解不了内心的痛苦、孤独与无助，也不利于个人成功就业。要克服这种不健康的自我封闭心理，首先要树立积极的人生态度，对未来充满希望。其次，要与朋友、同学多联系、多沟通，建立起畅通的信息渠道。最后，也可寻求心理咨询帮助。

（五）不公平心理

用人单位设定的各种聘用条件，易导致大学毕业生在择业过程中产生就业环境不公平、心理失衡的感觉。调节这种心理的良方就是要懂得一个道理：公平是相对的，绝对的公平是不存在的，要坚信只要自己努力拼搏离成功就更近。成功属于勤奋、有准备的人，这一点永远是公平的。

（六）怯懦心理

择业是大学毕业生由学生到社会职业人转变的开始。角色的转变给大学毕业生带来了一种紧张感。因此，在应聘时，他们往往表现出一种害怕的心理，面对用人单位的提问有时无法正常表述个人内心准确的想法，这成为他们择业的一大障碍。正确处理好怯懦心理，一方面要淡化紧张。应聘前做好充分准备并进行放松训练，进入应聘现场时把它想象成是一节平常的讨论课。当用人单位提问时，应自然地发表个人看法。另一方面，在日常学习、生活中要注意培养、锻炼个人的竞争意识，多训练自己与人沟通的能力。

三、掌握求职面试技巧

面试是大学生就业制度发生变革后随着双向选择、自主择业而产生的，是招聘者对应聘者采用的一种最为常见的考核方式。因此，了解和掌握面试技巧是大学生在面试过程中推销自己、赢得就业机会所必须要做好的准备工作。

大学生要明白面试是个人在人生角色即将发生转变时刻进行自我展示的机会，要学会在面试时保持良好心态。

（一）面试前的准备工作

首先，对即将面试的单位具体情况应有较为全面的了解，这是求职前一个重要的准备环节。只有充分地了解行业的发展现状、企业的用人特点和招聘流程，以及其特定职位的素质需求，才能对比自身的能力特点，确定明晰的求职方向，在求职时有的放矢。例如，这家单位从事的产品或服务项目、单位现在要招聘的岗位和要求、单位现在的发展规模及将来的发展前景如何等。其次，要牢记面试地点和时间，守时是对应聘者的第一次考核。最后，面试前对面试官的身份介绍要记忆清晰，这是面试过程中良好沟通的前提。

📖 拓展阅读

自我介绍的技巧 [1]

1. 我是谁

自我介绍的第一步是要让面试官知道你是谁。在这一步，你主要介绍自己的个人履历和专业特长，包括姓名、年龄、籍贯等个人基本信息；教育背景以及与应聘职位密切相关的特长等。生动、形象、个性化地介绍自己的姓名，不仅能够引起面试官的注意，而且可以使面试的氛围变得轻松。个性化地介绍姓名有多种方式，你可以从名字的音、义、形或者从名字的来历进行演绎。

2. 我做过什么

做过什么代表着你的经验和经历。在这个部分，你主要介绍与应聘职位密切相关的实践经历，包括校内活动经历、相关的兼职和实习经历、社会实践等。要说清楚确切的时间、地点、担任的职务、工作内容等，这样让面试官觉得真实、可信。特别需要注意的是，你的经历可能很多，不可能面面俱到。那些与应聘职位无关的内容，即使你引以为荣也要忍痛舍弃。

3. 我做成过什么

做成过什么代表着你的能力和水平。在这部分，你主要介绍与应聘职位所需能力相关的个人业绩，包括校内活动成果和校外实践成果。介绍个人业绩，就是摆成绩，把自己在不同阶段做成的有代表性的事情介绍清楚。在介绍个人业绩时，需要注意以下方面：

（1）业绩要与应聘职位需要的能力紧密相关。如果你应聘文员，就不需要介绍销售业绩。

（2）介绍"你自己"的业绩，而不是团队业绩，因为用人单位要招聘

---

[1] 面试时如何进行自我介绍，见：http://www.docin.com/p-1576742473.html。

的是"你"，而不是"你们"。

（3）业绩要有量化的数字，要有具体的证据。不要用笼统的"很好""很多"；也不要用"大概""约""基本"等概数，而要用确切的数字，例如，"我一周内卖出了34箱方便面"。

（4）介绍的内容应当有所侧重，不要说流水账，要着重介绍那些能体现自己能力的重点。

（5）介绍业绩取得的具体过程时，要巧妙地埋伏笔。例如，在介绍校外实践成果时，你可以这样描述："在工作中遇到了很多的问题，不过我还是成功地克服并达成了业务目标。"引导面试官提问"遇到了哪些问题"，然后你就可以进一步阐述细节内容，体现出自己处理问题的能力。

4. 我想做什么

想做什么代表着你的职业理想。在这个部分，你应该介绍自己对应聘职位、行业的看法和理想，包括你的职业生涯规划、对工作的兴趣与热情、未来的工作蓝图、对行业发展趋势的看法等。在介绍时，你还要针对应聘职位合理编排每部分的内容。与应聘职位关系越密切的内容，介绍的次序应越靠前，介绍得应越详细。

在自我介绍时，还应该注意禁忌——忌讳主动介绍个人爱好；忌讳使用过多的"我"字眼；忌讳头重脚轻；忌讳介绍背景而不介绍自己；忌讳夸口；忌讳说谎；忌讳过于简单、没有实质性内容。

（二）了解面试形式

用人单位的面试方式五花八门，毕业生应多了解面试方式，以便沉着应对。通常的面试形式有以下几种。

1. 提问式面试

这种面试方式一般为面对面的形式，应聘者往往要面对一个或多个考官。考官会根据招聘岗位对应聘者个人素质、专业技能的需求，事先设计出各种不同的问题，对应聘者进行提问。在应聘者回答过程中，考官考察其对专业技能的掌握程度、个人观察能力、应变能力、分析能力等。这种面试，考官一般会采取问答方式、模拟情景方式等对应聘者进行考察。

2. 讨论式面试

这种面试方式是面试过程中通常采用的方法。考官采用这种方法的目的是让应聘者在自由的讨论中展示自己，同时为考官提供最佳的观察机会。考官会在应聘者的讨论中考察每位应聘者在群体中的人际关系、合群性、领导才能以及控制环境的能力等，最后根据岗位需求做出选择。

3. 间接式面试

这种面试方式一般很少采用。通常采用这种面试的单位对个人外在形象要求不是十分严格，其更加注重的是应聘者的个人能力。因此，在进行这类面试前，要对面试的岗位需求有充分的了解并做好应答准备。

（三）求职择业时要注意的问题

对于每个学生来说，面试是一场自我推销。第一，要多渠道地了解招聘单位的情况。第二，要详尽地准备个人资料。第三，要了解用人单位可能在面试中提出的问题，事先全面准备好回答内容演练，做到心中有数，处变不惊。第四，面试答辩要讲究技巧和策略，应聘者在谈话中要口齿清晰、语言流畅、逻辑严谨、语气平和、音量语速适中、观察考官反应。第五，仪表是应聘者个人内在素质的外在表现，着装得体、大方，不仅体现应聘者的个人精神面貌，而且表现出应聘者的诚意和个人修养。

总之，大学不是天堂，更不是大学生可以随意挥霍青春、逃避社会压力的避风港。与其毕业时无奈地对自己说"如果让我重新选择大学这几年的生活，我会……"之类的话，倒不如未雨绸缪，主动做好职业生涯的规划。大学生毕业找工作，就像长江后浪推前浪，但对每一位应届毕业生而言，这种经历却是生命中的唯一。迈出这一步，意味着你真正意义上的"成人"。

📖 拓展阅读

面试的八种错误 [1]

1. 与面试官"套近乎"

具备专业素养的面试官是忌讳与应试者套近乎的，因为面试中双方关

---

[1] 面试时忌讳的八种错误，见：http://www.yjbys.com/Qiuzhizhinan/show-38720.html。

系过于随便或过于紧张都会影响面试官的评判。过分"套近乎"亦会在客观上妨碍应试者在短短的面试时间内做好专业经验与技能的陈述。聪明的应试者可以列举一至两件有根有据的事情来赞扬招聘单位，从而表现出对这家公司的兴趣。

2.为偏见或成见所左右

有时候，参加面试前自己所了解的面试官形象或某些有关该招聘单位的负面评价可能会左右自己面试中的表现。有的毕业生认为冷淡的面试官可能是对自己不满意，因此十分紧张。有时面试官是一位看上去比自己年轻许多的小姐，有人心中便开始嘀咕："她怎么能有资格面试我呢？"其实，在招聘面试这种特殊的"采购"关系中，应试者作为"供方"，需要积极面对不同风格的面试官即"客户"。

3.慷慨陈词，却举不出例子

应试者大谈个人成就、特长、技能时，聪明的面试官一旦反问："能举一两个例子吗？"应试者便无言应对。而面试官恰恰认为：事实胜于雄辩。在面试中，应试者要想以其所谓的沟通能力、解决问题的能力、团队合作能力、领导能力等取信于人，唯有举例。

4.缺乏积极态势

面试官常常会提出或触及一些让应试者难为情的事情。很多人对此面红耳赤，或躲躲闪闪，或撒谎敷衍，而不是诚实地回答、正面地解释。比如，面试官问：你为什么有那么多课程只考了60多分？为什么没有任何奖励？没有担任过任何学生干部？等等。

5.不善于提问

有些人在不该提问时提问，如面试中打断面试官的谈话而提问。也有些人面试前对提问没有足够准备，轮到有提问机会时不知说什么好。事实上，一个好的提问胜过简历中的无数笔墨，会让面试官刮目相看。

6. 对个人职业发展计划模糊

对个人职业发展计划，很多人只有目标，没有思路。比如，当问及"未来3年事业发展计划如何"时，很多人都会回答说"我希望3年之内达到某某职位"。如果面试官接着问为什么，应试者常常会觉得莫名其妙。其实，任何一个具体的职业发展目标都离不开你对个人目前技能的评估以及你为胜任职业目标所需拟定的初步的技能发展计划。

7. 假扮完美

面试官常常会问："你性格上有什么弱点？你在学习过程中受过挫折吗？"有人会毫不犹豫地回答："没有。"其实这种回答常常是不负责任的。没有人没有弱点，没有人没有受过挫折。只有充分地认识到自己的弱点，也只有正确地认识自己所受的挫折，才能造就真正成熟的人格。

8. 被"引君入瓮"

面试官有时会考核应试者的商业判断能力及商业道德方面的素养。比如，面试官会直接问："你作为财务经理，如果我（总经理）要求你1年之内逃税1 000万元，那你会怎么做？"如果你当场抓耳搔腮地思考逃税计谋，或文思泉涌，立即列举出一大堆方案，都只能证明你上了他们的圈套。实际上，企业中遵纪守法是员工行为的最基本要求。

📖 拓展阅读

1. 考研

硕士研究生入学考试分为初试和复试，初试一般在每年的12月中下旬，就是应届毕业生大四上学期末举行，复试在次年的3—5月。初试成绩达到国家线要求后由报考学校按比例确定复试名单，报考学校会根据招生名额和考生成绩录取。

硕士研究生入学考试只能报考一所学校，可以是本校，也可以是其他学校，报名在每年9—10月份，即大四上学期开学时。如果初试成绩达到国家线但未被报考学校纳入复试，可以申请调剂到其他学校。

初试科目一般有英语、政治和两科专业课（跨专业考试一般要加考两科专业课）。其中英语和政治是全国统一考试，专业课由报考学校出题。具体内容可查看各高校研究生招生网站上的招生简章和招生计划，以网站内容为准。

考研适合人群：

（1）热爱本专业，希望继续在本专业深造的同学；

（2）不喜欢本专业，希望通过考取研究生转换专业的同学；

（3）所学专业就业去向对学历要求较高的同学。

考研生涯规划建议：

（1）认真学习专业知识，保持好的学习成绩；准备考取非本专业研究生的同学也要首先保证本专业的学习。

（2）在大二下学期尽量一次性通过英语四级考试，接下来继续考取英语六级，要一直认真学习英语，因为考研英语成绩达不到国家线将不能被录取。

（3）大三时搜集目标学校信息，进行选择。一般到大三下学期初就要进入考研的备战期，根据个人情况报辅导班。

（4）准备考取外校或者跨专业报考的同学要准备得更早，而且要尽早了解外校的考试科目、考试内容、历年的招生计划和录取分数。一般各高校研究生招生办公室都有偿提供三年以内的历年考试试卷，以便考生有针对性地复习备考。

（5）准备考研的同学要在保证学习的基础上适度参加各种社团组织和活动，因为考研还有复试，且若考不上研究生还可能要找工作。

2. 考公务员、事业单位、大学生村官，应征西部志愿者，入伍

公务员、事业单位、大学生村官的考试一般在每年的10月份开始（即大学四年级上学期），首先是国家公务员考试（一般在11月底），其次是各省公务员和大学生村官考试（一般在次年2月份开始），最后是事业单位招考（一般在次年4月份开始）。考试一般包括笔试和面试，每个学生在每个考试中只能报考一个职位，且要经过资格审查后才可参加笔试。笔试过了国家线后根据招聘职位数一般按照 1 : 3 进入面试。

适合人群：

（1）有志于到政府机关和事业单位工作的同学；

（2）性格和能力适合政府机关和事业单位工作要求的同学。

西部志愿者一般在大学四年级下学期进行选拔。

入伍一般在大学四年级下学期进行报名和体检。

建议：

（1）在学好专业知识的同时，积极参加各种学生会和社团组织，要努力在这些学生组织中达到比较高的发展层次，才能更好地锻炼工作能力，提升综合素质。

（2）平时要多看书，公务员考试的知识面非常广泛，不是临时复习准备就可以具备的。

（3）平时要多关注国家大事和时事评论，锻炼自己分析问题和解决问题的能力。

3. 就业

大一：认真学习专业知识，适度参加学生会和社团组织，一方面锻炼工作能力和综合素质，另一方面可以结识高年级的学长。通过老师和学长多多了解本专业的就业去向、发展前景和应具备的能力等。

大二：在认真学习专业知识和做好学生干部工作的基础上，尽可能一次性通过学位英语考试（艺术类专业为英语二级，非艺术类专业为英语四级）。

大三：在认真学好专业知识的基础上，可根据个人情况考虑是否继续担任学生干部，应开始进行一些专业方面的实践，比如兼职和实习等，进一步了解社会和本专业的工作特点。为检验自己所学知识，可以做多种尝试，争取在大三结束时能够基本确定就业方向。

大四：大四的时间也要合理安排，7—8月要做好就业的各项准备，包括简历制作打印、面试着装的准备等；9月至次年5月，积极参加各种招聘会，努力搜集用人单位信息，进行求职和面试；次年5—6月，确定就业去向，完成毕业答辩等事宜，准备毕业。

第十章

大学生心理问题与辅导

心理辅导的主要目的，并不是使来访者进入一种不可能的幸福状态，而是帮助他们树立一种面对苦难，哲学式的耐心和坚定。

——荣格

第一节　心理辅导的含义和历史

一、辅导与心理辅导

辅导（guidance）含有协助、帮助、支持、引导、鼓励、援助的意思，它是指受过专业训练的人员以正常人为对象所从事的一种教育性的助人活动。辅导实际上也是一种助人的过程和关系。

在辅导过程中，辅导老师要运用专业技能，协助来访者认识自己，根据个人自身的条件（如能力、兴趣、经验、需求等）建立有益于其个人与社会的生活目标，使个体在学习、就业以及人际关系等各方面均衡发展并充分发挥内在的潜力，以最佳的状态去适应生活，去创造有利于社会的人生价值。

无论是生活方式的改变、人际关系的协调，还是家庭问题的出现、个人情感的波动，都常常会给大学生带来很大的心理压力，需要对其进行心理辅导，用教育者的爱心、医生的良心、心理学者的同理心以及社会学者的责任心共同来完成辅导过程。心理辅导（mental guidance）主要指受过心理学系统训练的专业人员以正常人为主要对象所进行的一种教育性的促进人心理健康的活动。

二、心理辅导系统

心理问题不是千篇一律的，而是多层次的。据学者统计，人们对心理服务的需求像一座金字塔。45％的人只是情绪需要，他们需要有人理解、接受他，认真倾听他们的讲话就能解决他们的心理问题；30％的人需要相关心理学知识以及处理问题的技巧就能解决自己的心理问题；21％的人需要有专业的心理医生的帮助，他们大都有心理困惑、人格问题、心理障碍等问题；只有4％的人需要心理治疗，矫治其心理障碍。[①]

综上所述，如果把整个心理辅导系统比喻为一座金字塔。金字塔的底座部分是狭义的心理辅导，主要是面对大多数人的一般发展性心理问题，利用大众传媒普及心理健康知识就可能预防其心理疾病的产生。金字塔的中间部分是心理咨询，主要是解决一部分人学习、工作、生活等方面的问题，其中包括轻微的心理障碍。金字塔的尖端部分是心理治疗，主要是针对极少数严重的心理疾病患者。以上三部分是一个连续的整体，并无绝对的界限。

三、现代心理辅导的兴起和发展

现代心理辅导的兴起和发展是与职业指导、心理测量技术及心理治疗的发展联系在一起的，尤其与社会的变迁及科技的进步密切相关。心理辅导的发源地是美国，其形成和演变的过程可分为四个主要的阶段。

（一）第一阶段：职业辅导运动阶段（1908—1920年）

20世纪初，美国的经济迅猛发展，社会发生巨大的变革，这促使美国社会高度工业化，青少年失业严重，他们的求职就业和职业适应成了严重的社会问题。1908年弗兰克·帕森斯在波士顿成立职业指导局，为青少年提供就业指导。最初以青少年为主，后来扩展到其他人。随后出版的《选择职业》一书是最早的职业指导书籍之一。帕森斯以传统的辅导工作，注重青少年的就业准备、职业选择与就业安置的服务。后来，辅导运动（guidance movement）通过职业辅导和改善学校教育等方面的工作，广泛地开展到社会各个方面。他们关心学生的个体差异，主张人人都有受到适当教育的权利，强调学校要因材施教，重视年轻人与社会的适应，从而得到社会的广泛认可。1913年美国职业指导协会宣告成立，职业指导运动成为心理辅导理论和实践发展的早期动因，成为现代心理辅导的理论基石，帕森斯也因此被誉为"职业辅导运动之父"。

---

① 漫谈心理服务的发展，见：http://www.docin.com/p-262027377.html。

另外，在这一时期正兴起的心理卫生运动也与心理辅导的发展有着密切的联系。1908 年，比尔斯根据自己在精神病院住院的遭遇写了一本发人深省的书——《自觉之心》，被认为是现代心理卫生的萌芽。此书的流传推动了心理卫生的发展。1909 年成立的美国心理卫生委员会，是这一运动兴起的标志。

　　（二）第二阶段：教育（学习、生活）辅导阶段（1921—1940 年）

　　1921—1930 年，美国的中小学开始引入辅导的观念，有系统、有组织的辅导部门推广辅导方案，主要解决学生学业与个人发展问题。随后辅导工作推广至各个教育阶段，教育工作者与政府对辅导工作的功能日益肯定。1935 年，美国纽约教师学会认为辅导是帮助个体适应社会的一个历程。后来，辅导开始从学校走向社区、家庭等，全面推广青少年的辅导。此阶段为过渡阶段，是辅导的普及和完善。

　　（三）第三阶段：测量与咨询阶段，即心理辅导阶段（1940—1960 年）

　　在第二次世界大战期间，辅导由于军事上的需求得到迅速发展，测量专家编制出各种适用、有效的测量工具。同时，职业指导运动的深化也提出了应用心理测验的要求。心理测量的发展使指导者能方便、客观地了解来访者的心理机能或能力、态度和兴趣等，从而引导来访者对自己有更好的了解，选择最合适的职业。至此，职业指导运动逐步趋向心理辅导方面转变，辅导开始变成一个以科学研究为基础的实践学科，其研究领域由职业指导向人生的各种问题延伸。1953 年，美国心理学会将心理辅导（咨询心理学）作为第 17 个分支学科。1957 年后，由于美苏军备竞赛，辅导备受重视，投入的大量资金带动了辅导工作尤其是咨询的快速发展，许多学校纷纷成立辅导相关的机构，对辅导进行全面的研究和开发，极大地推动了心理辅导的全面发展。

　　（四）第四阶段：心理治疗阶段（1960 年至今）

　　20 世纪三四十年代，社会的动荡给美国乃至全球的民众带来了许多心理问题。心理辅导开始走出教育和职业指导领域，更多地为群体的社会适应、情绪调节、人际紧张及心理障碍服务。1942 年，卡尔·罗杰斯出版了《咨询与心理治疗》一书；1951 年他提出"被辅导者中心治疗法"；1974 年又改为"来访者中心治疗法"。他强调辅导者与被辅导者之间平等、自然、信任的关系，对被辅导者要有同理心、真诚和无条件关注的态度，从而极大地拓宽了心理辅导的工作范围。从 1960 年开始，心理测量被引入辅导工作，从而出现了心理咨询（counseling）。它强调运用心理学的知识和原则协助个体了解自我、认知环境、适应社会。此时，辅导和咨询交互使用。大学也设置心理学专业，学校、社区、医院等都相继发展起相关的机构。与此同时，心理辅导开始从美国逐步向全球范围内纵深发展。

第二节　大学生心理辅导的内容、类型与形式

一、大学生心理辅导的内容

大学生心理辅导是心理辅导老师运用心理学的原理和方法，对在校学生的学习、适应、发展、择业、情感等问题给予直接或间接的指导、帮助，并对轻微心理障碍进行咨询、矫治的过程。

大学生心理辅导面向全体学生提供心理辅导。除了为有心理问题的学生进行辅导外，更多的是帮助有心理困惑的学生进行有效的自我调节，提高他们的心理素质，充分开发其潜能，促进其健康成长。常见的大学生心理健康问题主要表现为：

（1）适应问题。新生进校后的适应困难，如环境的改变、远离父母、需要独立生活、角色的转换、学习内容和学习方法的改变等。毕业离校前有适应社会的困难，如将要进入社会前的忐忑不安、对将要从事的工作不了解或不满意、与同窗好友离别等。

（2）学习问题。学习困难，成绩不好或没有自己期望得那样好；动力减弱，专业不满意，学习方法不当；考前焦虑，成绩波动过大，考试不及格，面临重修、补考、留级、退学等学习挫折等。

（3）恋爱问题。包括失恋、热恋中的行为不当、恋爱遭家长反对、恋爱困扰、单相思等。

（4）人际关系问题。包括与老师关系不佳，与同学关系不合，孤僻，与人争吵、打架，被人欺骗等。

（5）社会工作问题。社会工作和学习发生冲突，辛勤工作却得不到理解承认，感到自己有负众望，工作得不到同学的支持；组织活动不成功或未达到预期目的，或结果没有自己期望得那样好；竞选学生干部失败；等等。

（6）负向情绪反应。包括情绪忧郁、沮丧，感到失望、无助、出现心理冲突、心理危机等。

（7）躯体健康问题。包括患病、睡眠障碍、疼痛等。

（8）意外事件。包括发生交通事故、失窃、受伤、受辱、被人误会等。

（9）性的困惑。包括自慰、婚前性行为等。

（10）求职择业问题。包括职业与性格不匹配、缺乏应试技巧、毕业心理准备不足等。

（11）与精神卫生有关的问题。包括各种类型的精神障碍如抑郁症、精神分裂症、焦虑症、强迫症等。

（12）其他心理问题。包括家庭经济困难，家庭成员不和或父母离异，家庭成员患病或死亡，家庭遭到灾难，厌食、贪食（减肥），自杀等。

从中可以看出，大学生心理辅导的内容广泛，涉及大学生活的各个方面。充分了解并在心理辅导中准确地诊断心理问题的类型、表现范围、严重程度，对于大学心理辅导老师至关重要。

二、大学生心理辅导的类型

大学生心理辅导的类型按照不同的标准可有不同的划分方法。

（一）按性质划分

1. 发展性辅导

这种辅导对象是无明显心理冲突、基本适应环境的健康人群。辅导内容是成长中不同阶段出现的心理困惑和心理问题，如求学择业问题、职业适应和发展问题等。辅导的目的是引导求助者更好地认识自己，扬长避短，充分发挥潜能，提高学习和生活质量。

2. 健康性辅导

这类辅导的对象在现实生活中有各种烦恼和压力，有明显的心理矛盾和冲突，如新生入学后对环境适应不良而焦虑、因学习成绩上不去而苦恼、因单恋或失恋而不能自拔、过度自卑等。辅导的目的是排除心理困扰，减轻心理压力，提高适应能力。

3. 障碍性辅导

这类辅导的对象患有某些心理疾病（如焦虑症、抑郁症、强迫症等），影响了正常的学习和生活，求治心切。辅导的目的是帮助有心理障碍的来访者挖掘病源，找到对策，克服心理障碍，恢复心理健康。需要注意的是，若来访者的心理问题严重到是精神疾病的程度，必须将其转介至相关医疗机构接受系统的心理治疗，有的还要配合药物治疗，心理辅导只是辅助手段。

（二）按辅导对象的人数划分

1. 个体辅导

个体辅导是一对一的心理辅导模式。个体辅导可以选择面谈辅导，也可以通过电话、互联网等途径进行。由于这种辅导没有他人在旁，辅导对象一般顾虑较少，可以毫无保留地表达自己内心的真实思想，倾吐内心的秘密，所以它是心理辅导中最常用的类型。

2. 团体辅导

相对于个体辅导而言，团体辅导的人数没有固定的标准，但人数太多不利于讨论，如人数超过 20 人可分小组进行。团体辅导是一种在团体情境下提供心理帮助与指导的辅导形式，即由辅导人员根据求助者问题的相似性或求助者自发组成课题小组，通过共同商讨、训练、引导，解决成员共有的心理问题。团体辅导既是一种有效的心理治疗，也是一种有效的教育活动。心理辅导老师在实际工作中可针对大学生常见的人际交往、情绪管理、学习等方面的心理困扰，开展时长为 8 ～ 10 周的小组团体辅导。

三、大学生心理辅导的主要形式

（一）门诊辅导

门诊辅导是来访者直接去专门的心理辅导机构接受辅导，它是个体辅导中最常见也是最主要的形式。来访者可以充分、详尽地倾诉，使内心的负面情绪得到及时的宣泄和舒缓。咨询师可以对来访者进行直接观察，了解当事人的心理状态，对来访者的个性、心理健康状况、心理问题的严重性进行了解和评估，并做出准确的判断。

（二）电话辅导

电话辅导是心理辅导老师利用电话给辅导对象以聆听、劝告和安慰的心理辅导方式。电话为来访者架起了心理沟通的桥梁。当大学生由于一时的冲动而采取某种冒险行为的时候，当他苦恼甚至痛不欲生的时候，拨通心理辅导电话就可以得到意想不到的关怀和温暖，从而在心理上得到舒展和慰藉，甚至可以避免一些极端事件发生。

（三）网络辅导

网络辅导指心理辅导老师通过网络，如利用 QQ、微信、论坛等网络通信方式开展的心理辅导。

（四）宣传辅导

宣传辅导是通过校园心理知识小报、广播、LED 等大众传媒对群体的典型心理问题进行解答的辅导形式。这种辅导形式在我国高校比较普遍。目前许多高校都开设有心理健康教育微信公众号、微博等。事实证明，一个好的专栏或节目往往受到众多大学生的关注，受众面广，这也是其他辅导形式所不能及的。

（五）现场辅导

现场辅导指高校心理辅导老师深入同学中，对广大同学提出的各种心理问题进行解答的一种形式。一般在新生入学后不久、重要考试前夕、就业前夕等关键时刻开展现场辅导较为合适，这样可以满足众多同学的共同需求。

第三节　心理辅导的原则、功能与目标

一、心理辅导的原则

心理辅导的原则即心理辅导人员在工作中必须遵守的基本要求，是辅导人员在长期的辅导实践中不断认识并逐步积累的经验。

（一）保密原则

保密原则是心理辅导中最重要的原则。严格遵循保密原则是建立良好辅导关系的基础，也是对辅导者职业道德的基本要求。这一原则是指心理辅导人员有责任对来访者的谈话内容予以保密，即来访者的名誉和隐私应受到道义上的维护和法律上的保护。在没有征得来访者同意的前提下，辅导者不得将来访者在辅导场合下的言行随意泄露给任何人或机构。在公开案例研究或发表有关文章必须使用特定来访者的个人资料时，需充分保护来访者的利益和隐私，并使其不至于被他人对号入座。但是，保密原则也是有例外的，如果发现来访者有明显自杀意图、存在伤害性人格障碍或精神疾病，辅导者应及时向有关部门反映，以便采取防范措施。

（二）尊重原则

尊重来访者是对辅导者最起码的要求。尊重来访者的现状以及他们的价值观、人格和权益，对他们予以接纳、关注、爱护，是建立良好辅导关系的重要条件，是有效助人的基础。尊重意味着辅导者与来访者在人格上是平等的。虽然辅导者在专业知识或某些方面经验比来访者要多，但这绝不能成为比来访者优越的资本。辅导者不能居高临下，以一种救世主的姿态出现，摆出一副权威的样子，盛气凌人；不能因来访者的过失、片面的想法或缺乏某些方面的知识，而流露出不屑一顾的神态或摆出自己比对方高明、高尚的样子。

（三）中立原则

中立原则是指辅导者在心理辅导中应始终保持不偏不倚的立场，确保心理辅导的客观与公正，不得把自己私人的情感、利益掺杂进去，要保持冷静的、清晰的头脑，不轻易评价来访者，不把自己的价值观强加于来访者。心理学家罗杰斯曾经说过：当看着日落时，我们不会想去控制日落，不会命令太阳的右侧的天空呈橘黄色，也不会命令云朵的粉红色更浓些，我们只能满怀敬畏心情观望而已。中立原则是使来访者感到轻松的重要因素，它可使来访者无所顾虑，从而把内心世界完全展示出来。

（四）自愿原则

心理辅导是建立在辅导者与来访者双方"知情同意"基础上的一种心理援助活动。来访者寻求心理辅导应该完全出于自愿，这不仅是对当事人的尊重，而且是心理辅导能够有效进行的必要条件。迫于父母、老师、领导、同学、朋友的催促和压力前来接受心理辅导的来访者也不乏其人，辅导者往往要为他们付出比一般来访者更多的辛苦和努力。既然是自愿前来，也可以自愿离去和中止辅导，这是来访者的权利。此所谓"来者不拒，去而不追"。

（五）发展性原则

发展性原则是指辅导人员要以发展变化的观点来看待来访者的问题。心理辅导的核心是成长问题。因此，辅导者不仅应当了解来访者已有的发展历程和结果，更重要的是揭示来访者今后发展的可能性和发展方向。这就要求辅导者具有较强的洞察能力和预见能力。一方面，要对来访者的内在潜能和发展条件有准确的估计；另一方面，要对来访者的发展目标和发展道路有恰如其分地揭示和把握，从而使来访者提高自信心，增强适应能力，完善人格。

（六）整体性原则

这一原则是指在辅导过程中辅导者要有整体观念，对来访者的心理问题做到全面考察、系统分析。辅导者既要重视心理活动诸要素的内在联系，又要考虑心理、生理及社会因素的相互制约和影响，以使辅导工作准确有效，防止"头痛医头，脚痛医脚"和"只见树木，不见森林"的片面做法。

二、心理辅导的功能

一般认为，心理辅导能为来访者提供一种新的学习经验，可以帮助他们扫除心理障碍，以便更好地发挥他们的才干。那些由于心理障碍而遇到麻烦的人，可以在辅导者的帮助下逐渐改变与外界格格不入的思维、情绪和反应方式，并学会建立与外界相适应的方式。简单地说，心理辅导可以促使人们从不同的角度看待自己和社会，用新的方式去体验和表达他们的思想情感，并产生全新的思维方式。具体而言，心理辅导的功能包括以下七个方面。

（一）帮助来访者认识到自身的问题主要是由尚未解决的内部冲突引起的

很多寻求辅导的人往往认为他们的问题是由自身之外的因素造成的。这时辅导者要做的就是让求助者认识到，大部分心理问题的发生是源于自己尚未解决的内部冲突，外部环境只不过是一个舞台，冲突在这个舞台上展开。人们所遇到的压力问题、适应问题、人际关系问题等，正是其内部冲突的外部表现，要解决问题最重要的是自己某些方面发生改变以使问题有所缓解。并且，在辅导过程中，要帮助来访者逐渐认识到，只要改变了自己的内部冲突，不仅问题能得到解决，而且自己也会变得更加坚强，从而使自己的人生变得更充实、更美满。

（二）为来访者更加有效地面对现实问题提供了机会

来访者在应付现实问题时，往往采取一些无效的防御反应，如逃避、理想化及过分责备他人等。他们同时还认为自己对现实的认识是清楚的，解决问题的办法也是正确的，而事实上这些方法却无助于他们解决现实问题，只会让他们陷入更大的困扰中。辅导者可以帮助来访者更加全面、客观地认识自己和外部世界，并采取积极有效的方式去解决所面对的问题，引导来访者回到现实中来，对现实体验敞开胸怀，勇敢地去承受现实中的合理痛苦；只有学会将过去的经验、现在的行动和对未来的理想统一起来，投身现实去做切实的努力，才能坚实地走向未来。

（三）引导来访者发现真实的自我

关于自我的问题在求助者当中一般有以下三种类型：有些人能明确认识自己但却要制造假象给别人看；有些人认为已经认清了自己，但实际上并非如此；还有些人则对自己感到迷惑不解，不知自己到底是什么样的人。通过辅导，来访者可以真正地认识自己的需要、价值观、态度、动机、个性特征等，根据自己的心理状况调整行为，从而可尽快成长并获得最大的进步。这也就意味着辅导不仅可以帮助求助者认清自己，而且可以让他们根据这个真实的自我促使人格完善。

（四）为来访者提供建立新型人际关系的机会

合格的辅导者必须心理健康，并且全心全意地关心和帮助来访者，同时具备丰富的心理辅导专业知识和助人技巧。在来访者的现实生活中，可能有些人关心他们，但却不一定持久，或者并不一定在心理上比他们健康，而且也往往缺乏专业的知识和助人技巧。换句话说，尽管辅导者不一定十全十美，但他们应该比求助者所接触的所有其他人更有能力提供一种健康的和有益的相互关系，而且这种相互关系中的许多特征在其他关系中不常具备。来访者经过辅导者的帮助，往往能够把他与辅导者的关系以及发展关系的经验成功地应用于其他人际交往之中。

（五）增加来访者心理的自由度

大多数求助者至少在一个相当重要的方面缺乏心理自由。例如，很多人从来不敢承认自己有过失或缺点（让别人知道自己存在不足的自由），或者是不愿意让别人失望（使别人失望的自由），以及不能容忍自己存在互相矛盾的情感（允许矛盾情感同时存在的自由）等。通过辅导，来访者可以发现自己到底在哪些方面缺乏自由，进而增加这种自由。一旦来访者能觉察、接纳自己复杂的感情，他们就会逐渐理解自己前后矛盾的行为，并在解决问题的道路上迈出重要的一步。

（六）纠正来访者的某些错误观念

许多来访者头脑中都存有不同程度的错误观念，正是这些错误观念导致了他们的心理问题和适应困难。来访者常确信他们十分清楚自己需要什么和正在干什么，而实际上并非如此。辅导者帮助来访者面对那些以前自认为"无法解决"

的问题，帮助人们坦诚面对沉重的许诺，促使一个人不再自我欺骗。辅导可能促使来访者有生以来第一次审度其思想观念的准确性，使其明晰这些固有观念怎样导致许多本来可以避免的困境，并帮助他们以更准确的现实观念来替换它，从而获得对自己做出有利决定的自由。有了这个自由，来访者就更有能力做出清醒的、明智的选择，加速自身的成长，并在生活中获取更大的满足。

（七）帮助来访者做出新的有效行动

新的有效行动是过去未曾尝试过的且能满足自身需要的行动，如友好关系的体验、成就感等。辅导者启发、鼓励和支持求助者采取新的有效行动，方式可以是公开的和直截了当的，包含明确的建议和具体的指导，也可以是含蓄的、间接的或暗示性的。辅导者只要鼓励来访者采取满足其需要的有效行为，就可以减少他们的烦恼。

具体说来，心理辅导可以在八个方面为来访者提供帮助：①教会来访者管理自己的情绪，使来访者拥有积极稳定的情绪；②帮助来访者学会正确认识自我和周围世界，使来访者拥有完善的认知体系，避免错误归因可能导致的失败；③帮助来访者恢复爱的能力，使来访者能够幸福地生活和工作；④使来访者拥有健全的人格，摆脱自卑、自闭等不良心态，从而更好地投入学习、工作和生活中去；⑤帮助来访者摆脱痛苦，学会应对生活中遇到的种种挫折；⑥矫治各种人格障碍和神经症；⑦为来访者提供职业和就业指导，帮助来访者在人生重大问题上做出正确选择；⑧帮助来访者度过人生各个发展阶段的种种危机，平安地完成人生的发展任务。

三、大学生心理辅导的目标

大学生心理辅导的目标具体有如下四个方面。

（一）使求助者认识自己的主客观世界

心理辅导老师面对一位来访的大学生，企图通过改善他的认知去帮助他的时候，第一任务应当是帮助他认清自己的主、客观世界。辅导老师首先要帮助他认识到自己尚未解决的内部冲突，意识到主、客观世界的相互作用以及人的积极适应能力和潜力，才能帮助他认识自己的主、客观世界，从而达到使其适应社会和最大限度地发挥自己潜能的目的。

（二）纠正不合理的欲望和错误观念

来访的大学生经常确信自己的动机和需要是正确的、合理的，认为自己十分清楚需要什么，但实际上并非如此。他们的心理问题往往是由这种盲目自信和错误观念造成的。

（三）学会面对现实

人们需要面对现实的勇气，而逃避现实并不困难——只要用全部时间回味过去、计划未来，现实问题就可以被排挤出局。为此，心理辅导老师的重要任务之一，就是帮助来访的大学生回到现实中来。作为高校心理辅导老师，可以非常肯定地告诉来访的大学生，对于生存有真实意义的仅仅是此时、此地。因此，辅导老师应当对来访的大学生说：过去的是历史，未来的是希望，只有现在才是真正属于你并可把握的。所以，辅导老师应该让来访的大学生意识到以下三点（三者必备，但各有轻重）：①面对问题时，不同反应方式各有各的用途；②保持理性，才能有条不紊；③接纳七情六欲，才有生活质量，才能帮助自己恰当地应对现实。

（四）构建合理的行为模式

合理的行为模式是由若干具体有效的行动组成的，所以，心理辅导老师应当按计划行事，逐个地协助来访的大学生实施每个有效行动。比如，要建立合理的社会交往行为模式，必须实施以下若干有效行动：和蔼诚恳地接待他人、平心静气地与人交谈、耐心地倾听别人、真实地表达自己、理解别人、善于原谅他人、在名利面前善于退避、在危难时刻挺身而出、对他人无私援助、对自己克守勤俭……合理的社会交往行为模式一旦形成，它的反馈信息就可以使来访的大学生坚定地相信自己有能力自律，进而确立满意的自我评价、合理的自我接纳以及在道德水平上的自我肯定，这样不仅可满足自己的社会需求，清除道德冲突，维持心理平衡，并且可建立维护心理健康的良好社会支持系统。

📖 拓展阅读

常见精神症状与精神疾病①

精神疾病不同于普通的心理问题。如果说普通的心理问题可以通过自我调适来解决，那么精神疾病则通常需要寻求专业机构进行药物治疗。心理辅导老师了解一些精神疾病的常识，有助于积极预防、及时发现、妥善处理大学生常见的精神疾病。

1.常见精神疾病症状

（1）幻觉。幻觉是指个体在没有现实刺激作用下感觉器官出现的知觉体验，是一种虚幻的知觉。幻觉是临床上最常见的精神病性症状。根据所涉及的感官，幻觉分为幻听、幻视、幻嗅等。

其中，幻听最为常见。幻听的内容通常是对患者的命令、辱骂或斥责、议论，因此患者常为之苦恼和不安，甚至产生兴奋激动或自伤、伤人行为。有时病人听到为自己辩解、表示同情赞扬的话，可以独自微笑或洋洋自得。幻听可见于多种精神疾病，其中评论性幻听、议论性幻听和命令性幻听为诊断精神分裂症的重要症状。

（2）思维障碍。思维障碍表现形式各异，见于不同疾病中。

1）思维奔逸，指思维联想速度加快、数量增多，患者联想加速、思潮澎湃，新的概念一个接着一个不断地涌现出来。此时患者思维进程虽然很快，但方向却不固定，易受环境影响而离开主题，转移到新接触的事物上去。常见于躁狂症。

2）思维迟缓，即联想受到抑制，联想速度减慢，导致联想困难。患者表现为言语缓慢、语量减少，语声甚低，反应迟缓。患者自觉脑子变笨，反应慢，感到"脑子不灵了""脑子迟钝了"，虽然做了很大努力，却连平时认为很简单的事都做不来。常见于抑郁症。

3）思维贫乏，联想内容减少，概念与词汇贫乏。患者叙述"脑子空洞无物，没有什么东西可想，也没什么可说"。表现为沉默少语，谈话言语空洞单调，回答简单。思维贫乏常与情感淡漠、意志缺乏相伴构成精神

---

① 常见精神病症状，见：https://wenku.baidu.com/view/.

分裂症的三项基本症状。常见于精神分裂症。

4）思维散漫，思维活动表现为联想松弛、内容散漫、缺乏主题。患者对问题的叙述不中肯，说话东拉西扯，缺乏逻辑关系，以致别人弄不懂他的主题思想，进一步可发展为思维破裂。多见于精神分裂症早期。

5）思维破裂，表现为患者的言语或书写内容有结构完整的句子，但各句含义互不相关，整段内容令人不能理解。严重时言语支离破碎，词语之间也缺乏联系，形成语词杂拌。多见于精神分裂症。

6）思维扩散和思维被广播。患者体验到自己的思想一出现，即为尽人皆知，几乎没有隐私，为思维扩散；如果患者感到自己的思想是通过广播扩散出去的，为思维被广播。常见于精神分裂症。

（3）妄想。这是一组病理性的歪曲信念，包括以下几种。

1）被害妄想。这是最常见的一种妄想。患者无中生有地坚信他被跟踪、被监视、被诽谤、被隔离等。例如，某精神分裂症患者认为邻居故意要害他，在他吃的饭菜中下毒，家中的饮用水中也有毒；被人安装摄像头偷窥，偷拍视频放在了网上；手机被监听；手机或电脑被人用蓝牙控制等。患者受妄想的支配可出现拒食、上访控告、逃跑行为或采取自伤、伤人行为。常见于精神分裂症和偏执型精神病。

2）关系妄想。患者对环境中与他无关的事物都认为是与他有关，如认为报纸上的文章、周围人的谈话是在针对他，别人吐痰是在蔑视他，周围人的举动都与他有一定关系。关系妄想常与被害妄想伴随出现，主要见于精神分裂症。

3）物理影响妄想，又称被控制感。患者觉得自己的思想、情感和意志行为都受到外界某种力量的控制，如受到电波、超声波或特殊先进仪器的控制而不能自主。例如，患者觉得自己的大脑已被电波控制，自己已是机器人。此症状是精神分裂症的特征性症状。

4）夸大妄想。患者认为自己有很高的能力、特殊的权力和地位、大量的财富和发明创造。可见于躁狂症和精神分裂症及某些器质性精神疾病。

5）罪恶妄想。罪恶妄想又称自罪妄想，患者毫无根据地坚信自己犯了严重错误或罪行，应受严厉的惩罚；认为自己罪大恶极，死有余辜，以致坐以待毙或拒食自杀；有的患者要求劳动改造以赎罪。主要见于抑郁症，也可见于精神分裂症。

6）疑病妄想。患者毫无根据地坚信自己患了某种严重躯体疾病或不治之症。有的患者反复求医，一系列详细检查和多次反复的解释都不能阻止其就医行为。多见于精神分裂症、抑郁发作。

7）钟情妄想。患者坚信自己被某异性所钟情。患者往往采取行动去接近对方，以表示接受对方的爱情，即使遭到对方严词拒绝，仍毫不质疑，可能找出各种借口，反复纠缠不休。主要见于精神分裂症。

8）被洞悉妄想。它又称内心被披露。患者认为其内心所想的事已经被别人知道了，但是通过什么方式被人知道的则不一定能描述清楚，确信别人已经知道，甚至因此闹得满城风雨。该症状对诊断精神分裂症具有重要意义。

（4）自知力障碍。自知力是指精神疾病患者对自己精神症状的认识和判断能力。在临床上一般认为若患者的精神症状消失并认识到自己的精神症状是病态的，就认为其自知力恢复。神经症患者有自知力，就会主动就医诉说病情。重性精神疾病患者一般均有不同程度的自知力缺失，他们不认为自己有病，更不承认有精神疾病，因而拒绝接受治疗。临床上将有无自知力及自知力恢复的程度作为判定病情轻重和疾病好转程度的重要指标。自知力完整是精神疾病病情痊愈的重要指标之一。

（5）情感障碍。当下述反应持续1～2周以上，且不能依其处境来解释时，方可作为精神症状。

1）情感高涨。情感活动明显增加，表现为不同程度的病态亢奋。程度较轻时自我感觉良好，有与环境不相符的过分的愉悦，与人交往时语音高昂，眉飞色舞，喜笑颜开，表情丰富，但伴有易被激怒，听不得相反意见；程度较重时常表现为狂躁，易怒，有时无故大发雷霆。常见于躁狂发作。

2）情感低落。患者心境苦闷，感到高兴不起来，表情忧愁，觉得自己前途灰暗，悲观绝望，甚至出现自杀的想法及行为，常伴有思维迟缓、动作减少等。常见于抑郁发作。

3）焦虑。这是指在缺乏相应的客观因素的情况下，患者表现为顾虑重重、紧张恐惧，以致搓手顿足，似大祸临头，惶惶不可终日，伴有心悸、出汗、手抖、尿频等自主神经功能紊乱症状。多见于焦虑症、恐惧症。

4）恐惧。这是指面临不利的或危险处境时出现的情绪反应。表现为紧张、害怕、提心吊胆，伴有明显的自主神经功能紊乱症状，如心悸、气急、出汗、四肢发抖，甚至大小便失禁等。恐惧常导致逃避。

5）情感淡漠。患者对于外界事物和与自己切身利益密切相关的事件既缺乏内心体验，又没有面部表情，长期处于无情感状态。他们遇意外不惊，受捉弄不怒，对亲人冷淡。多见于精神分裂症。

6）动作行为障碍。常见的行为障碍有行为怪异，其行为与年龄、情境极不相称，让人觉得怪异。其他行为障碍还有刻板动作，患者机械刻板地反复重复单一的动作；模仿动作，患者无目的地模仿别人的动作等。多见于精神分裂症。

2.常见精神疾病

（1）重性抑郁。重性抑郁是最常见的情感障碍，是可以影响一个人生活的各个方面的显著而持久的心境改变。已知70%左右的自杀死亡者和40%的自杀未遂者在自杀前患有严重的精神疾病；在中国导致自杀的8个危险因素中，抑郁症排第一位。抑郁症患者中有15%以自杀为结局。抑郁症的治疗最好是抗抑郁药物和心理治疗同时进行；发病不久的抑郁，单用药物可能有效。

（2）躁狂发作。躁狂发作的典型症状是心境高涨、思维奔逸和活动增多。多表现为持久（至少持续一周）而异常的得意洋洋，夸大或易激动，睡眠减少，语言和活动增多，思维奔逸。躁狂发作临床表现较轻者为轻躁狂。

（3）精神分裂症。精神分裂症是重性精神疾病，是一组原因未明的精神疾病。多在青壮年发病，发病往往较为缓慢，临床上可表现出思维、情感、行为等多方面的障碍以及精神活动的不协调。该组疾病一般病程迁延，呈反复加重和恶化，部分患者可最终出现衰退和精神残疾，经治疗可痊愈或保持基本痊愈的状态。

（4）急性应激障碍。在急剧、强烈、异乎寻常的精神刺激、生活事件或持续的困境的严重打击下，患者即刻（1小时之内）发病，表现为强烈恐惧体验的精神运动性兴奋，行为有一定的盲目性，或者为精神运动性抑郁，甚至木僵。如果应激源消除，症状往往历时短暂，预后良好，缓解完全。

（5）创伤后应激障碍。创伤后应激障碍，是指患者在遭受强烈的或灾难性精神创伤事件之后数日至半年内出现的精神障碍，包括强奸、虐待、暴力袭击、绑架、亲人亡故、重大交通事故等多种生活事件以及地震、洪水、海啸等自然灾害在内的可引起严重精神创伤的事件所导致的精神障碍。患者在经历创伤事件后，对该事件反复体验，并处于高度警觉状态和避免引起相关刺激的回避行为，引起主观上的痛苦和社会功能障碍。

3. 精神疾病的治疗

重性精神疾病首先需要进行药物治疗。药物治疗可以控制症状，阻止病情进一步发展。不少精神疾病发生时，可能会对当事人的生命安全造成影响，专业的、及时有效的药物治疗可以保护当事人的生命安全，必要的时候还需要住院治疗。

精神疾病在康复期需要辅助心理治疗。目的是帮助患者应对造成精神疾病的心理社会因素，学习新的应对方式，建立支持系统，以更好地适应社会。

精神疾病的治疗重在早发现，早治疗。发现得越早，治疗的效果越好。

4. 如何帮助学生避免精神症状加重

（1）避免深入探讨妄想的内容。
（2）不要试图说服学生别相信这些信念。
（3）更多关注当事人非妄想部分的内容。
（4）让话题从妄想中转移出来。
（5）帮助学生处理自己的感觉。

5.如何帮助有幻觉的学生

（1）告诉有幻视的学生尽量通过调弱灯光、降低声音、降低环境的活跃程度来减少环境的刺激。

（2）告诉有幻听的学生添加一些背景声音（如音乐），这样可以在某种程度上阻止幻听"声音"的出现。

（3）让学生的身体安定下来，如坐在一把舒适的椅子上、躺下来或者蜷缩在一个角落。

（4）让学生用感到舒服的方式（如裹上毯子或抱抱毛绒玩具）来帮助自己。

6.帮助患精神疾病学生时的注意事项

（1）不要取笑学生的经历。

（2）不要表现出震惊或惊慌。

（3）不要随意不理会或淡化学生的体验或经历。

（4）不要长时间地讨论学生的妄想或幻觉的内容或原因。

📖 小贴士

与患精神疾病学生相处的原则

在现实生活中，有的人常常对精神疾病患者避而远之，不敢接近他们，甚至鄙视他们，这对患者的治疗康复是十分不利的。那么，作为心理辅导老师，我们应该如何与患有精神疾病的学生相处呢？

（1）我们要尊重患精神疾病的学生。精神疾病患者也是人，他们只是因为患有某种精神疾病，在思维、情感和意志行为方面与常人不尽相同。当患精神疾病的学生做出一些难以理解的行为时，往往是由他们病态的思维、情感和意志行为造成的。他们在发病过程中，或病情好转后也感到非常痛苦，所以我们不应该因为他们患有精神疾病而责怪或歧视他们。

（2）要保持与患精神疾病学生的正常相处，以平等的态度对待他们。治疗中最基本的就是坚持药物治疗，并同时辅以心理治疗。精神疾病患者往往对自己的病情不自知。所以，他们不能坚持服药，这就需要我们督促他们，关心他们，并且帮助他们定期到医院复查。当他们原有的精神症状消失后，要十分重视并合理地安排他们的日常生活，帮助他们生活规律化，使其所应承担的责任逐渐恢复到病前水平。例如，生活懒散的患者，我们要督促他们从一点一滴的小事做起，让他们有规律地生活，进行必要的学业和能力锻炼。这些在我们看来是很简单的事，但对于患精神疾病的学生却很重要，他们的康复正是从这些点滴的生活训练和行为矫正中逐渐完成的。

（3）给患精神疾病的学生相应的肯定和支持是必不可少的。许多患有精神疾病的学生在认识到自己所患的疾病后感到很悲观，在人群当中总感到别人看不起自己，由此又产生新的情绪问题。因此，对他们应给予积极的心理支持，鼓励他们像健康人一样生活，使他们树立自信，这样才能更好地恢复他们的社会功能。

（4）要懂得观察患精神疾病学生的情况。当他们病情反复时，要及时发现，早期干预，及时督促他们到医院进行治疗，以防不良事件的发生。

与患精神疾病学生相处时的自我保护技巧[1]

在校园里，患有精神疾病的学生虽然只占了极小的比例，但是这样的学生还是有一定的数量。很多人不愿意与精神疾病患者相处，更多的人认为精神疾病患者"有破坏性""轻易危害他人"。可以说，对精神疾病患者的担心和恐慌是一个全球性的普遍状况。事实上，有暴力史的精神疾病患者仅占其总数的8%左右。精神疾病患者并非如我们所想象中那么"危险"，但是，与他们相处时要加倍重视才对。在与精神疾病患者接触时，必须掌握一些技巧。

（1）对于烦躁、激动态势中的病者，不应过分地去关心、询问。

（2）当病者向你发怒时，不可与之产生正面冲突。

（3）不应嘲笑、歧视病者。

（4）对于特征相对稳固的病者，要督促其服药、随访，并留意其再次发病的预兆。

---

① 遗传精神病，见：https://baike.baidu.com/item/12758907?fr=aladdin.

（5）了解精神疾病患者有再次发病倾向时，应及时送其治疗，必要时可在多人协助下，强制其住院。

与有过暴力史而又正处于发作期的患者接触时，最好不要处在患者可正面攻击的位置，且最好有旁人在场，必要时可及时给予帮助。患者的某些合理要求应尽量予以满足，假如实在无法办到，可用缓和的语气与其商量，并做出解释。

第十一章

大学生生命教育与危机干预

世界上只有一种英雄主义，那就是了解生命而且热爱生命的人。

——罗曼·罗兰

    人生是个有始有终的过程，我们无法决定生命的长度，但可以掌握自己生命的宽度，即实现生命的意义，活出人生的精彩，展现自我的价值。

    现代人由于种种原因产生的对生命意义的困惑，在当代大学生身上同样也有显著体现。一些学生发出这样的疑问："人为什么活着？""人活着有什么意义？"也有些学生发出感叹："人活着没有意思！"这些都表明，开展生命教育，引导大学生深入思考人生，正确认识生命意义和人生价值的实现途径，是高校人才培养的应有内容。同时，对于大学生而言，如何正确认识生命意义和人生价值的实现途径，也是自身成长成才必须面对的问题。

第一节　生命意义概述

一、正确认识生命意义的重要性

    对于人自身而言，生命本身就是最基本的价值。没有了生命，人的一切其他价值都无从谈起。一个人如果不能认清生命的意义，就很难做到珍惜自己的生命、善待他人的生命，努力实现人生的价值，为人类的生命延续发展做贡献。生命意义的正面体验具有众多积极的功能。一般来讲，正确认识生命意义，至少具有以下三个方面的重要意义。

（一）增强抗挫折与困难的信心与能力

当一个人感受到生命具有重要意义时，生命的意义感、自我认同的价值感会随之提高，这样在面对生活中的挫折与困难时才能够坚持奋斗拼搏、担当承受压力，想方设法克服困难，摆脱逆境；相反，若不能正确认识生命意义，则可能失去生活的勇气，迷失前进的方向，导致一些偏差行为的发生。很多案例表明，如果个体在追寻生命意义过程中遭受挫折，就会出现"存在空虚病"，出现包括自杀在内的各种消极行为。有研究发现，自杀意念与生命意义感缺乏、消极应对、自我接纳差呈显著正相关。一些相关研究也明确指出，生命意义感缺乏可能导致物质滥用、自杀、自我怀疑、精神萎靡等。

（二）提高身心健康水平

生命意义感可以缓冲外界压力对生理心理的影响，调节人的生理功能和心理功能，因而是身心健康的一个稳定可靠的预测指标。国内外众多的研究认为，生命意义感与幸福感、焦虑、抑郁等有着非常密切的关系，对于生命意义的正面体验与心理幸福感呈显著正相关，与焦虑、抑郁呈高度负相关。对一些有生理、心理疾病患者的临床调查发现，生命意义感强在一定程度上能缓解病人的生理痛苦和心理疾患，从而促进人们的身心健康。

（三）提高日常生活活力

个体在生活中的精神状态与生命意义感有着非常紧密的联系，生命意义感赋予个体在生活中的目的感、价值感和成就感。对生命意义的正确认识和体验能让人摆脱消极情绪，振奋精神，提升工作、学习乃至日常生活的活力，使人们能以积极的态度面对生活。一个人如果感觉不到生命的意义，就会对生活失去兴趣，消极情绪就会弥漫，工作学习和日常生活便缺乏动力、失去活力。

因此，深入探究生命意义，正确认识生命意义，对于一个人来讲不是可有可无的事，它不仅是重要的，而且是必需的。奥地利著名精神科医生维克多·弗兰克尔把生命意义的探索从哲学、伦理道德领域延伸到心理学领域，从心理学视角精辟地论述了对生命意义探究的重要性。弗兰克尔指出，对生命意义的追寻是人类的基本精神需要。在生理需要、安全需要和归属需要等低级心理需要得到满足之后，人们会考虑生命意义的问题；即使是在这些低级需要得不到满足或者满足受挫的时候，人们也会追寻生命的意义，特别是当人们遇到极其糟糕的境况时，更需要生命意义的支撑。这一点在因疾病折磨濒临死亡的病人身上、集中营和自然灾难的幸存者身上都得到了证明。因此，意志的自由（freedom of will）、求意义的意志（will of meaning）和生命意义（meaning of life）三者被弗兰克尔视为完整人格所必备的特征。（维克多·弗兰克尔，2010）

二、当代大学生对生命意义认识的一般概况

相关调查表明，当代大学生对生命意义的认识状况总体较好，大多数大学生能够热爱、珍爱生命，理解生命责任，关注生命意义与价值的实现。但部分大学生因长期生活在"溺爱"的家庭环境，缺乏对生命意义的正确认识，突出表现在以下几个方面。

（一）部分大学生缺乏对生命意义的积极体验和生命信仰

根据一份针对上千名大学生的调查结果，大学生中感到"较空虚"的占到12%，感到特别空虚的也有5%（马莹，2010）。大学生虽然平时尽量让自己忙于学习、社团活动和文体娱乐活动，但莫名的空虚、惆怅和孤独感仍时有出现。另据中国人口宣教中心发布的青少年健康人格工程2010年调研报告显示，大学阶段感觉不孤独的大学生仅为16.4%，其余大学生都有孤独感，还有高达29%的大学生对大学生活感到"困惑和迷茫，觉得无聊、没意思"。[1]这种精神空虚、迷茫的深层次原因就是生命意义感不强，缺乏生命信仰，易导致大学生在应对人际冲突、社会现实所带来的挫折与挑战时产生心理适应上的困难。

（二）对自我生命珍惜不够

根据网络、报纸等新闻媒体报道的不完全统计，从2001年至2010年全国共发生近600起大学生自杀事件。其中，仅2005年就发生116起，涉及全国23个省份的100余所高校。[2]统计资料表明，大学生中有心理障碍的大学生已经成为自杀的高危群体，自杀率是其他同龄人群的2～4倍，并呈现上升态势。10.71%的大学生表示当遭遇挫折时想到用结束生命的方式来解决，28.6%的大学生"偶尔有"或"经常有"自杀的念头，5.79%的大学生认为死亡是解决一切痛苦的办法。杨振斌和李焰（2013）依据业已汇总的全国各地教育部门对高校大学生自杀现象的统计结果，计算出2008—2010年全国大学生自杀率为1.24/10万。杨振斌和李焰（2015）依据对部分高校的调查数据进行分析，再次报告大学生自

---

① 中国青少年健康人格2010年调研报告，见：https://docin.com/p-1672193957.html.

② 大学生自杀统计报告和多重因素分析，见：https://wenku.baidu.com/view/26a647255a8102d276a22fd3.html.

杀率为 2.37/10 万，每年自杀死亡的大学生占非正常死亡人数的 47.2%，占比最大。这一系列令人触目惊心的数字充分说明当前一部分大学生生命意义感严重缺失。自杀已经成为我国当代大学生非正常死亡的重要原因之一，而自杀的根源是自我价值的否定、生命意义的缺失。

（三）蔑视生命，虐待生命

近些年来，大学生犯罪的案件呈现不断上升的趋势。部分大学生不仅对自己的生命不珍惜，而且时常有暴力伤人，甚至杀人以泄私愤的事件屡见报端。例如，2011 年 4 月宁波高教园区一大学生因公交司机提醒其买票而下车拿砖头砸向司机，2010 年 10 月西安某学院学生药某"撞人补八刀"致人死亡以及 2004 年 2 月云南某大学学生马某因玩牌而杀害 4 名同学等一系列案件。据浙江大学"青少年攻击性行为的社会心理研究"课题组的调查显示："49.2％的同学承认对其他同学有过不同程度的暴力行为，87.3％的同学承认曾遭受过其他同学不同程度的暴力行为。"（李江涛，2005）另外，在网络上还不时曝出大学生蔑视生命、虐待生命的事件，比如某大学研究生虐杀 20 余只小猫的事件等。这些案例充分说明加强当代大学生生命意义教育的紧迫性。

三、当代大学生生命意义感缺失的致因

大学生虽然已是成人，但由于他们大多没有经受过真正的社会磨炼，对生命意义的认知还不十分成熟。造成大学生生命意义感缺失的原因是多方面的。

（一）过分溺爱的家庭教育使大学生缺乏应对困难的意志与信心

当今大学生特别是"90 后"大学生许多都是独生子女，在家里过着"衣来伸手，饭来张口"的"无忧无虑"的生活。父母把他们生活中遇到的困难都代为"克服"了。在他们的视野中，世界是"平"的，没有什么"障碍"可言。然而，当他们离开父母，开始独立的人生之路后，却发现"现实"是相当"麻烦"的。不仅要面对日常生活中遇到的种种困难，而且要处理对于他们来说相当"复杂"的人际关系。一个小小的困难，对于他们来说可能是一座不可逾越的"大山"；一点微不足道的挫折，对于他们来说有可能就是一个重大的"打击"。他们不懂得人就是在"麻烦"中感受生命的意义，就是在征服"麻烦"的过程中创造自己的幸福人生。实践表明，耐挫折能力差，往往是诱导生命意义感缺失的重要原因。

（二）突出功利的教育弱化了完善人生、升华人性的功能

人生的意义体现在对生命价值的追求中。追求生命意义的过程，也就是人的价值理想的实现过程和精神境界的提升过程。人是不会满足于生命支配的本能的生活的，总要利用这种自然的生命去创造生活的价值和意义。人之为人的本质应该说是一种意义性存在、价值性实现。然而，当代大学生从刚刚步入大学校门的第一天起就有了就业的压力。老师告诫一定要学好专业，多学一项技能就能多增加一点就业的机会。学生忙于考证考级，以致对生命意义的理解偏于简单。有学生认为上大学就是为了找一份好工作，以保证一生衣食无忧，从而扭曲了对生命价值的理解。同时，一些高校出于提高就业率的目的，往往只重视专业技能的培训，忽视理想信念和人格教育。没有内在人格自我意识的觉醒，外在的所谓各种压力对学生的学习与成长所起的作用不仅是短暂的，而且还可能对学生的终身发展是有害的。近年来部分大学生自我伤害和暴力伤人就是其内在人格扭曲、缺乏人生追求的重要表现。从根本上讲，类似的生命困境正是一些大学生无视生命意义或者从功利角度审视生命和理解生命价值的结果。

（三）缺失的生命教育降低了大学生对于生命的敬畏

生命教育应成为大学人才培养的应有内容。然而，有时功利性教育理念在高等教育中的占位使得真正意义上的生命教育已被生存教育所代替。上大学的目的已不是为了提高生命质量、焕发生命意义和提升生命价值，而是为了求得生存技巧以在社会中立足。生命教育逐渐在高等教育中被边缘化甚至被取消，以至于部分大学生没有了对生命的敬畏。

第二节　生命教育的内涵和内容

一、生命教育的内涵

（一）生命教育的起源

1968 年美国著名演讲家、作家杰·唐纳·华特士在加利福尼亚州创建"阿南达村"和"阿南达学校"，明确提出生命教育思想。到现在为止，生命教育已

经走过了半个世纪的风雨历程。经过不断的推进和发展，越来越多的人已经认识到生命教育的重要性，在倡导生命教育方面逐渐形成了共识，生命教育正在世界各地蓬勃兴起。

1979年，澳大利亚首府悉尼成立了"生命教育中心"（Life Educational Center，LEC），这可能是西方国家最早使用"生命教育"概念的机构，现已成为一个正式的国际性机构，并成为联合国非政府组织的一员。到了20世纪80年代，西方一些发达国家开始在中小学中推行生命教育，用各种实例来向孩子们介绍生命的由来，让孩子们认识到生命的可贵，珍爱生命。1989年，日本修订的教学大纲中明确提出了以尊重人的精神和对生命的敬畏之观念来定位道德教育的目标。在我国，辽宁省和上海市最早开始推行生命教育。2004年12月，辽宁省启动了中小学生命教育工程，辽宁省教育厅为此制定了《中小学生命教育专项工作方案》。同年，上海市也出台了《上海市中小学生命教育指导纲要》。以此为标志，我国的生命教育正式起步。（李聪，2011）

2008年5月12日，四川汶川发生大地震，夺走了数以万计的同胞生命。如此大规模的自然灾害深深地刺激了人们内心中最为薄弱的一层：在生命无法保证的情况下，我们应当如何面对生存？当生存境遇发生重大突变的情境下，我们如何面对生活？汶川大地震成为我国全面推行生命教育的加速器，生命教育工作迅速地在全国各地开展。其中以云南省于2008年启动的以"生命教育、生存教育、生活教育"为核心的"三生教育"推进力度最大，江西、浙江、广东、吉林、北京、上海等地的生命教育课程也纷纷走进了各级院校的学生课堂，有关生命教育的会议、论坛、培训和交流等活动也日渐频繁。2010年7月29日出台的《国家中长期教育改革和发展规划纲要（2010—2020年）》明确将"生命教育"列入其中，标志着一个崭新的中国生命教育时代的开启。

（二）生命教育的含义

那么，什么是生命教育呢？《生命教育导师》中指出，生命教育即直面生命和人的生死问题的教育（王一方，2016）。生命教育的目标在于使人们学会尊重生命、理解生命的意义以及生命与天、人、物、我之间的关系，学会积极地生存、健康地生活与独立地发展，并通过彼此对生命的呵护、记录、感恩和分享获得身心的和谐、事业的成功、生活的幸福，从而实现自我生命的最大价值。

生命教育既是一切教育的前提，又是教育的最高追求，因此应该成为指向人的终极关怀的重要教育理念。生命教育是在充分考察人的生命本质基础上提出来的，符合人性要求，是一种全面关照生命多层次的人本教育。正如印度伟大诗人泰戈尔所说：教育的目的是应当向人类传送生命的气息。生命教育不应只是教会青少年珍爱生命，更要启发青少年完整理解生命的意义，积极创造生命的价值；生命教育不应只是告诉青少年关注自身生命，更要帮助青少年关注、尊重、热爱他人的生命；生命教育不应只是惠泽人类的教育，还应该让青少年明白要让生命的其他物种和谐地同在一片蓝天下；生命教育不应只是关心今日生命之享用，还应该关怀明日生命之发展。

对于大学生来说，生命教育的内涵更加丰富和多样。首先，要强调生命教育的生活化，重视生命的教育、人际关系的沟通、社会生活能力和道德良心的培养等，通过切实的实践培养大学生具有关爱生命的情怀。其次，要树立健康、积极向上的人生态度，正确认识人的价值、生命的意义和生活的真谛，培养关爱情怀，学会过现代文明生活。最后，通过认识生命的起源、发展和终结，从而认识生命、理解生命、欣赏生命、尊重生命、珍惜生命，树立正确的世界观、人生观和价值观，培养自身适应社会发展的各种能力和素质。

二、生命教育的内容

从我国台湾地区晓明女中生命教育课的内容安排及生命教育目标中，我们可以进一步了解生命教育的内涵。该课程的十二个单元内容依次分别是：欣赏生命；做我真好；生于忧患；应变与生存；敬业乐业；宗教信仰与人生；良性的培养；人活在关系中；思考是智慧的开端；生死尊严；社会关怀与社会正义；全球伦理与宗教。四个生命教育目标分别为：让学生体会生命的无常，珍惜自己，关怀别人；让学生发扬生命的光辉，乐于助人，形成良好人际关系；让学生了解生命的意义，感恩惜福，爱护大自然；让学生珍惜生命的价值，乐观进取，树立正确人生观。

从生命教育的实践历程来看，它首先是从控制青少年自杀率不断上升这一残酷现实开始的，最初是作为预防未成年人自杀的权宜之计被提出来的。然而，人的生命不仅仅是生物的躯体，自然的生命仅仅是人生命存在的前提和物质载体，真正将人和动物区别开的是人类有丰富的精神生活。因此我们在考察生命教育的内涵时就要从多个层次入手，不仅要教育大学生珍爱生命，还要帮助他们认识生命的本质、理解生命的意义、创造生命的价值。这是人的生命形态和特征的本质要求。

人生命的全过程就是由一次次的生命活动所组成，生命活动的质量决定人生命全过程的质量。重视每一次生命活动的质量就是重视生命全过程的质量。教育就是对学生的每一次生命活动进行关怀，学习过程就是一种享受生命的过程，这种关怀是社会价值、个人价值和教育自身发展价值在"生命活动"实践中的统一。

从最根本的意义来说，生命教育乃是一种全人教育，它涵盖了人从出生到死亡的整个过程和这一过程中所涉及的各个方面，既关乎人的生存与生活，也关乎人的成长与发展，更关乎人的本性与价值。生命教育的核心目标在于通过生命教育，让每一个人都成为"我自己"，都能最终实现"我之为我"的生命价值，即把生命中的爱和亮点全部展现出来，为社会、为人间焕发出自己独有的美丽光彩。

第三节　大学生心理危机的特征、表现和干预

一、大学生心理危机的特征

大学生中常见的危机有精神疾病所引发的突发状况、自伤或伤人事件，感情纠纷引发的自伤、伤人与威胁恐吓，性骚扰或性侵害事件的处理，以及诸如学业或就业挫折、压力过大引发的自伤行为，学生连续意外死亡引起的校园恐慌，家长或校外人士对学校的威胁恐吓，等等。

大学生面临的危机一般具有以下特点：波及领域广，涉及经济、文化、卫生、心理、网络和治安等多个方面；类型复杂，涉及暴力行为、自伤行为、言论煽动、枪击案件、食物中毒、爆炸案以及其他各类突发事件；社会影响大，由于现代通信手段快速发展，学校危机具有连锁效应和放大效应；发生频次高，有统计显示，全国学校突发事件占国内突发事件总数的 35.8% 左右。

在各种危机面前，大学生心理危机具有以下特征。

（一）普遍性

普遍性是指心理危机在一定意义上是每个人成长过程中避免不了的，成长中的大学生也不能例外。心理危机是个体非正常、非均衡的状态，是一种正常的生活经历，并不是疾病和病理过程。心理危机表明个体正在努力抗争，力求保持自身与外界环境的平衡。尽管大学生的心理危机是不可避免的，但可以通过设定目标、形成计划、妥善处理来安全地度过危机时刻。

（二）复杂性

复杂性是指造成心理危机的原因是多方面、多层次的，可以是生理的，如生理成长与变化、病症等；也可以是心理的，如情绪、情感、价值、需要、个性等；还可以是社会性的，如社会变迁、文化冲突、社会变革等。心理危机的来源既可以是来自大学生自身外部的，也可以是自身内部的，由此引发的危机也各不相同。

（三）突发性

危机大多数是突发性的，超出了人的预期，处于危机中的大学生想立即解决危机也是非常困难的。

（四）动力性

危机中时常蕴藏着大学生成长和改变的源动力。大学生在追求自身成长的同时，也许正在带动一个抗挫机制的产生。大学生需要居安思危，及时调整应对策略，消除危机隐患，健康成长。

（五）时代性

大学生心理危机问题体现了时代、社会、国家对大学生的要求，这种要求也可能转变成一种压力，如就业问题给当今大学生带来了很大的压力。如不能妥善应对，会使部分大学生产生心理危机。

二、大学生心理危机的表现

处于心理危机中的大学生，根据危机持续的时间、程度不同，会在生理、情绪、认知和行为上表现出一定的反应。这些反应相互作用、相互影响，可能会波及大学生的身心健康。

（一）生理表现

处于心理危机中的大学生，生理反应主要表现为身体免疫力下降、胸闷、头晕、失眠、食欲不振、消化不良、紧张、敏感等。在心理危机作用下，植物神经系统和免疫系统对身体生理反应的调节功能会发生改变。

（二）情绪表现

处于心理危机中的大学生，其情绪反应一般表现为焦虑、恐惧、抑郁、沮丧、紧张、绝望、烦躁等，出现学习心不在焉、人际交往冷淡孤僻、生活上无精打采、对前途悲观绝望等现象。

（三）认知表现

处于心理危机中的大学生，感知功能可能受损，易出现记忆力减退、反应迟钝、认知不合理等现象。

（四）行为表现

心理危机中的某些行为表现是大学生有意或无意为排解和减轻痛苦感而采取的一些防御手段。如无法集中精力上课，不能专注地做好某一件事情；不愿与人交往，回避他人或攻击别人；发生伤害自己或他人的破坏性行为等。有些大学生行为和思维、情感不一致，出现异常行为，有的产生物质依赖，酗酒、吸烟问题严重。

（五）创伤后应激障碍

有些大学生在危机后产生创伤后应激障碍，即在经历、目睹或遭遇涉及自身或他人的实际死亡，或受到死亡的威胁，或严重受伤，或躯体完整性受到威胁后，所导致的延迟出现和持续存在的精神障碍。创伤后应激障碍的核心症状有创伤性再体验症状、回避和麻木类症状、警觉性增高症状。

（1）创伤性再体验症状主要表现为当事人的思维、记忆或梦中反复、不自主地涌现与创伤有关的情境或内容，也可出现严重的触景生情反应，甚至感觉创伤性事件好像再次发生一样。

（2）回避和麻木类症状主要表现为当事人长期或持续性地极力回避与创伤经历有关的事件或情境，拒绝参加有关的活动，回避创伤的地点或与创伤有关的人或事。有些当事人甚至出现选择性遗忘，不能回忆起与创伤有关的事件细节。

（3）警觉性增高症状主要表现为过度警觉、惊跳反应增强，可伴有注意力不集中、激惹性增高及焦虑情绪等症状。

此外，有些大学生还表现出滥用成瘾物质、攻击性行为、自伤或自杀行为等，这些行为往往是其心理应对方式的表现。同时，抑郁症状也是常见的伴随症状。

创伤后应激障碍一般在精神创伤性事件发生后数天至 6 个月内发病，病程至少持续 1 个月，或可长达数月或数年，个别甚至长达数十年之久。其中病期在 3 个月之内的称为急性创伤后应激障碍，病期在 3 个月以上的称为慢性创伤后应激障碍，而若症状在创伤事件后至少 6 个月才发生则称为延迟性创伤后应激障碍。

大学生是否出现创伤后应激障碍，一般应由专业人员进行评估和治疗。

三、大学生心理危机干预

大学生心理危机可以通过危机识别后的自我干预和外界的危机干预来克服。前者可以通过情绪控制、代偿、升华、宣泄、转移、合理化等技术加以预防和缓解；后者则需由辅导老师通过一系列的心理干预过程，对处于困境或遭受挫折的大学生予以关怀和帮助。辅导老师的主要作用在于启发、引导、促进、支持、帮助和鼓励。

（一）大学生心理危机的自我干预

大学生要学会危机识别。学校要对大学生进行危机认知教育，大学生要学会正确地了解和认识什么是心理危机、心理危机的成因和表现、大学生常见的心理危机等基本知识，明确心理危机的产生并不都是病态的表现，正常人在外界强烈和持久的刺激下也会陷入心理危机；心理危机是可以识别的，更是可以预防和消除的。大学生要在学校的教育引导下，努力提高自己认知危机、应对危机的知识与能力，学会自我调节和自我干预。

大学生要通过危机应对教育学会"三助"，即学会自助、学会求助、学会助人。

（1）学会自助，即要自觉提高自身的心理素质，抵御心理危机的侵扰。

（2）学会求助，即在面对心理困扰时有主动求助意识，及时向外界或专业心理机构求助，以尽快解决问题。

（3）学会助人，即掌握一定的危机识别知识，对于周围陷入心理危机或存在自杀危险的同学及时给予支持和帮助，必要时要转介给专业人员。

（二）大学生心理危机干预的模式

目前常用的心理危机干预模式有三种，即平衡模式、认知模式和心理社会转变模式。这三种模式为许多不同的危机干预策略和方法提供了基础。平衡模式认为，危机中的人通常处在一种心理或情绪的失衡状态，原有的应付机制和方式不能满足需要，平衡模式的目的在于帮助人们重新获得危机前的平衡状态。认知模式认为危机来源于对生活困难和创伤的错误思维和信念，改变思维方式特别是改变非理性的认知和自我否定，当事人就能够获得对自己生活中危机的控制。心理社会转变模式认为人是遗传和环境交互作用的产物，危机是由心理、社会或环境因素引起的，因此应引导人们从心理、社会和环境三个范畴来寻找危机干预的策略。

（三）大学生心理危机干预的目标

心理危机干预的总目标是，帮助处于危机当中的大学生学会应对压力、缓解情绪、增强自信，培养和汲取正能量，积极地将他助变为自助，消除危机造成的负面影响，学会化"危"为"机"，以积极心态面向、成就未来。

实施心理危机干预时要注重引导大学生感悟生命的意义与价值，整合他们在应对危机中表现出来的内在力量并使其内化为人格的一部分，使他们更有力量应对今后的种种危机和挑战。

（四）大学生心理危机干预的步骤

1. 确定问题

辅导老师应从大学生当事人的立场出发探索和定义问题，使用积极的倾听技术，包括用开放式的问题，既注意大学生所传达的言语信号，也注意其无意中所表露的非言语信号。

2. 保证大学生的安全

在危机干预过程中，保证求助学生的安全是首要目标。辅导老师要主动、全面地评估求助者的躯体安全程度、心理受危机事件威胁的危险程度、失去思维能动性的严重程度，还要客观评估求助者所发生的内心冲突及基本心态。在必要的时候，辅导老师要保证求助学生知道代替冲动或自我毁灭行动的解决方法。

3. 提供具体支持

辅导老师应帮助危机事件中的大学生认识到心理危机干预工作是一种可靠的心理援助，要通过语言、声调和躯体语言向学生表达自己的感知与体验，使学生明确辅导老师会以关心的、积极的、接纳的、不偏不倚的态度来处理危机事件。

4. 检查替代解决方法

辅导老师应帮助大学生当事人探索可以利用的替代解决方法，促使其积极地搜索可以获得的环境支持和可资利用的应对方式，以促进其运用积极的思维方式解决问题。

5. 制订短期计划

辅导老师应帮助大学生当事人自己制订出现实的短期计划，包括发现另外的可利用的资源和寻找可以替代的应对方式，确定学生能采取理智的、自主的行动步骤。

6. 获得承诺

辅导老师应帮助大学生当事人以自己承诺的方式采取确定的、积极的行动步骤，这些行动步骤必须是学生自己从现实的角度出发所制定的，从现实的角度看是可以完成的或是可以接受的。在结束危机干预前，辅导老师应该从学生那里得到诚实、直接和适当的承诺。

在这一步结束之后，辅导老师还要进行反馈、跟踪，做好危机善后工作。危机过去之后，干预工作仍然需要。辅导老师可以使用支持性干预及团体辅导策略，协助经历危机的学生正确总结和处理危机遗留的心理问题，尽快恢复心理平衡，并跟踪调查，尽量减少由于危机造成的负面影响。

（五）大学生心理危机干预的原则

心理危机干预是一项集思想性、专业性和政策性于一体的技术性工作。在对大学生进行危机干预时，要坚持一定的原则，才能保证危机干预科学有效地进行。

1. 系统性原则

危机心理教育应持整体观点，不能从单一部门、单一视角看待问题，需要从整体上做出系统规划。要围绕危机心理教育的整体目标，坚持科学系统的原则，协调与动员好各方面力量，发挥好整体作用。

2. 心理危机干预与生命教育相结合的原则

生命教育要贯穿于大学教育的全程，更要贯穿于危机心理干预的全过程。要坚持预防为主，通过系统的心理教育，帮助大学生认识生命、珍惜生命、爱惜生命、尊重生命。

3. 心理疏导与价值观引导相结合原则

心理疏导是目前帮助处于创伤和危机中的个体的最常用的方法之一。心理疏导要坚持以人为本，增强危机后心理教育的吸引力、感染力和说服力；心理疏导要注重人文关怀，注意贴近实际，贴近生活，认真做好重点宣传、难点释疑；心理疏导要把握正确价值观导向，帮助大学生重塑生活信念，勇敢面对未来生活。价值观是心理重建的基石，对于把握未来的行动方面具有重要的定向作用。

4. 长期教育原则

心理健康教育是一个长期、持续的过程，应建立长效机制，特别是要重整危机后的内在资源。早期辅导老师可采取不同形式抚平心理的创伤，通过团体辅导、游戏使大学生表达出心理反应，接受症状，面对现实，淡忘危机惨痛的经历，重树生活的信念和信心。在中期，大学生逐渐地接受并适应危机后的严酷现实，与此同时可能会产生更多的心理问题和困惑。辅导老师可采取疏导不良情绪，鼓励大学生历练坚韧不拔的品质以及形成合理的防御机制等。在长期，辅导老师要用正确的价值观进行引导，完善大学生的人格。对大学生的心理健康教育是一项长期的工作，最终目标是使大学生形成健康的人格，实现自我，在危机后更好地融入社会。

5. 以人为本与专业指导相结合的原则

以人为本就是心理危机干预要尊重大学生的心理需要，尊重其个人各项权益，在尊重其人格的基础上进行教育与辅导。辅导老师应坚持面向全体学生开展心理教育与生命教育的理念，对每一个人都不放弃、不抛弃，更重要的是要在心理危机干预中关心大学生的心理需要，尊重大学生的各项权益，保护大学生心理安全，把关心其需要与心理健康教育引导相结合。辅导老师要用自己的行为维护道德准则，明确自己的职业角色和义务，对自己行为承担相应的责任，使自己的方法和技术满足不同大学生的需要；还要正确认识危机和心理创伤，并根据大学生在情感、知识、行为、生理等方面表现出的特征，准确判断大学生所处的危机和心理创伤阶段，并采取相应对策。

需要指出，心理危机干预与心理健康教育、生命教育中的某些环节可能有一定的隐私性，要充分评估干预方案产生不良后果的可能性，避免对危机进行急功近利、哗众取宠的不成熟的干预。

拓展阅读

1. 自杀相关概念

（1）什么是自杀？ Kaplan 等在《精神病学概要》中认为：自杀是有意的自我伤害导致的死亡。

（2）自杀分类：

1）自杀意念（意念自杀）：有寻死的愿望，但没有采取任何实际行动。

2）自杀未遂：采取了毁灭自我的行动，但并未导致死亡。

3）自杀死亡：采取了毁灭自我的行为，导致了死亡。

（3）自杀的流行病学资料。自杀的发生率在有些国家保持相对稳定，而在有些国家则有明显的波动，但近年来世界平均自杀率总体呈上升趋势。

世界卫生组织（WHO）2011 年报告的世界各国自杀率排位：男性前 5 位的是立陶宛、俄罗斯、白俄罗斯、斯里兰卡、哈萨克斯坦；女性前 5 位的是斯里兰卡、立陶宛、中国、圭亚那、日本。中国男性自杀率的国际排行（1999 年，WHO）是第 49 位，为 13.0 人 /10 万人；中国女性自杀率的国际排行（2011 年，WHO）是第 3 位，为 14.8 人 /10 万人。[1] 中国男女平均自杀率为 13.9 人 /10 万人，(13 人＋ 14.8 人) / 2 ＝ 13.9 人。西方国家的研究资料表明，在自杀死亡者中，男女性别比约为 3 : 1，而在自杀未遂者中男女性别比约为 1 : 3。我国的研究表明，男女两性的自杀率相当接近。

2. 自杀相关因素（七大要素）（王民洁等，2010）

（1）第一大要素：自杀者的心理特征。对自杀未遂者的研究发现，他们常有某些共同的心理特征。

1）在认知功能方面：①自杀者一般采用非此即彼和以偏概全的思维模式来分析处理问题，易走极端；②自杀者易于将遇到的问题归因于命运的安排；③应付应急机制单调生硬、缺乏耐心，渴望即时成功、即时满足，行为具有冲动性和盲目性，不计后果；④对人、对事、对己、对社会

---

① 世界各国自杀率，见: https://wenku.baidu.com/view/fad17532effdc8d376eeaeaad1f34693daef10aa.html。

均倾向于从阴暗面看问题，心存偏见和敌意。

2）在情绪方面：自杀者通常有各种慢性的痛苦、焦虑、抑郁、愤怒、厌倦和内疚的情绪特征。

3）在人际关系方面：自杀者常缺乏持久而广泛的人际交往，回避社交，难于获得较多的社会支持资源，对新环境适应困难。

（2）第二大要素：精神应激。重大的负向应激事件可能成为自杀的直接原因或诱因，尤其当个体处于某种慢性痛苦时期，这些应激事件常可起触发作用。

（3）第三大要素：社会文化因素，包括五个方面。

1）性别与种族。西方国家的自杀率大多是男高于女。种族间有差异。

2）家庭、婚姻关系。研究发现，家庭关系和睦、气氛融洽的学生自杀率低。

3）职业。据美国的资料，按职业分，蓝领工人的自杀率最低，而从事专门技术职业的医生、律师、作家、音乐家、经理阶层及行政管理人员的自杀率较高。

4）信仰。有些宗教把自杀列为禁忌。

5）社会经济状况。统计表明，凡政局动荡、经济萧条年份，自杀率升高。

（4）第四大要素：躯体疾病。大量研究表明，在控制了其他危险因素的影响后，躯体疾病尤其是慢性的或难治的躯体疾病（如癌症、慢性肾衰等）仍然是自杀者的重要危险因素。在自杀死亡者中，患有各种躯体疾病者占 25% ～ 75%。

（5）第五大要素：精神疾病。大量研究表明，50% ～ 90% 的自杀死亡者可以诊断为精神疾病患者。在自杀未遂者中，精神疾病的诊断率却要低得多，常常是一些心理健康方面的问题。抑郁症是自杀者最常见的精神疾病诊断，15% 的抑郁症患者最终死于自杀，而精神分裂症患者亦有约 10% 最终死于自杀。

（6）第六大因素：遗传学因素。家系调查和双生子研究表明自杀行为有一定的遗传学基础。

（7）第七大因素：精神生物学因素。大量的研究发现自杀未遂者脑脊液（CEF）中 5-HF 的代谢产物五羟吲哚乙酸（5-HIAA）降低，进一步分析发现 CEF 中 5-HIAA 的下降程度与致死性或自杀未遂的严重性呈正相关。

有研究者提出了一个应激-素质自杀行为模型，应激因素包括急性精神病、物质滥用、负向生活事件或家庭危机等，素质因素涉及遗传、人格特征等。单一因素一般不足以引起自杀，应激因素与素质因素共同作用则可能导致个体发生自杀或攻击行为。

📖 拓展阅读

自杀预防的敏感时间点及 12 类高危人群[①]

某省高校大学生自杀调研资料表明，每年春季开学后的三周、五一长假及假后三周、秋季开学后及国庆长假后的三周均是大学生自杀高峰期。学校应在此敏感期之前，做好危机干预工作。

下述 12 类学生是危机高发人群，应予以高度关注，在敏感时段更应关注排查，安排好危机预案：①有自杀未遂史或自杀企图与计划者。②曾患抑郁症及尚在治疗者。③曾有妄想或其他精神疾病症状及尚在治疗者。④人格偏执者。⑤近期失恋者。⑥意外怀孕或近期堕胎者。⑦情绪长期低落不与人来往者。⑧有生理缺陷或长期患病者。⑨极贫困者。⑩学习困难及不能毕业者。⑪近期丧亲者。 ⑫极度自卑或自感生活能力低下者。

务必与学校心理中心保持联系的若干危急情形

如果学生中有以下情况，请高度关注，必要时尽快与学校心理健康中心专职教师联系，一起来帮助他（她）。①家族有精神疾病人史，亲友有自杀史。②目睹过他人的自杀场面或情景。③在年幼至入学前有过巨大精神心理创伤。④遭受过重大挫折。⑤关系密切的亲人或朋友去世。⑥很看重的恋情结束。⑦学习成绩全面下降，或者学习困难不能毕业。⑧有生理缺陷，或者长期患病，特别是患有生殖方面的疾病。⑨有过自我伤害或自

---

① 大学生自杀原因分析及对策，见：https://www.xzbu.com/8/view-8830958.htm。

杀企图与经历。⑩在初中或高中期间有过精神心理问题并接受过药物治疗或入院治疗。⑪总是听到别人在议论自己，或是周围的人都在对自己指指点点，好像别人都知道自己的心思和秘密。⑫感到有人在跟踪自己或监视自己，总是觉得被人偷拍、偷窥；感到有人在监听自己的电话，用某种射线在控制自己。⑬感到自己被人追杀，有同学想谋害自己。⑭有强烈的自责自罪感，觉得自己不配活在世界上。⑮经常思考或讨论人究竟为什么活着，活着有什么意义，有什么价值。⑯觉得人活着很累，流露出有想死的想法或冲动。⑰经常浏览有自杀内容的网站，讨论自杀的方式或工具，例如"你说怎样死才好一点啊"。⑱开自杀方面的玩笑。⑲经常看有自杀情景的电视、电影或其他文学作品。⑳跟亲友说活着不如死了的好，不想活了。㉑写有想死的字条，流露出想死想法的日记或信件。㉒在网上与好友聊天时说到不想活了，或在网上日记或博客中流露，或在QQ签名上流露生活没有意义，一切都要结束了。㉓准备有大量安眠药、刀具绳索或农药。㉔情绪反常，行为古怪。㉕情绪异常低落两周以上，卫生状况变差。㉖感觉到很痛苦、很难过、绝望、无助；经常哭泣流泪。㉗莫名其妙地感到害怕、惶恐不安。㉘情绪异常兴奋，连续几天不睡觉或很少睡觉，或者不进食或很少进食。

如何帮助处于心理危机中的大学生

1. 如何识别心理危机

只有知道心理危机的表现，才能确定你或你所关心的人是否需要帮助。以下情况是心理压力超过应对能力的征兆，存在的越多且持续的时间越长，就越需要帮助。①直接表露自己处于痛苦、抑郁、无望或无价值感中。②易激怒，过分依赖，持续不断地悲伤或焦虑，常常流泪。③注意力不集中，成绩下降，经常缺勤。④孤僻，人际交往明显减少。⑤无缘无故地生气或与人敌对。⑥酒精或毒品的使用量增加。⑦行为紊乱或古怪。⑧睡眠、饮食或体重明显增减，过度疲劳，体质或个人卫生状况下降。⑨日记或其他发挥想象力的作品透露出的主题为无望、脱离社会、愤怒、绝望、自杀或者死亡。⑩任何书面或口头表达出的内容像是在临终告别或透露出自杀的倾向。如"我会离开很长一段时间……"⑪出现自伤或自杀行为。

2. 个人遭遇危机，应该做什么

①不要等待，主动寻求帮助。②要相信会有人愿意帮助你。但你得将自己真实的困难和痛苦告诉给你信任的人，否则他们对此一无所知。③如果你的倾诉对象不知道如何帮助你，可以向学校的心理咨询中心寻求帮助。④如果担心你的心理问题被发现，可以向心理热线或校外的心理咨询人员寻求帮助。⑤有时为找到一个真正能帮助你的人需要求助于几个不同的人或机构。你应坚持下去，提供帮助的人一定会出现。⑥解决心理危机通常需要一个过程，可能你得反复多次地见咨询人员或心理医生。⑦如果医生开药，应按医嘱坚持服用。⑧避免使用酒精或毒品麻痹你的痛苦。⑨不要冲动行事。强烈的痛苦会使你更难做出合理的决定。

3. 如何帮助处于心理危机的人

①向他们表达你的关心。询问他们目前面临的困难以及困难给他们带来的影响。②多倾听、少说话。给他们一定时间说出内心的感受或担忧。③要有耐心。不要因为他们不能很容易与你交谈就轻言放弃。允许谈话中出现沉默，有时重要的信息在沉默之后出现。④不要担心他们会出现强烈的情感反应。情感爆发或哭泣有利于他们的情感得到释放。⑤保持冷静。要接纳，不做评判，也不要试图说服他们改变自己内心的感受。⑥给予希望。让他们知道面临的困境能够有所改变。⑦要留心任何自杀念头，不论他们用什么方式流露。不要害怕询问他们是否考虑自杀，这样不会使他们自杀，反而会挽救他们的生命："你的心情是否如此糟糕，以至于想结束自己的生命？"⑧在结束谈话时，要鼓励他们再次与你讨论相关问题，并且要让他们知道你愿意继续帮助他们。⑨事先应知道他们可能会拒绝你要提供的帮助。有心理危机的人有时因难以承认他们无法处理自己的问题而加以否认。不要认为他们的拒绝是针对你本人。⑩如果你认为他们需要专业的帮助，向他们提供转介信息。如果他们对寻求专业帮助感到恐惧或担忧，应花时间倾听他们的担心，告诉他们大多数处于这种情况的人需要帮助，解释你建议他们见专业人员不是因为你对他们的事情不关心。⑪如

果你发现他们有自杀危险，不要承诺你会对此保密，应请其他人一起承担帮助他们的责任。⑫如果你发现他们要立即采取自杀行为，不要让他们独处。要把他们送到能提供心理服务的诊所或医院。⑬如果他们已经采取了自杀行为，立刻把他们送到医院的急诊室抢救。

参 考 文 献

陈红英 .2014. 新编大学生心理健康教程 . 武汉：武汉大学出版社 .

陈敏 .2008. 大学生职业生涯发展与管理 . 上海：复旦大学出版社 .

成云 .2004. 心理学 . 成都：四川大学出版社 .

樊富珉，王建中 .2014. 当代大学生心理健康教程 . 武汉：武汉大学出版社 .

高金章 .2008. 管理学 . 上海：立信会计出版社 .

郭建峰 .2010. 大学生职业生涯规划 . 北京：人民邮电出版社 .

怀特海 .2010. 教育与科学：理性的功能 . 黄铭，译 . 郑州：大象出版社 .

焦岚，曲茜茜，王磊 .2012. 大学生心理健康教育 . 长春：吉林大学出版社 .

金盛华，徐文艳，金永宏 .1999. 当今中国人人际关系与身心健康的关系——社会心理医学研
　　究 . 心理学探析，（3）：47-52.

匡显桢 .2009. 教师要努力提升"四气". 青年教师，（1）：32-33.

劳伦斯·斯坦伯格 .2015. 青少年心理学 . 梁君英，等译 . 北京：机械工业出版社 .

李聪 .2011. 生命意义与生命教育 . 广东社会科学，（1）：64-66.

李江涛 .2005. 中学生暴力行为的心理分析 . 中小学心理健康教育，（10）：37.

李文霞等 .2013. 大学生心理健康教育 . 北京：北京师范大学出版社 .

李武石 .2014. 寻找弗洛伊德：精神分析理论与经典案例 . 李光哲，等译 . 北京：科学出版社 .

凌文铨 .1985. 用 TAI 量表对中国大学生考试焦虑的测量与分析 . 心理学报，17（2）：137-143.

刘召客 .2011. 群体事件与群体挫折感 . 党政论坛，（1）：40-41.

罗伯特·费尔德曼 .2013. 发展心理学 . 苏彦捷，等译 . 北京：世界图书出版公司 .

骆伯巍，高亚兵，叶丽红，等 .2000. 中小学生性知识掌握水平研究 . 教育研究与实验，（3）：
　　50-54.

马莹 .2010. 大学生获得生命意义感的方法与途径 . 学校党建与思想教育，（4）：72-73.

麦格劳·希尔 .2013. 妙趣横生的心理学 . 王芳，等译 . 北京：人民邮电出版社 .

茅原 .1994. 马克思的哲学对音乐美学的启示（上）：自然性与社会性 . 南京艺术学院学报（音
　　乐及表演版），（3）：3-10.

秦波 .2012. 大学生心理健康发展要素 . 北京：煤炭工业出版社 .

宋尚桂 .2011. 大学心理服务的理论与实践 . 青岛：中国海洋大学出版社 .

汪瑾 .2007. 情绪与健康 . 时珍国医国药，18（5）：1258-1259.

汪元宏 .2012. 大学生心理健康教育新编 . 南京：南京大学出版社 .

王登峰，张伯源 .1992. 大学生心理卫生与咨询 . 北京：北京大学出版社 .

王芳玉 .2009. 心理健康教育 . 海口：南海出版公司 .

王红星 .2010. 大学生极端行为案例分析 . 北京：人民卫生出版社 .

王静，王艳冬 .2011. 基于医学生心理健康因素分析 探索卫生技能型人才基本素质评估方法 . 继续医学教育，25（1）：26-31.

王民洁，孙静，吴爱勤 .2010. 精神病学 . 南京：东南大学出版社 .

王庆芬 .2015. 谈情绪主宰人的健康 . 科技视界，（11）：153.

王一方 .2016. 补上"生命教育"这一课 . 教育家，（9）：70-72.

维克多·弗兰克尔 .2010. 活出生命的意义 . 吕娜，译 . 北京：华夏出版社 .

沃林斯基 .1999. 健康社会学 . 孙牧虹，等译 . 北京：社会科学文献出版社 .

夏茂香 .2012. 大学生挫折心理类型及矫正方法 . 教育与职业，（26）：90-91.

许佩卿 .2008. 新形势下大学生学习心理问题及对策 . 四川教育学院学报，24（5）：32-34.

许佩卿，叶瑞祥 .2008. 新形势下大学生学习心理问题的若干思考 . 黑龙江教育学院学报，（6）：87-89.

杨玲 .2011. 体态语与对外汉语教学 . 吉林大学硕士学位论文 .

杨振斌，李焰 .2013. 中国大学生自杀现象探讨 . 清华大学教育研究，（5）：59-63.

杨振斌，李焰 .2015. 大学生非正常死亡现象的分析 . 心理与行为研究，（5）：698-701.

姚尧 .2015. 心理学与心理调节术 . 北京：中国法制出版社 .

张海燕 .2007. 罗杰斯"非指导性教学"的现代启示 . 宜宾学院学报，7（7）：113-115.

张三南 .2011. 国际政治视阈下的民族主义情绪 . 世界民族，（5）：11-18.

张煜辉 .2014. 中医对情绪与疾病关系的认识 . 内蒙古中医药，（1）：136-137.

章志光 .2008. 社会心理学 . 北京：人民教育出版社 .

朱敏 .2006. 如何有效缓解幼儿园园长的心理压力 . 教育导刊，（10）：25-27.

Maslow A H，Mittelmann B. 1941. Principles of Abnormal Psychology: The Dynamics of Psychic Illness. New York: Harper.

后　记

　　心理学家荣格曾说"文化的最后成果是人格"，学校的责任与使命即是为生命的觉醒而育人。

　　在近30年高校学生工作，尤其是10余年心理健康教育与辅导的工作实践中，我目睹了许多学生在成长过程中经历痛苦、沮丧、焦虑、害怕、愤怒、自卑、自责等负面情绪，同时，我也欣慰地看到学生身上拥有的奇特的自我调节、修复和成长的天赋潜能，使他们渡过难关，达到新的人生高度。心理健康教育工作就是要帮助学生了解心理发展规律，发掘他们的天赋潜能，以使学生更好地把握自己，发展自己，适应社会的需要。

　　本书是我结合自己的教学、科研和咨询工作实践，进行的大学生心理健康教育与辅导的探索。在此要感谢我的学生和我的来访者，正是他们真实表露内心的困惑和痛苦，才使得我对于大学生心理健康的理解不断加深，对于书稿中应呈现的内容也有了深入的思考。然而由于学识有限、写作时间紧张，书中难免有疏漏之处，恳请各位专家和读者予以指正。

　　最后，感谢我的领导、同事和亲朋好友。风风雨雨，点点滴滴，正是你们的关爱和体贴，使我拥有不断面对生活的勇气和热情！

唐伶俐

2019 年 6 月